本书为国家社科基金项目
"农村社区治理能力现代化双重困境及破解机制研究"
（项目号：19BZZ069）成果

国家治理现代化丛书

丛书主编 ◎ 姜晓萍

农村社区治理能力
现代化研究

衡霞　向洪讯 ◎ 著

中国社会科学出版社

图书在版编目（CIP）数据

农村社区治理能力现代化研究／衡霞，向洪讯著 . —北京：中国社会科学出版社，2023.5

（国家治理现代化丛书）

ISBN 978 - 7 - 5227 - 1882 - 8

Ⅰ . ①农… Ⅱ . ①衡… ②向… Ⅲ . ①农村社区—社区管理—研究—中国 Ⅳ . ①D669.3

中国国家版本馆 CIP 数据核字（2023）第 076965 号

出 版 人	赵剑英
责任编辑	李凯凯
责任校对	刘 娟
责任印制	王 超

出 版	中国社会科学出版社
社 址	北京鼓楼西大街甲 158 号
邮 编	100720
网 址	http://www.csspw.cn
发 行 部	010 - 84083685
门 市 部	010 - 84029450
经 销	新华书店及其他书店

印 刷	北京君升印刷有限公司
装 订	廊坊市广阳区广增装订厂
版 次	2023 年 5 月第 1 版
印 次	2023 年 5 月第 1 次印刷

开 本	710 × 1000 1/16
印 张	17.75
插 页	2
字 数	282 千字
定 价	98.00 元

凡购买中国社会科学出版社图书，如有质量问题请与本社营销中心联系调换

电话:010 - 84083683

前　　言

农村社区治理的现代化进程自 2002 年党的十六大报告将"社会管理"确立为政府的四大职能以来，农村社区治理的理念、体制、机制和方式发生了全面转型，开启了现代化进程。在农村基层党组织引领下，构建起了政治、经济、社会、文化、生态的治理系统，健全了自治、法治、德治相结合的社会治理体系，出现经济反哺治理和治理促进乡村发展的良好局面，农村社区治理能力显著提升，居民参与社区治理的积极性高涨，社区矛盾纠纷和信访事件急剧减少。但正如党的二十大报告所说，中国式现代化是人口规模巨大、全体人民共同富裕的现代化，根据全国第七次人口普查结果显示，2021 年我国农村居住人口接近 5.1 亿人，占全国总人口的 36.11%，农村内部的基尼系数和最高与最低收入者的差距有持续扩大的趋势，这表明农村社区治理的现代化任务任重而道远。根据《加强和完善城乡社区治理的意见》，农村社区治理现代化包括治理体系现代化和治理能力现代化，是国家治理现代化的重要组成部分，体现的是制度执行的能力，涉及能力结构（类型）与能力状态（方向与结果）两方面的内容，包含了科学化、制度化、法治化、组织化、民主化等衡量标准。在《加强和完善城乡社区治理的意见》和《关于加强基层治理体系与治理能力现代化建设的意见》等文件中均强调 2035 年要基本实现基层治理现代化，将中国特色社会主义基层治理制度优势充分展现。因此，必须要正视农村社区治理的短板与弱项，有针对性地加以改进和提升，才能在国家战略既定时间内实现治理现代化目标。

农村社区治理是我国城乡基层治理的重要组成部分，是国家治理现代化目标实现的基本前提。从现实层面来看，传统治理依赖于村两委实施简约治理，基层党组织软弱涣散，引领功能发挥不到位，尤其是农村居民流动性增强的背景下，中西部特别是偏远农村社区的精英人才流失严重，而且经济发达区域农村社区聚集的大量外来务工人员却无权参与社区治理。另外，农村原有集体资产量化入股和分配不同程度上存在着"不公平"现象，再加社会事业的滞后使得农村社区治理主体能力不强的问题更加凸显，因此农村社区治理能力的现代化非常迫切。同时在现代化进程中农村面临公共性与自主性、传统性与现代性的双重治理困境，直接在治理成效上体现为成本与收益、效率与效果的冲突，使得治理能力既受制于体制更受制于双重困境。按照治理现代化的理论逻辑，农村社区治理能力现代化既依托于乡村振兴又依赖于治理体系的重构，既要强化文化引领作用又要增强依法治理能力等诸多方面。

本书将研究视角集中在中国式现代化目标要求下的"农村社区治理能力现代化"，重点探讨农村社区治理能力现代化的现状、困境、影响因素与解决方案等，农村社区治理能力现代化的双重困境更是重点的重点。其一，双重困境是农村社区治理的关键环节。在乡村振兴、共同富裕、治理现代化等特殊时空背景下，系统研究治理能力现代化的双重困境，有助于从根源上发现农村中国式现代化的难点，并明确导致农村社区治理现代化推进缓慢的根源到底是哪种困境，到底是能力建设问题还是体系建设问题。其二，目前各级政府强化了社区治理的政策供给和基础设施建设，忽略了能力提升的重要性。比如，信息化的设施设备非常完善，但应用能力却较低；法律宣传广泛，但村两委干部和社区居民的法律意识并没有同步提升。其三，我国幅员辽阔，农村地区差异较大，在治理能力现代化建设方面也存在较大差异，通过东中西三大区域和不同省域比较，能更为全面地了解地区差异，能更为有效地出台相关政策，建立起与当地相适应的、现代化的农村社区治理体系和治理能力，以提升困境破解方案的有效性与针对性。

本书主要探讨农村社区治理能力现代化的逻辑起点、公共选择、现状评价，在此基础上识别出双重困境及其形成机理、影响因素，并针对双重困境与治理能力现代化提出破解方案，从而回答了农村社区治理能力现代化为什么重要，能力现代化的测评维度有哪些，如何通过定量的分析方法评估这些指标可以识别出双重困境；以及双重困境的形成机理是什么，哪些因素会影响治理能力现代化进程，进而回答出双重困境为什么是治理能力现代化的内在动力，最后形成了基本理论框架—公共选择—现实状态—影响因素—破解机制的"理念—结构—行动"的分析框架。通过上述研究，我们认为通过完善发展利益分配机制、大力发展集体经济等产业兴旺路径能够嵌入多种资源进入社区，通过多元主体的合作共治和分层融合的治理体系构建能够促进六大治理能力的现代化。

基本理论架构。首先，农村社区治理能力现代化遵循中国式现代化的理论逻辑。根据党的二十大报告，社会治理现代化的基本前提包括：社会稳定、国家安全、共建共治共享的社会治理制度等三大内容；基本原则包括：党委领导、政府负责、民主协商、社会协同、公众参与、法治保障、科技支撑七个方面；总体目标是构建人人有责、人人尽责、人人享有的治理共同体；具体路径为，从健全公共安全体制入手通过完善的社会治理防控体系来保障国家和人民的安全。由此可见，我国农村社区治理现代化的顶层设计符合现代化理论的自由、平等、民主理念和科学、人文与法治精神，现代化理论将长期正确指导农村社区治理能力的现代化进程。其次，农村社区治理能力现代化遵循治理理论逻辑。根据治理理论，治理的权威来源于政府、居民和社会力量，治理的主体包含公共机构、社会组织、私人组织，治理的权力运行向度是水平的，农村社区治理能力现代化的核心价值与思想仍然与其紧密贴合。最后，农村社区治理能力现代化遵循历史的理论逻辑。社区问题是个历史问题，从工业革命到如今的全球化，社区问题是困扰人类发展的基础议题。社区问题的关注视角从宏观到微观，关注焦点从"价值探讨"到"现实关怀"，关注目标从"福利保障"到"民心导向"，治理路径从"单核治理"到"多元共治"。正是其有着深刻的历史演进历程，治理能力才会陷入传统性与现代性、公共性与自主性的困境中，只有从历史的视角切入、用辩证的观点来看待，才能将治理能力从双重困境中解脱，并与现代化的治理体系共同促进农村社区（社会）和国家的社会治理现代化。

农村社区治理能力现代化双重困境识别系统。要了解农村社区治理能力现代化的基本情况与可能存在的现代化困境，就需要对其形成背景与过程进行全面梳理，才能有针对性地提出可行性的解决方案。因此，本书首先以各级政府颁布实行的公共政策为基础，寻找政府在农村社区治理能力现代化方面的关注重点；通过实地调研、需求意见收集等途径分析农村社区居民历时性、替代性和现实性需求，从中发现政策供给与居民需求之间的差距，为现代化评估结果的差异化提供前置性解释。其次，运用扎根理论筛选指标，运用专家咨询等方法验证指标，运用AHP－模糊综合评价计算目前农村社区治理能力现代化建设水平与质量，从对应的"理念—结构—行为"三维分析框架中对农村社区治理现代化困境进行识别和归类，然后从"管""治"、"礼""法"、"拙""智"等层面分析传统性与现代性困境的形成机理；从政府强自主性与社区弱公共性、社区强自主性与居民弱公共性、政府强公共性与居民弱自主性等三个角度分析多元主体的公共性与自主性困境。最后，在现代化现状评估问卷基础上，根据文献研究和专家筛选的方式确立农村社区治理能力现代化双重困境的影响因素，然后运用结构方程模型对其进行测度，发现文化意识对传统性的影响最大，环境资源对传统性、现代性、自主性的影响最大，经济发展对现代性和自主性有影响，干部队伍对传统性、现代性和公共性有影响，治理体系则对传统性、公共性和自主性有较大影响；资源环境和干部队伍对传统性和现代性困境的影响较大，干部队伍和治理体系对公共性和自主性的影响较大。

对策系统构建。分析问题就是为了解决问题。本书遵循"党建引领—乡村振兴—现代治理"的内在逻辑，始终把研究的重心锁定在农村社区治理能力现代化双重困境及破解对策上。一是以法治为手段，以解决发展利益分配为方向，提出要明晰村庄集体资产总量，从源头防范矛盾纠纷，通过传统性与现代性的结合，改变农村社区居民的文化意识，提升多元主体的依法治理能力和矛盾纠纷调处能力；规范社区集体经济收益分配机制、健全居民利益表达机制，通过集体经济的利益联结纽带，破解经济发展程度对双重困境的影响，进而提升农村社区居民依法参与、服务供给和共同体文化引领的现代化能力。二是以科技为手段，以发展集体经济为基础，实现组织同构，为乡村治理主体的缺失补位；通过集体经济组织的制度、技术、资源的嵌入，提升经济反哺治理的能力，营造"在地化"场景，促使多元主体积极利用信息技术参与社区事务，通过利益共同体建设，找回居民的自主性与公共性意识和精神，在现代化手段中融合传统性治理手段，共同提升农村社区治理能力现代化水平。

三是以精细治理为手段，以多元合作共治为前提，以党心聚人心，加强党对农村社区发展治理的全方位领导；厘清各主体责任清单和边界，促进治理主体继续归位；构建信息共享平台，拓展居民参与通道，从而破解农村社区治理能力现代化的双重困境，提升六大能力的现代化水平。四是以规范化治理为手段，以分层治理与融合治理为关键环节，通过党建引领分层治理，促进服务供需精准对接；健全"三治"融合治理体系，实现服务供给精准；织成全过程保障网络，推动服务供给持续发展，从而重点破解公共性与自主性困境，提升六大能力，尤其是服务供给能力的现代化水平。

综上所述，本书认为：

（1）农村社区治理能力现代化具有双重困境。农村社区由于空心化和老龄化，社区从半行政化治理走向悬浮治理，特别是治理主体知识结构老化，常常排斥法治理念和法治思维，形成传统性与现代性的冲突；同时，老龄化的治理主体更倾向于不顾集体利益而极力维护"自己认为的"权益，放弃法律制度赋予的"四个自我"等方面的权益，形成公共性与自主性的矛盾。尽管许多基层政府通过制度化渠道增强了治理能力的公共性、自主性与现代性，但无论是社区还是居民参与社区治理的能力均不同程度地呈现为弱公共性和弱自主性的特征。研究结果显示，农村社区治理能力现代化的双重困境如果不能及时破解，将与目前低于能力现代化的治理体系叠加后影响2035年目标的实现。

（2）资源环境、干部队伍和治理体系现代化程度对农村社区治理能力现代化双重困境具有显著影响。资源环境要素包括了居住形态、居民结构、集聚属性和人财物等，而这些要素决定了农村社区多元主体治理能力的强弱和他们使用传统性与现代性治理手段的可能性；决定了治理主体对治理制度的执行能力；在农村空心化、老龄化和精英人才大量流失背景下，村社干部对资源环境和个人既有社会资本的高度依赖性加剧了传统性与现代性的困境；农村社区治理现代化和治理能力现代化的评估值可以测算出治理体系现代化程度，结果显示治理体系现代化程度较低，尤其是中西部地区远远低于东部，再加上多个治理体系在乡村叠加，虽然呈现出横向一体化和纵向一体化趋势，但仍然处于混沌状态，放大了农村社区治理能力现代化的双重困境。

（3）大力发展集体经济是破解双重困境的关键环节。农村社会的原子化特征表明，农村社区需要增加利益联结点，将分散的居民重新凝聚成生活的、精神的、利益的共同体，而研究表明，集体经济是最好的载体。集体经济"高位"发展的十多年历程显示，农村集体经济的"空壳村""薄弱村"的消除，不仅推动整村精准脱贫，实现村民共同富裕；还提升了农村基层组织力，推进乡村善治。特别是大多数乡村通过发展壮大集体经济，密切了全员的利益联结纽带，调动了居民参与社区治理的积极性，强化了集体收益对农村社区治理的反哺力度，提升了基层干部将现代企业管理技术应用于社区治理中的能力，并主动寻找破解双重困境的办法。

因此，本书基于乡村振兴战略的大背景，在农村转型、农业变迁、农民蜕变等现实状况中，研究农村社区治理能力现代化的逻辑起点、公共选择、双重困境和影响因素，阐释双重困境的形成原因，并尝试从学理层面提出破解路径，从而保障农村社区顺利实现治理现代化的两步走战略目标，这就为厚实党的执政根基和基层政权提供了坚强保障，也夯实了国家治理体系和治理能力现代化的基石，为乡村振兴提供了治理效能。

目　　录

导　　论

第一节　研究背景与研究意义

一　研究背景

党的十八届三中全会通过了《中共中央关于全面深化改革若干重大问题的决定》，提出了改革的总目标是"发展和完善中国特色社会主义制度，推进国家治理体系和治理能力现代化"。治理体系作为规范社会权力运行和维护公共秩序的一系列制度和程度，涉及谁来治理、如何治理、治理得怎么样等三个基本问题，包含了制度化、民主化、法治化、效率与协调性五个方面的标准；治理能力集中体现的是制度执行的能力，涉及能力结构与能力状态两方面的内容，包含了科学化、制度化、法治化、组织化、民主化等衡量标准。只有治理体系和治理能力同步实现了现代化才能达到治理现代化的目标与愿景。在该决定的引领下，全国上下各个领域全面开启了治理现代化的新征程，在党政领域，着重解决机构职能体系存在的障碍和弊端，确保党的领导全覆盖，着力推进重点领域与关键环境的机构职能优化，构建起现代的政府治理体系；在经济领域，重点解决供给侧问题，推动经济双循环战略的布置与实施；在社会治理领域，基层治理现代化、城乡社区治理现代化也拉开创新大幕，把增进人民福祉、促进人的全面发展作为出发点和落脚点。农村社区治理能力现代化是农村社会治理能力现代化和国家治理能力现代化的重要组成部分，是国家治理现代化的前提和基础。换言之，如果没有农村社区治理现代化的基础，国家治理现代化的 2035 年和 2050 年目标将受到很大影响。这也表明，农村社区治理现代化的时间节点必须在 2035 年以前完成。

因此，必须要正视农村社区治理的短板与弱项，有针对性地加以改进和提升，才能顺利推动国家治理现代化目标的实现。

在很长一段时间内，"三农"问题都是国家治理的难点与痛点。在中国共产党的领导下，经过几代人的共同努力，农村基本消除了绝对贫困，农业供给侧结构性问题找到较为有效的解决路径，农民收入来源增加、收入水平显著提升、基本权益有保障；城乡居民基本公共服务非均等化问题基本破解，收入差距缩小，居民获得感、安全感、满意感显著增强。但是，在经济飞速发展的新时期，农村又出现了许多新问题。一是农村基层党组织软弱涣散。农村税费改革后，不仅基层政府与农民的联结纽带减弱，村两委与村民的联结纽带也受到极大影响，缺乏召集村民集中议事的广泛平台；村庄空心化、老龄化以后，农村党员发展与培育路径有限，后备力量补充不足；部分村两委在分配空心村资源时，出现了权力寻租现象，尤其是部分两委委员为资源分配权而内斗、扯皮，导致农村两委工作瘫痪，并由此进一步降低了基层党组织在群众中的威信与认同，基层治理流于形式。二是农村资源配置问题。中央为了避免基层贪腐问题，许多补贴直接打到农民个人账户，虽然有效保障了农民权益，但抑制了基层组织对农村社会治理的自由裁量权；农村基础设施建设的项目发包制，限制了无相关资质的村级组织的申请权，外来承包方与当地居民却因质量、占道等问题而矛盾纠纷不断；对于农村社区来讲，资源匮乏是普遍问题，一方面是集体土地等公共资源匮乏，另一方面是乡村资源开发不足，如果没有"能人"的资源筹集和统筹整合，村庄发展举步维艰；虽然农村普遍建立了"一事一议"制度，但是空心化的农村往往缺乏足够的代表，进而导致集体资源分配规则的按人、地、户等标准的较大差异和农民权益受损问题。三是农村自治悬浮问题。根据《中华人民共和国村民委员会组织法》规定，农村村民实行自治，依法办理自己的事情，包括建设、发展、服务和教育等。但是，由于农村空心化和老龄化，导致村民代表大会召开难，村两委为了保证会议与经费使用的合法性，不得不支付现金或以发放礼品等方式邀请到足额的人数，甚至在民主选举时出现无人投票、两委无委托代投、贿选等问题。虽然，每个村庄均设立有监督委员会，却相互不认识，缺乏沟通，使得监督也流于形式，村民自治的结果演变为村民"不治"或村官"自治"。四是农村共同体消解。在人民公社时期，农村的政治、经济、社会、文化管理高度重合，农民因"公社"而形成"集体""集中"，但是随着社会经济的发展，农村流动性增强，以催粮催款和计划生育为核心的社会联结点消失，再加上市场经济带来的农民自利性意识和权益意识的增长，农村"原子化"现象日趋严峻。虽然有些村庄通过大力发展集体经济，通过集体经济制度、资源、技术的嵌入，有力改变了乡村治理乏力的现象，但是，从近年来的集体经济发展成效来看，收效甚微。如何把农民凝聚起来，重新形成生活的、精神的、利益的、组织的共同体，成为农村社区治理现代化征程中的一大难题。五是农村治理人才贫乏。调查显示，农村精英人才和青年人才流失非常严重，尽管部分农村出台了多项人才回引的"归雁"计划，但除了部分经济发达和资源较丰富农村以外，其他地方的回流人才仍然较少，"留不住""引不来"成为农村社区治理能力现代化的关键瓶颈。大多数农村的两委干部普遍老龄化，他们与其他农民一样大多缺乏公共意识，排斥现代信息技术，依靠传统的、简单粗暴的口头治理和面对面治理，再加上近年来的撤村并组活动，农村治理范围和户籍人口大幅度增加，传统治理弊端更为突出。

农村社会治理在问题层出不穷的同时，农民需求也在日益增长。一是城镇化进程中人口社会流动治理的需求。农民大量且频繁地通向城市，产生了农民市民化的新需求、精准精细服务需求；农民集中居住后带来的风险防范需求（包括生存性、发展性、权利性需要），革新双轨制管理弊端的新需求；农民工在各种压力或条件驱使下返回家乡时，产生了政府和社会帮扶的新需求，以协助其迅速适应家乡生活、就业与创业。二是土地权益的风险防范与矛盾化解需求。虽然国家通过"两权"和"三权"分置的不断改革，最大程度地保护了农民权益，但是空心村两委始终有"代民做主"的情怀，未经农民明确授权就流转其闲置土地，并在收益中截留部分款项；有的村庄因为高速公路、大型水库和农地征用等，出现了包括现金、房屋、就业等集体收益分配不公问题，影响了农村社会的和谐与稳定。三是社会结构变化引发的城乡社会关系协调的需求。农民的流动性使得农村的价值性"差序格局"向工具性"差序格局"转变，农村传统社会的血缘信任、地缘信息向利益追逐的社会结构转变；同时农民工因工作场所变换而出现社会不适和行为失范，再加上多起农民工"背锅"事件的发生，进一步加剧城市居民与农民（工）之间的情绪对立，双方信任机制缺失。四是城乡公共资源均等化配置需求。虽然经过各级政府多年的不懈努力，城乡基本公共服务均等化机制基本建立，但城乡一体的信息资源、公共安全体系仍然有较大差距。课题组调查显示，农村社区的信息化应用能力在六大能力中的现代化评估结果为倒数第一位，虽然信息化的基础设施建设评估值较高，但信息化的应用情况非常差，中部区域的评估中还出现不及格的情况；相较于城市的密集性，分散农村似乎一直就是公共安全的短板，新冠肺炎疫情的出现，显示出农村社区公共安全治理体系和人才的严重不足。五是资源短缺引发的农村治理能力提升需求。农民一方面忙于挣钱和休闲安排而缺失村庄治理的参与活动，主动放弃村庄治理的权益；另一方面又因为关键利益分配不公问题而积极参与（如集群、网络曝光、信访等），使得村庄治理低效和无效、村庄秩序无序。如何打造一支具备现代信息技术运用能力的高素质治理主体，成为农村社区治理中最为迫切的需求。六是生态宜居的美好生活需求。农民工在不同城市流动中对城市文化、城市便利性和宜居产生高度认同，通过自身的持续努力，一幢幢新居在广袤的农村拔地而起。但是新居的建设并不代表农村居住环境的改善，垃圾、排污、道路、生态植被等的改善随着农民生活质量的提升而呈现强劲需求。虽然国家出台了相关政策，为农村危旧房和厕所改造保驾护航，通过人居环境整治工程改变了农村垃圾乱堆放等问题，但还有许多农村因为资金、自然条件等原因未能彻底改观。

针对上述问题和需求，国家及时出台了相关政策进行引领和指导。长期以来，农村重发展轻治理，为了提升农村公共服务水平，创新农村基层社会治理，2015 年中共中央办公厅、国务院办公厅就出台了《关于深入推进农村社区建设试点工作的指导意见》，突出村民自治、流动人口和多元主体参与、农村社区法治和公共服务供给、社区文化认同、人居环境、公益性服务等八大重点任务；2017 年出台了《中共中央国务院关于加强和完善城乡社区治理的意见》，将治理体系分为四大类、治理能力分为六大类，并提出 2020 年社会治理格局基本形成、治理能力显著提升，2035 年治理体制成熟定型、治理能力精准全面，为国家治理现代化奠定坚实基础；2019 年出台了《关于开展乡村治理体系建设试点示范工作的通知》，主要内容包括探索构建"三共"体系、"三治"路径，以及乡村治理与社会经济协同发展的机制，创新现代乡村治理手段，通过试点在乡村治理的重要领域和关键环节形成可复制、可推广的经验做法。除此以外，国家还出台了关于基层治理现代化和乡村振兴的诸多政策文件，各级地方政府也出台了配套的政策文件，大力推动农村治理现代化的新征程。2020年早已过去，农民的新需求是否得以满足，农村社会治理的新问题是否得以解决，党组织领导、基层政府主导、多方参与的社区治理体系和治理体制是否更加完善，农村社区治理能力是否得到显著提升等均需要通过一定的技术和手段进行测度，如果该阶段的目标得以全部完成或者顺利实现，那么推进未来5—10年的农村社区治理工作就会容易得多；如果该阶段的目标没有完成，甚至还有较大的差距，那么未来5—10年的重点任务就是大力提升农村社区治理的现代化水平，特别是治理能力维度，通过能力的提升来促进治理体制、机制、结构等的健全和完善，同时还要在推进新问题的解决中努力完成2035年的终极目标，为推进国家治理现代化奠定坚实的基础。基于上述背景，本书在着力评价农村社区治理能力现代化水平的基础上，发现其现代化的难点与困境，通过难点与困境的突破来实现2035年的农村社区治理现代化目标。

二　研究意义

第一，农村社区治理能力现代化的研究将现代化理论与社会治理理论进行了有机结合。党的十八届三中全会提出国家治理现代化概念以后，治理现代化作为工业、农业、科学文化与国防现代化之后的第五化，许多学者展开了多个层面多个维度的相关性研究，但是鲜有深刻剖析现代化理论的不同维度对国家治理、社会治理，尤其是农村社区治理能力现代化进行系统研究；社会治理理论在西方学术界有成熟的理论内涵，却不能完全适用于中国特色的社会治理研究，虽然部分学者尝试构建中国特色的社会治理话语体系，却未能结合现代化理论进行阐释。治理与现代化在概念上的结合，也标志着两者在理论层面的融合。农村社区治理不仅仅是解决公共事务治理问题，更要从体系和能力着手，解决深层次的本质问题，通过提升其现代化程度来防止社区治理中的"脱域"。因此，本书将现代化中的科学、民主、规范等内涵与治理中的法治、民主、多元等结合，通过现代化治理思维、方法和手段，有效提升农村社区面临的复杂性社会问题的治理能力。

第二，农村社区治理能力现代化的研究将有助于提升农村社会治理乃至国家治理的现代化水平。根据《中共中央国务院关于加强和完善城乡社区治理的意见》和《中共中央国务院关于加强基层治理体系和治理能力现代化建设的意见》等政策文件，将在 2025 年建立起"组织统一领导、政府依法履责、各类组织积极协同、群众广泛参与'三治'治理体系，健全常态化管理和应急管理动态衔接的基层治理机制，构建网格化管理、精细化服务、信息化支撑、开放共享的基层管理服务平台，……基层治理体系和治理能力现代化水平明显提高。在此基础上力争再用 10 年时间，基本实现基层治理体系和治理能力现代化，中国特色基层治理制度优势充分展现"[①]。本书的研究将通过时间、空间、体系与能力的现代化水平的比较，发现基层治理的短板与困境，进而形成有效的破解方案，推动国家治理现代化目标的实现。

第三，农村社区治理能力现代化的研究将有助于促进乡村振兴。农村社区治理是农村社会治理的重要组成部分，农村社区治理能力现代化是农村社会治理现代化的关键环节。国家实行乡村振兴战略的目标就是促进农业高质高效、乡村宜居宜业、农民富裕富足，重点包括产业、人才、文化、生态、组织五大振兴，而这五大振兴的关键在于人才振兴，人才是驱动性因素。对于日益空心化和老龄化的农村来讲，首先要做的就是人才的留、引、培等工作，只有把年轻有能力的人才吸引在农村、培育后能留在农村，进而改变传统农村社区治理主体老龄化趋势，提升他们对先进信息技术的掌握和运用能力，以及依法治村和运用现代思维引领农村的能力，从而有效避免传统性与现代性困境、公共性与自主性等治理能力的现代化困境。因此，本书从农村社区治理能力现代化切入，不仅为了解决治理能力现代化存在的问题和困境，更是从双重困境的形成机理入手，努力寻求破解方案，进而提升农村基层的治理能力和振兴乡村的能力，实现国家的战略目标。

---

① 《中共中央国务院关于加强基层治理体系和治理能力现代化建设的意见》，中国政府网，http：//www.gov.cn/zhengce/2021 – 07/11/content_5624201.htm。

第四，农村社区治理能力现代化的研究将有助于为各级政府的决策提供新思路。在实践中，基层政府大多按部就班地执行上级的各项决策，至于什么是现代化、怎么实现现代化等理念和路径不甚清楚，以至缺乏针对性的配套措施来推动农村社区治理（能力）的现代化。本书不仅测算出我国农村社区治理能力现代化的真实状态，也通过地方政府的委托课题测算了全国乡村治理现代化的真实水平，通过对比，可以从三级指标和问题项中发现农村社区治理在能力和体系现代化方面存在的问题，尤其是治理体系的现代化程度高低对治理能力现代化程度的影响，为最后的对策建议提供了参考和借鉴。在农村社区治理能力现代化进程中，问题和阻碍都能找到可以直接解决的方案，比如资金、人才不足，及时补充即可，但是困境并不是缺什么补什么的问题，即使将看起来是缺失的资源补充完整就可以解决问题，相关瓶颈却仍然成为下一个问题的障碍，因此如果不能从根本上解决它，那么治理能力现代化的瓶颈仍将长期存在，乡村治理现代化的 2035 年目标也很难完成。因此，本书对困境和破解困境的研究将为各级政府的决策提供经验和启示。

第二节 文献综述

从发文年度变化趋势（图 0 - 1）来看，学界关于农村社区治理能力现代化的研究主要集中于 2013 年党的十八届三中全会以后，并且在近年来持续成为研究热点。2013 年以前的相关研究较少，研究体系也尚不健全。

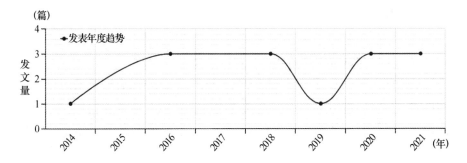

图 0 - 1 研究总体趋势分析

从关键词云图（图0-2）来看，与农村社区治理能力现代化密切相关的研究包括城乡一体化，基层治理，乡村振兴及村民自治等等，涉及多个社会治理的相关主题，能够涵盖当前农村社区治理诸多研究方面。

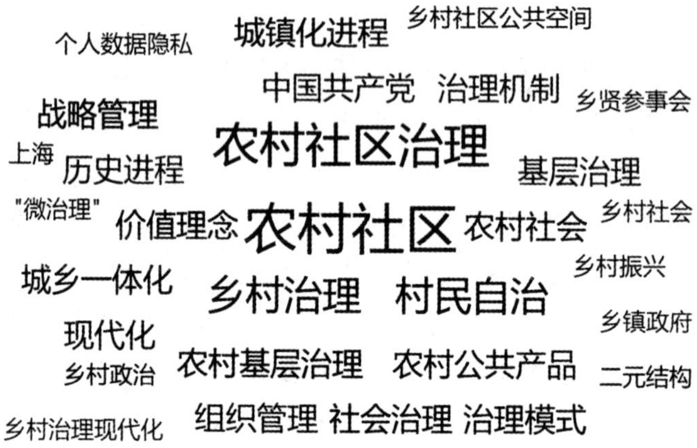

图0-2 关键词云图

本书利用 Cite Space 进行了研究趋势分析，形成基于 Cite Space 的关键词共现图（图0-3），农村社区治理能力现代化的研究主题包括：国家治理体系、新型农村社区、公共服务、乡村治理现代化、乡村治理体系、精准扶贫和生态治理等领域。

通过 Cite Space 机构共现图（图0-4）可以看出，当前农村社区治理能力现代化的研究力量以中西部省市的高校为主，其中尤其以湖北省高校为研究主力。

一 农村社区治理能力现代化背景研究

从国际大环境来看，治理能力现代化是在全球化治理背景的压力下推进的。杨雪冬指出中国面临着复合的风险环境，随着现代化和城市化的快速推进，制度转轨与改革同步进行，国家制度不完善（体系）或执

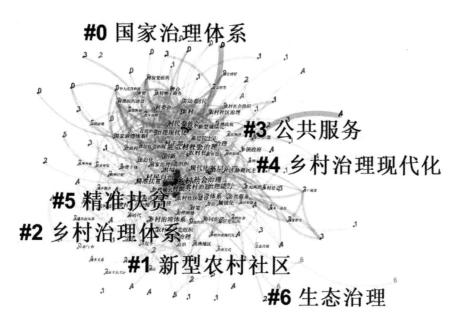

图 0 - 3 关键词共现图

行（能力）不到位都会使得风险加剧；[1] 何苗提出全球性治理面临危机，治理问题新型且复杂，不论是发达国家，还是发展中国家都在积极完善国家治理体系，增强社会的治理能力，解决国家治理能力有限的问题。[2] 从国内来看，治理能力现代化的背景较为复杂，多方面反映了我国对治理能力现代化的需求。一是我国经济发展现状。田毅鹏认为，在快速城镇化及其衍生出诸多问题和"城乡分治"到"城乡统筹"的实践跨越进程中，农村社区治理能力提升的难点和关键在于农村基层治理体系的不健全和六大能力提升存在的困境决定了农村社区治理能力现代化的新取向；[3] 贺晓玲指出，从我国的经济发展现状而言，存在社会治理能力与现

① 杨雪冬：《论国家治理现代化的全球背景与中国路径》，《国家行政学院学报》2014 年第 4 期。

② 何苗：《国家治理现代化的时代背景与现实维度》《人民论坛》2016 年第 8 期。

③ 田毅鹏：《农村社区治理能力现代化的新取向》，《政治学研究》2018 年第 1 期。

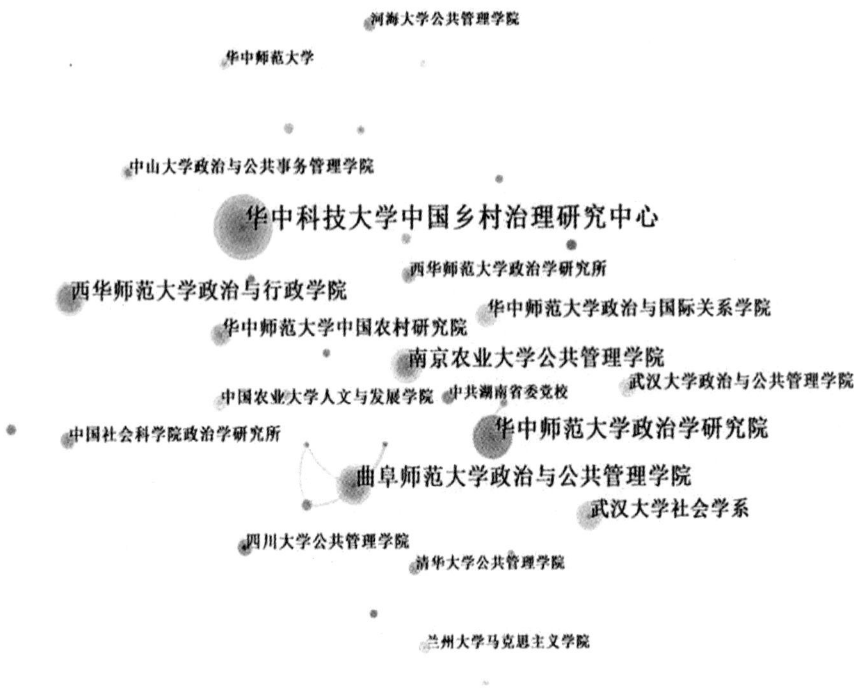

图 0 - 4 机构共现图

代化经济建设飞速发展不匹配而亟待提升等尤为严重的问题。[1] 二是大数据背景的推进。王莹、孟宪平认为，互联网科技的发展激活了社会生产要素，使得社会生产力和生产关系发生了变革，并出现新的政治、经济组织，也使得信息传播方式和社会舆论格局发生了较大变化，也直接导致人们的政治行为和国家治理运作模式的重塑。[2] 王丽提到随着我国居民的法治意识逐渐增强，在社会管理过程中，越来越多的群众参与其中，这对我国政府的工作提出了新的要求。[3]

---

[1] 贺晓玲：《全面深化改革背景下社会治理能力的现代化提升与构建》，《中学政治教学参考：下旬》2018 年第 4 期。

[2] 王莹、孟宪平：《论"互联网 + 社会治理"背景下国家治理能力现代化的建设》，《电子政务》2017 年第 9 期。

[3] 王丽：《公众参与背景下治理现代化能力提升》，《人民论坛》2016 年第 5 期。

二　农村社区治理能力现代化内涵研究

（一）社区治理能力的内涵

从国外相关文献来看，主要包括：（1）层次论。Moreno 等人倾向于从个体、组织与社区三个层面来认识社区能力。[①] 从个体层面上，社区能力意味着个体的知识、技能与个人特质的集合；从组织层面来看，社区能力意味着组织进行生产和组织化、系统化的能力，动员和利用资源的可行性，在个体与组织之间开展、维持和发展协作的能力；从社区层面来看，社区能力涉及集体行动的社会空间、社会平台，也暗含着解决问题的话语体系与解决路径，同时还意味着行动过程的共治与集体决策共识的达成。（2）个体决定论。Eade 认为社区能力是既定社区内的人所具有的决定他们自己的生存发展价值与社会生活优先内容的能力。[②]（3）行动资源论。Chaskin 认为社区能力表现在两个方面：一是它是一种群体互动行为；二是它是组织化的资源。归结起来，社区能力是在既存社区内部中具有的人力资本、组织资源与社会资本之间的互动，这种互动通过正式组织化途径或者非正式社会过程来解决社区公害以及促进社区公益。[③]（4）实践论。Norman J. Glickman 认为传统上学界对社区能力的界定通常限定在某一方面，而且太过抽象化，所以他们倾向于从更为具体实在的角度来认识社区能力。据此他们从五个具体维度对社区能力进行解构。[④]（5）多元论。Annie Simmons 等人认为对社区能力的界定是多元的，可以从三个维度来理解社区能力：一是作为一种途径和过程的社区能力建设，这个过程深植于能力建设中；二是作为一种特性的社区能力建设，具体包括知识能力、技术、领导力、伙伴关系等；三是作为目标

---

① Moreno, Noguchi, Harder, "Understanding the Process of Community Capacity – Building: A Case Study of Two Programs in Yunnan Province, China." *World Development*, 2017, pp. 122 – 137.

② Eade, D. "Capacity building: Who Builds Whose Capacity?" *Development in Practice*, Vol. 17, No. 4 – 5, 2007, pp. 630 – 639.

③ Chaskin, R. "*Building Community Capacity.*" *Urban Affairs Review*, Vol. 36, No. 3, 2001, pp. 291 – 323.

④ Glickman, Norman J., *The Growth and Management of the Japanese Urban System*, New York: Academic Press, 1979, p. 51.

的社区能力建设。①

从国内相关文献来看，主要包括：（1）农村社区治理能力现代化的政策维度。衡霞以 2017 年出台的《中共中央国务院关于加强和完善城乡社区治理的意见》等政策文本为基础，从法治化、科学化、组织化和精细化等角度解析了农村社区治理能力现代化的内涵；②原珂根据国家"十四五"规划等政策文本认为，在人民至上理念导向下，社区多元主体以党建为引领、法治为保障、科技为支撑的协同共治过程就是社区治理能力现代化的过程。③（2）社区治理能力现代化是要能够均衡及有效地协调社区中的各主体关系。社区治理实践现代化的本体性问题是社区治理主体现代化，而本源性问题乃是社区治理主体间关系如何实现现代化。④申丽娟、陈跃提到，作为国家治理现代化的重要组成部分，社区治理现代化的关键在于如何协调和均衡社区中的各种利益关系，即社区治理结构问题。⑤张艳国、刘小钧认为社区现代治理能力表现为不同治理向度和不同治理制度之间的张力，社区治理能力现代化包括三个维度：居民的自我组织能力、政府的公共服务能力、党组织的领导能力。⑥（3）社区治理能力现代化就是要求社区治理体系和方式等的转型。郑安兴认为社区居民参与社区事务的设施和途径，以及社区组织动员方法的现代化转变过程就是社区治理能力的现代化，主要路径包括社区治理体系（制度框架、组织体、规则、交往模式等）和社区治理能力（自我组织能力、社区服务供给能力、社区公共事务决策和监督执行能力）向现代化转化，进而

---

① Simmons A. ，"Reynolds R. C. ，Swinburn B. Defining Community Capacity Building：Is It Possible?"，*Preventive Medicine*，Vol 52. No. 3 – 4，2011，pp. 193 – 199.

② 衡霞：《农村社区治理能力现代化的公共选择逻辑——基于 15 个省份 150 份政策文本的分析》，《探索》2021 年第 4 期。

③ 原珂：《推进社区治理能力现代化的系统思路》，《理论探索》2021 年第 3 期。

④ 赵孟营：《城市社区治理现代化：关系论的视角》，《中国特色社会主义研究》2017 年第 2 期。

⑤ 申丽娟、陈跃：《社区治理现代化的结构性障碍及其内源式破解》，《四川师范大学学报》（社会科学版）2016 年第 3 期。

⑥ 张艳国、刘小钧：《城市社区治理能力现代化研究——以江西南昌为例》，《江西社会科学》2017 年第 1 期。

促使社区的现代化。[①]

（二）社区治理能力的构成

从国外文献来看，主要包括：（1）社区能力的三分法。Brinkman E. 等人在以水资源保护为案例进行社区能力定量评估的研究中区分出了社区赋权、共享视角以及集体行动三类社区能力构成，并分解成多个要素。首先，集体行动涉及合作治理和社会网络；其次，社区赋权与社区自身具有的能力以及责任感有关；最后，分享视角具有对外在环境的感知、对社区生活感知等相关。[②]（2）社区能力的四分法。Chaskin 从文献梳理中整理归纳了社区能力的几种类型。一是既存的资源，从个人技能到组织策略再到财政资本多个方面；二是网络关系；三是领导力；四是来自社区成员在集体行动和解决实际问题中生产出的用于支持他们行动的制度机制以及参与过程。[③]（3）社区能力的五分法。Brinkerhoff 认为社区能力可以从五个方面来进行构件要素的解构：行动能力、执行技术性、逻辑性和服务型任务的能力、支持和吸收帮扶的能力、适应与自我更新的能力、平衡多样性以及自我一致的能力。[④] Moreno 等人在对中国云南农村地区的乡村社区能力进行案例研究的基础上，总结出了五大类社区能力。分别是特性与态度、组织能力、发展和维持关系能力、协作文化构建能力和资源型技术性生产能力。[⑤] Norman J. Glickman 等人认为对社区能力的界定必须要深入探寻这一概念的内在元素，使得整个概念更加可操作化。所以，他们梳理出社区能力由以下几个部分构成：政治能力、组织能力、资源能力、方案能力、网络能力等，五种能力构成了一

---

① 郑安兴：《社区治理现代化的意涵阐释》，《华南师范大学学报》（社会科学版）2018 年第 3 期。

② Brinkman E. , Seekamp E. , Davenport M. A. , et al. "Community Capacity for Watershed Conservation: A Quantitative Assessment of Indicators and Core Dimensions", *Environ Manage*, Vol. 50, No. 4, Oct 2012, pp. 736 - 749.

③ Chaskin, R. "Building Community Capacity", *Urban Affairs Review*, Vol. 36, No. 3, 2001, pp. 291 - 323.

④ Brinkerhoff, D. & Morgan, P. "Capacity and Capacity Development: Coping with complexity", *Public Administration and Development*, Vol. 30, No. 1, 2010.

⑤ Moreno, Noguchi & Harder, "Understanding the Process of Community Capacity - Building: A Case Study of Two Programs in Yunnan Province, China", *World Development*, 2017, pp. 122 - 137.

个能力结构，相互之间产生影响，并通过这种影响来实现社区良善治理目标。①

　　从国内文献来看，主要包括：（1）制度功能区分论。张艳国、刘小钧从社区治理的居民、政府和党三大主体出发，构建了包括居民自组织能力、政府公共服务能力和党组织领导能力为核心的社区治理能力结构。社区服务功能区分论。② 马文多集中分析了基层政府社区服务能力的五大要素，认为存在规划能力、资源汲取力、资源配置力、资源整合力、资源运用力五类。③（2）治理能力变量区分论。方雷、鲍芳修将政治生态作为一种重要变量引入治理能力分析中，由此区分出主体互动能力、网络构建能力、资源整合能力以及工具选择能力。④（3）权力变量区分论。王绍光则从权力变量出发区分出八种具体能力：强制能力；汲取能力；濡化能力；认证能力；规管能力；统领能力；再分配能力；吸纳和整合能力。⑤（4）治理能力二分论。汪仕凯将国家治理能力做出行政与政治二分，认为归属于行政技术官僚的权力是行政能力，归属于政治精英的权力是政治能力。⑥（5）治理能力三分论。杨光斌认为当代中国的国家治理能力不同于西方也异于传统中国，主要关注国家—社会范式下国家吸纳社会的能力、纵向的央地关系与横向的区域部门关系以及职能划定关系所构成组织能力、政令得到有效执行的能力等。⑦（6）治理能力六分论。衡霞按照中央政策文件将农村社区治理能力分为居民参与能力、社区服务供给能力、文化引领能力、矛盾纠纷调处能力、依法治理能力、信息化应

　　①　Glickman, Norman J., *The Growth and Management of the Japanese Urban System*, New York：Academic Press, 1979, p. 51.

　　②　张艳国、刘小钧：《城市社区治理能力现代化研究——以江西南昌为例》，《江西社会科学》2017 年第 1 期。

　　③　马文多：《基层政府服务社区能力提升策略》，《重庆社会科学》2018 年第 1 期。

　　④　方雷、鲍芳修：《地方治理能力的政治生态构建》，《山东大学学报》（哲学社会科学版）2017 年第 1 期。

　　⑤　王绍光：《国家治理与基础性国家能力》，《华中科技大学学报》（社会科学版）2014 年第 3 期。

　　⑥　汪仕凯：《后发展国家的治理能力：一个初步的理论框架》，《复旦学报》（社会科学版期）2014 年第 3 期。

　　⑦　杨光斌：《关于国家治理能力的一般理论——探索世界政治年（比较政治）研究的新范式》，《教学与研究》2017 年第 1 期。

用能力，并按照这六大能力对其现代化的公共选择和现状进行测度。①

三 农村社区治理能力现代化的问题研究

（一）社区治理向度与制度的内在张力引发治理能力内在矛盾

衡霞通过对 15 个省 150 份政策文件的分析，认为农村社区在依法治理方面还存在较大差距，尤其是具有"软法"作用的村规民约在公共选择中所占比重最低。② 李润国、姜庆志等提出随着社会矛盾叠加的激增、基层政府行政的内卷化、社区治理的制度化不足、社区治理资源保障不足、社会组织力量薄弱是制约农村社区治理现代化的主要挑战。③ 张艳国、刘小钧发现在治理向度上，政府存在"还权不忍心、放权不放心、没权不甘心"的权力思维，导致政府对社区管理的过度行政化；在制度层面，正式规则与非正式规则存在冲突。④ 张艳国、尤琳认为问题主要表现为以下几个方面：乡镇政府弱化了农村社区自治权、乡镇政府过多干预农村社区公共服务供给、乡镇政府加强了对农村社区的管控。⑤

（二）传统治理结构对现代治理资源的承接不足和负面抵触促使治理能力释放不足

马文多认为横向的差结构与纵向的序结构带来的差序伦理会使得社区中人情亲疏远近产生分异，进而形成人情行政的状况，降低社区治理能力效能。⑥ 李润国、姜庆志等提出随着社会矛盾叠加的激增、基层政府行政的内卷化、社区治理的制度化不足、社区治理资源保障不足、社会

① 衡霞：《农村社区治理能力现代化的公共选择逻辑——基于 15 个省份 150 份政策文本的分析》，《探索》2021 年第 4 期。

② 衡霞：《农村社区治理能力现代化的公共选择逻辑——基于 15 个省份 150 份政策文本的分析》，《探索》2021 年第 4 期。

③ 李润国、姜庆志、李国锋：《治理现代化视野下的农村社区治理创新研究》，《宏观经济研究》2015 年第 6 期。

④ 张艳国、刘小钧：《城市社区治理能力现代化研究——以江西南昌为例》，《江西社会科学》2017 年第 1 期。

⑤ 张艳国、尤琳：《农村基层治理能力现代化的构成要件及其实现路径》，《当代世界社会主义问题》2014 年第 2 期。

⑥ 马文多：《基层政府服务社区能力提升策略》，《重庆社会科学》2018 年第 1 期。

组织力量薄弱是制约农村社区治理现代化的主要挑战。①

（三）"压缩的现代化"所带来的价值异化与价值抗争降低治理能力

部分学者认为现代化导致传统性、现代性、后现代性等多种元素共时性、混杂性融合会导致价值异化和抗争问题，从而降低治理能力。例如，张振波、金太军认为传统性价值在现代化冲击下遭到质疑，使得家长性、权力性价值成为异端，② 而现代性价值例如自由、平等则因为缺乏相应的社会观念、制度结构支撑而成为空中楼阁，传统性价值与现代性价值的抗争使得治理主体在组织建构、政策目标设定上摇摆不定，从而降低治理能力。

（四）市场经济与全球化浪潮所带来的社会构成的个体化、离散化、原子化以及主体人格缺乏，逐步消解了社会作为治理主体的治理能力

张振波、金太军认为改革开放一定程度上产生个体碎片化、分散化、利益诉求多元化等问题。③ 这使得分散的个体无法在自发性行为调试过程中积累应对差异化生活情景的治理能力，即无法独自、自发地形成应对社会复杂性的能力。这样不具统合力的个体无法形成能力的集成，自发地调试应对也难敌复杂治理环境的冲击，从而降低了社会的治理能力。

（五）农村社区治理过程中的具体问题

包括干部能力不足、居民参与不足、精英外流严重、村落空心化等问题。郭栋提出当前农村社区治理能力现代化主要面临着村干部能力不足、参与主体的高度变动性以及参与性不足、人才技术和资金短缺、治理方式和手段单一等问题。④ 汪杰贵认为当前村庄治理现代化存在治理主体单一化、治理行为不当、治理模式一元化和治理绩效低下四个方面现实困境。⑤ 田毅鹏提出影响治理能力在农村社区的生成，存在一些特殊的

① 李润国、姜庆志、李国锋：《治理现代化视野下的农村社区治理创新研究》，《宏观经济研究》2015 年第 6 期。

② 张振波、金太军：《论国家治理能力的社会建构》，《社会科学研究》2017 年第 6 期。

③ 张振波、金太军：《论国家治理能力的社会建构》，《社会科学研究》2017 年第 6 期。

④ 郭栋：《乡村治理能力现代化面临的困境及解决途径研究》，《山西高等学校社会科学学报》2019 年第 7 期。

⑤ 汪杰贵：《村庄治理现代化现实困境和突破路径——基于农民自组织公共参与改进视角》，《云南行政学院学报》2018 年第 2 期。

影响制约因素，比如精英外流严重，村落空心化、过疏化，村落社会关系危机。①

四 农村社区治理能力现代化的影响因素研究

从外部因素来看：田毅鹏在研究农村社区治理能力时认为，快速城镇化导致了村落复杂变迁，而呈现出不同社会样态，这集中反映在社会的人口、空间、关系、阶层、组织、文化氛围等方面的变化，② 所以这些变化或者差异性对于治理能力的变革以及差异化设定产生了重要影响。另外，现代性技术涌动触动能力优化。现代性所带来的技术提升为社会治理提供了一种新的解决方案，同时，一定程度上提升了社会治理能力，但是技术性涌动也同样作为一种自变量对治理能力建设提出更高的要求。唐皇凤、陶建武以大数据技术作为自变量，明确了外在现代性技术涌动作为自变量对国家治理能力建设的影响，认为文化与价值演化为实在的治理能力。③ 魏治勋认为，中国具有的"政法传统"将党政资源、司法技术与权力网络融为一体，嵌扣在以中国共产党为核心的领导体系中，通过代表人民利益的党将其意志渗透到国家体制内，再依据人民代表大会治理将党的意志上升为国家意志，进而通过行政系统为主体之一的网络治理结构将其付诸实践。④ 实现了国家、社会、人民三层价值的融合和互动，从而将价值经由"政法体制"演变为实在的治理能力。

从内部因素来看：学者们大多研究的国家和政府治理能力现代化的影响因素，几乎没有涉及农村社区治理能力现代化的内容。比如，魏治勋认为，顶层设计对治理能力提升和建设的影响表现在三个方面：顶层设计确定了治理的目标任务、影响了治理机制的变动、影响了治理方法的转变；同时也指出官僚制作为遭到西方摒弃而现代化转型国家仍旧采

---

① 田毅鹏：《社会治理现代化进程中的"传统"与"现代"》，《社会发展研究》2019 年第 11 期。

② 田毅鹏：《社会治理现代化进程中的"传统"与"现代"》，《社会发展研究》2019 年第 11 期。

③ 唐皇凤、陶建武：《大数据时代的中国国家治理能力建设》，《探索与争鸣》2014 年第 10 期。

④ 魏治勋：《"善治"视野中的国家治理能力及其现代化》，《法学论坛》2014 年第 2 期。

用的一种组织结构，它能够强化集体行动，但也显现出权威体制内在的
僵化与个体能动性弱化的问题。① 所以，在保留科层制内核，且注入民主
精神的多元主体的均衡体制既能够坚持官僚制的理性能力，也能够增强
治理主体个体的创造力与自主力。高秉雄、胡云直接将职能变量、行动
者变量与关系变量分开讨论。② 在职能变量上，高水平的国家治理能力需
要国家与市场形成职能合作，而职能结构又要求行动者重新定位自身的
行动方式，尤其是要求在提升各个行动者自身素养的前提下催生多个行
动者的整合能力，那么这又需要对行动者之间的关系进行重构，集中在
纵向关系与横向关系的设定上。

五　农村社区治理能力现代化的评价指标研究

由于治理体系和治理能力关系密切，我国多数学者在对指标研究进
行讨论时通常没有将二者进行区分或界限，而是作为治理现代化整体来
进行考量，能在一定程度上体现出对治理能力现代化的要求。但从现实
来看，有很多国家在追求现代化的道路上建立了相似的政治体系或制度，
而其治理成效却大有不同，其关键在于治理能力的效用。③ 因此，也有少
数学者注意到了这一点，并对治理能力现代化进行了指标建设和评估。
比如何增科、徐勇和吕楠等人从现代化角度提出了国家治理现代化的标
准；④ 李文彬和陈晓运、唐天伟等人从治理能力角度提出了地方政府治理
绩效的评估指标。⑤

由此可见，我国学者对治理能力现代化，尤其是农村社区治理能力
现代化的衡量指标研究较为薄弱。有较多学者对治理能力展开了评估，

---

① 魏治勋：《"善治"视野中的国家治理能力及其现代化》，《法学论坛》2014 年第 2 期。
② 高秉雄、胡云：《国家治理能力变量体系研究——基于国家能力变量研究的思考》，《社
会主义研究》2017 年第 2 期。
③ 杨光斌：《衡量国家治理能力的基本指标》，《前线》2019 年第 12 期。
④ 何增科：《理解国家治理及其现代化》，《马克思主义与现实》2014 年第 1 期。徐勇、吕
楠：《热话题与冷思考——关于国家治理体系和治理能力现代化的对话》，《当代世界与社会主
义》2014 年第 1 期。
⑤ 李文彬、陈晓运：《政府治理能力现代化的评估框架》，《中国行政管理》2015 年第 12
期。唐天伟、曹清华、郑争文：《地方政府治理现代化的内涵、特征及其测度指标体系》，《中国
行政管理》2014 年第 10 期。

但大都忽略了现代化的内涵。将对治理能力现代化的衡量指标研究整理
如表 0 - 1 所示。

表 0 - 1　　　　　　　　治理能力现代化的衡量指标整理

维度	作者	指标
三维	王丛虎、祁凡骅①	时间维度（治理者思维观念的更新、学习能力的强弱以及技术手段和方法应用的与时俱进）； 过程维度（民主参与能力、依法治理能力、和谐共治能力、文明善治能力等）； 结果维度（政治和社会稳定、国家动员力、政策执行力、目标切合度、人民满意度）
六维	李文彬、陈晓运②	能力支持的多中心、能力导向的战略性、能力状态的就绪性、能力载体的信息化、能力结构的多元化、能力使用的法治化

六　农村社区治理能力现代化困境研究

（一）关于公共性与自主性的研究

西方学者阿伦特、哈贝马斯、罗尔斯都较为明确地阐释了公共性议
题。阿伦特提出了"公共世界"（public word）的概念③、哈贝马斯提出
了"公共领域"（public sphere）的概念④、罗尔斯提出了"公共理性"
（public reason）的概念⑤、最早对"共同体"概念进行专门阐述的是知名
社会学学者腾尼斯，他认为共同体生活是指"建立在自然情感一致基础
上、紧密联系、排他的社会联系或共同生活方式"，"这种社会联系或共

---

①　王丛虎、祁凡骅：《探索治理现代化的评估维度》，《中国人民大学学报》2015 年
第 3 期。

②　李文彬、陈晓运：《政府治理能力现代化的评估框架》，《中国行政管理》2015 年
第 12 期。

③　汪晖：《文化与公共性》，生活·读书·新知三联书店 1998 年版，第 88 页。

④　［德］哈贝马斯：《公共领域的结构转型》，曹卫东等译，学林出版社 1999 年版，
第 252 页。

⑤　［美］罗尔斯：《政治自由主义》，万俊人译，译林出版社 2000 年版，第 2 页。

同生活方式产生关系亲密、守望相助、富有人情味的生活共同体"①。在斐迪南·腾尼斯视角下，农村社区"公共性"应体现为农村社区共同体，人们互相信赖和帮助。

国内学者主要从公共性流失视角进行了广泛研究。第一，公共精神流失。吴理财认为，目前农村公共精神流失的表征体现为乡村公共生活退化、公共意识衰落、互助精神消解，自我中心主义泛滥；② 公共舆论从公开场合退到私下场合，去公共化的同时也失去了对人们行为规范的约束力。第二，公共道德流失。张胜前认为农村公共性瓦解的原因在于人们道德失范行为不断，③ 比如村庄"小官巨贪"、贪腐成风，进城务工农民长期不照顾家乡父母等与乡村的"拳头势力"交织在一起。第三，公共参与流失。赵晓峰认为村落公共性的丧失带来了农民政治性的快速流失，农村公共性与自主性困境导致农村社区治理陷入怪圈。④ 转型社区中面临着地方性共识的破裂与社区公共道德衰退、居民互助体系的瓦解与社区共同体的衰落、公共参与不足与社区治理机制不健全等问题。⑤ 对此，部分学者也提出了重构的路径，崔月琴、张扬认为要从农民土地权益维护、维权组织培育与成长、社区转型三条路径来重构农村社区的公共利益和公共意识；⑥ 方晓红、牛耀红认为要从网络公共空间构建来形成村民参与社区公共事务的平台和机制，推动村民由"共"到"公"的转化，在讨论和行动中拓展"公"的边界，再生产乡土公共性。⑦

在自主性研究方面，普郎查斯、密里本德等人提出了"国家相对自主性"的概念，认为"国家获得了独立于阶级利益的自主性，这种自主

---

① ［德］斐迪南·滕尼斯：《共同体与社会》，林荣远译，商务印书馆1999年版，第78页。

② 吴理财：《乡村文化"公共性消解"加剧》，《人民论坛》2012年第4期。

③ 张胜前：《转型期乡村文化"公共性"消解与再造》，《商业时代》2012年第7期。

④ 赵晓峰：《找回村庄——乡村江湖：两湖平原"混混"研究》，《学术界》2012年第6期。

⑤ 谷玉良：《转型社区公共性变迁及其治理研究》，《宁夏社会科学》2018年第4期。

⑥ 崔月琴、张扬：《"村改居"进程中农村社区"公共性"的重建及其意义》，《福建论坛》（人文社会科学版）2017年第4期。

⑦ 方晓红、牛耀红：《网络公共空间与乡土公共性再生产》，《编辑之友》2017年第3期。

性能够保证国家制定的政策具有长期的合理性"①。从埃里克·诺德林格
开始，"国家自主性"概念和国家自主性分析视角开始在西方学界广泛运
用。在我国的社会学研究中，国家自主性概念逐渐拓展到社会自主性和
个体自主性的研究中，刘达禹认为，"社会自主性"是与国家经济建设、
文化建设特别是政治建设密切相关，公共政策被影响的大小取决于社会
力量参与公共事务的状况。② 周健认为"社会自主性"包含公民意识的崛
起和社会组织的崛起，第一个层面最核心的就是公民拥有了权利意识和
责任意识，公民能够自主地决定自己的意志与行为、决策与选择等，而
且公民的自主性选择具有不可侵犯性；第二个层面是指社会主体积极参
与社会事务，对国家权力行使监督和制约等。③

　　在农村社区治理的公共性与自主性的研究中，陈伟东、许宝君的研
究成果具有较为典型的代表性。④ 他们首次将公共性与自主性这一相对概
念引入到社区公共事务的治理中，在国家和社会关系的整体性视角的引
领下，从政府自主性和社会自主性，居民个体化和公共性双重视角出发，
探究农村社区公共事务治理的核心。首先学者通过对湖北省分地区社区
居民委员会实际工作进行调查，了解社区内部的工作分担情况，以及社
区与上级之间的关系，以了解整个社区的运行情况，以及社区的自主性
情况。其次，通过制定居民参与社区公共事务状况的调查问卷，探究居
民参与公共事务的现状和原因，得出居民个体性强，公共性弱的现实结
论，并通过探究社区与居民间的关系，提出提升社区参与度，增强社区
归属感的思考。文章从"政府—社区—居民"三者的关系出发，探索社
区公共事务治理的困境与改进思考。通过实地调研和文献研究，得出结
论：自主性和公共性的弱化是社区公共事务治理的双重困境；整体性脱
域是自主性和公共性弱化导致的整体性危害；社区居委会处在压力型体
制中；居民组织化、社团化是生产公共性的重要路径；政府、社区、居

---

① 《马克思恩格斯选集》第 4 卷，人民出版社 1995 年版，第 170 页。

② 刘达禹：《国家控制与社会自主》，博士学位论文，吉林大学，2011 年，第 45 页。

③ 周健：《中国社会自主性的成长与执政党的变革》，博士学位论文，南京大学，2014 年，
第 30 页。

④ 陈伟东、许宝君：《社区治理责任与治理能力错位及其化解——基于对湖北 12 个社区的
调查》，《华中农业大学学报》（社会科学版）2016 年第 1 期。

民三者协商共治是社区治理的必然趋势。

（二）关于传统性与现代性的研究

农村社区呈现传统性与现代性、农村性与城市性多重特征交织的现象，在农村社区治理能力现代化进程中所表现出来的传统性与现代性的关系是否有冲突，不同的学者有不同的研究结论。田毅鹏认为传统现代化研究范式中忽略了对社会治理现代化的研究，社会治理现代化中的"现代"包括模式、技术等方面的创新，社会治理现代化中的"传统"体现在基层自治和民主协商的传统，"传统"与"现代"的良性互动是实现社会治理现代化目标的重要途径。[①] 李增元提到在现代化过程中，乡村社会的转型与重构是基于外力作用被迫发生，直接促使农村、农业、农民以一种全新的形态呈现出来。[②] 农村社区在向现代社区转变过程中，基于区域性差异，社会基质不同，社区形态、性质也呈现出较大差异性，有的转型较快，有的变迁较慢，总体上呈现出松散性、异质性特征，民众更多地将其作为一个生活居住的单元，社区公共意识还没有真正形成。范益民等人认为在乡村治理变迁中，传统伦理道德遭遇现代性后面临被中断的挑战；[③] 张晓琴认为乡村治理的现代转型中，传统文化出现了外在繁荣和内在凋敝现象，使得乡村治理陷入治理错位境地；[④] 张振波、金太军认为传统性价值在现代化冲击下遭到质疑，使得家长性、权力性价值成为异端，而现代性价值例如自由、平等则因为缺乏相应的社会观念、制度结构支撑而成为空中楼阁，传统性价值与现代性价值的抗争使得治理主体在组织建构、政策目标设定上摇摆不定，从而降低治理能力；[⑤] 陈伟东、马涛认为，长期以来，居委会在社区治理中扮演着消极被动的角色，其功能也逐渐被边缘化，从而出现政府在行动而居民不行动的困境，

---

① 田毅鹏：《社会治理现代化进程中的"传统"与"现代"》，《社会发展研究》2019 年第 11 期。

② 李增元：《试论我国农村社区治理的历史演进与现代转向》，《理论与改革》2016 年第 4 期。

③ 范益民、艾兵有：《传统伦理道德传承与现代性的遭遇——以西双版纳勐海县打洛镇曼芽村布朗族为例》，《云南民族大学学报》2016 年第 3 期。

④ 张晓琴：《乡村文化生态的历史变迁及现代治理转型》，《河海大学学报》2016 年第 12 期。

⑤ 张振波、金太军：《论国家治理能力的社会建构》，《社会科学研究》2017 年第 6 期。

这削弱了居委会作为社区治理核心主体的治理能力。①

（三）关于农村社区治理能力现代化多重困境的研究

衡霞运用 Nvivo11 软件对期刊文献、中央及各部委政策法规和访谈记录共 283 份材料进行编码，并与《中共中央国务院加强和完善城乡社区治理的意见》中的六大能力类型一一对应，进而设计出农村社区治理能力现代化困境识别的三级指标，再根据既有研究中的公共性、现代性、自主性、传统性等属性对三级指标的评估结果进行归类，评估结果显示农村社区治理能力现代化进程中可能存在公共性与自主性、传统性与现代性的困境；同时也对双重困境的形成机理进行了详细解释。② 陈伟东等通过多个典型社区的调查发现，政府的强自主性将社区纳入政府行政框架之内，导致了政府、社区和居民三大主体的整体性脱域，尤其是政府和居民表现为"全脱"或"不在场"，社区居委会表现为"半脱"或"半在场"，这种"政府强自主性—社区弱自主性"的现实格局不但使社区公共事务治理陷入困境，也容易使整个社区治理甚至是国家的社会治理陷入瓶颈。③

七　农村社区治理能力现代化的路径

农村社区治理能力现代化的路径实现较为微观具体，主要集中在：（1）通过制度构建，促进农村社区治理主体间的良性互动。张艳国、尤琳提出大力推动农村基层治理能力现代化，必须大力改进乡镇政府治理机制、积极发挥农村社区各类组织在农村基层治理中的协同作用、在乡镇政府与农村社区之间建构制度化的良性互动关系。④ 建立现代社会组织制度，促使农村社区社会组织、经济组织参与农村社区管理与服务。包括确定乡镇政府与农村社区各类组织之间的职责边界、乡镇政府对农村

① 陈伟东、马涛：《过程化要素：居民主体性生成的新视野》，《江汉论坛》2017 年第 11 期。

② 衡霞：《农村社区治理能力现代化的双重困境研究》，《理论探索》2021 年第 12 期。

③ 陈伟东、许宝君：《社区治理责任与治理能力错位及其化解——基于对湖北 12 个社区的调查》，《华中农业大学学报》（社会科学版）2016 年第 1 期。

④ 张艳国、尤琳：《农村基层治理能力现代化的构成要件及其实现路径》，《当代世界社会主义问题》2014 年第 2 期。

社区各类组织自治权的行使进行必要干预和调节、农村社区各类组织制约乡镇政府行政管理权扩张。（2）推进民主管理的科学发展和提升基层治理能力的构建。印子认为不断提高行政村的基层治理能力，初步的构想是，建构行政村的政策释义能力、组织动员能力、社区福利评估能力和利益协调能力，助推乡村治理体系和治理能力现代化。① 汪杰贵认为改进农民自组织公共参与是突破村庄治理现代化现实困境的可行路径之一。② 包括提升农民自组织公共参与意识、拓展参与边界、提高参与效率、规范参与行为等，从而改革改进村庄治理行为，提升村庄治理绩效。丁峰、李勇华认为在提升农村社区治理能力现代化中，要发挥社会主义先进文化与传统的优秀乡村文化的整合功能，发挥"文化自信"的根底作用。③ 更是要以文化礼堂为载体和平台的农村文化建设，对规范农村文化秩序、打造农民精神家园、提供农民参与的公共空间，具有重要的意义。

八　农村社区治理能力现代化的典型案例研究

基于农村集体经济对乡村治理效能的影响，衡霞认为，农村集体经济的快速发展，通过组织同构把企业化的治理技术、资源等嵌入乡村治理中，能够补位治理主体、治理能力不足等方面，进而提升乡村治理的效率与效能。④ 基于乡土逻辑与行政逻辑的张力，李琳、郭占锋以陕南F村精准扶贫实践为案例，分析国家输入资源的行政逻辑与基层接受资源的乡土逻辑之间的张力导致的治理困境，从社区治理主体单一化、治理结构僵硬化、治理过程无序化以及治理效果数字化四个方面剖析农村社区扶贫治理能力薄弱问题，通过国家政策与社区基层治理的逻辑整合，进一步提出了农村社区扶贫治理能力现代化的路径，即倡导参与式贫困

①　印子：《乡村基本治理单元及其治理能力建构》，《华南农业大学学报》（社会科学版）2018 年第 3 期。

②　汪杰贵：《村庄治理现代化现实困境和突破路径——基于农民自组织公共参与改进视角》，《云南行政学院学报》2018 年第 2 期。

③　丁峰、李勇华：《论文化礼堂与农村社区治理功能》，《长白学刊》2018 年第 4 期。

④　衡霞：《组织同构与治理嵌入：农村集体经济何以促进乡村治理高效能》，《社会科学研究》2021 年第 3 期。

治理、构建弹性治理结构、完善动态治理机制与强化社区治理技术。① 从
治理主体能力现代化层面，基于多元精英合作治理逻辑，胡炎平等人以
广东江门市的"农村联谊会"实践为案例，分析了以基层党组织为元治
理，以各类精英为利益阶层代表，以农村联谊会为协同合作组织平台的
治理逻辑，从而强调农村社区在多元精英合作层面的治理能力现代化。②
基于农村空间变迁的村庄精英治理，丁波以皖南地区的 L 村与 G 村的空
间变迁为案例背景，建构了"空间形态—权力结构—联结关系"的分析
框架，认为空间改造下的农村使治理主体权力更为规范，通过吸纳村庄
精英参与乡村治理建立村民自治制度下的精英治村模式，实现农村社区
治理能力现代化。③

九 农村社区治理能力现代化述评

国外学者从社区发展理论切入并逐步扩展到治理特性，一是立足于
社区场域来认识社区能力，通过丰富的实证研究来拆解不同社区场域内
能力的差异化特性。二是多样化的社区能力界定，将社区具备的能力从
静态的能动力中解脱出来，赋予了其行动性和层次性；三是社区能力建
设立足于个体、群体、组织的整体性互动。无论是从社会资本角度进行
社区能力建构，还是伙伴关系性建构路径，都承认了社区能力建设不是
社区居民、社区组织的单一行动，而是相互融合共生共治的过程。但是，
他们的研究并未超脱社区场域从更为广泛的层面来进行综合探讨，而是
带有严重的社会中心主义色彩，更没有将现代化维度纳入考虑。同时，
他们从社区场域入手开展研究势必需要考虑社区场域的差异性特征，从
而将社区能力研究的统一性、归一化的可能性抹杀掉。国外学者从社区
场域着手的研究似乎遵循着"社区决定社区能力"的逻辑，这一定程度
上能够紧扣外部变量对社区能力的影响，但是却将统一性、归一化的社

---

① 李琳、郭占锋：《精准扶贫中农村社区治理能力提升研究》，《西北农林科技大学学报》
（社会科学版）2018 年第 3 期。

② 胡炎平、姜庆志、谭海波：《治理现代化视野下的农村多元精英合作治理——以江门市
农村联谊会为考察对象》，《中国行政管理》2017 年第 8 期。

③ 丁波：《乡村振兴背景下农村空间变迁及乡村治理变革》，《云南民族大学学报》（哲学
社会科学版）2019 年第 6 期。

区能力模式推向了理论的边缘。

目前，我国学界对治理能力现代化的研究虽然没有较为统一的口径，但对其内涵、路径等基本内容达成了一定的共识，在吸收西方学者研究成果的同时，把农村社区治理能力现代化的研究嵌入国家治理和社会治理的宏观结构中。在农村社区治理能力现代化的内涵中强调将制度优势转化为效能、协调治理主体间的能力这两个方向；在实现路径中强调制度的构建、治理主体自身能力的提升，为本书的深入研究提供了基础和保障。虽然学界对农村社区治理能力现代化的研究相对于国家治理能力现代化的研究更微观，但也有利于学者研究的可操作性，例如采取案例研究，丰富了研究方法和视角。但是，农村社区治理能力现代化的相关研究仍然薄弱。一是对农村社区治理能力的划分、治理能力现代化的内涵到底是什么，还有待进一步总结归纳；二是目前大部分学者的研究通常是基于"治理体系和治理能力现代化"这样一个整体系统的视角来研究的，没有将其细分，即使二者存在密不可分的联系，但系统间也是存在差异性的；三是农村社区治理能力现代化不仅仅是进程，也是目标的体现，目前学者多基于对社区治理进行指标体系的评估构建，但没有赋予"现代化"的含义，没有对社区治理现代化或社区治理能力现代化的评估体系进行构建，研究存在较多空白。

综上所述，国内外学界关于农村社区治理能力现代化的研究缺乏整合性的综合归纳，将研究重点放在对各个因素的发掘和解释上，着重解释了影响治理能力现代化的因素类型却未能充分论述这些因素到底是如何影响农村社区治理能力现代化的；由于对于农村社区治理能力现代化内涵界定存在偏差，导致在因变量与自变量的影响因素之间的关系的讨论存在不匹配的情况，尤其是部分变量并未得到实证证据的验证，导致理论与实践有脱节的倾向，弱化了这些影响因素的有效性和真实性。因此，本书首先在清晰界定各个概念基础上，结合国家政策法规、相关理论、学术界和实践界的经验构建起基于"理念—结构—行动"的分析框架，以《中共中央、国务院加强和完善城乡社区治理的意见》中的六种能力类型为划分标准，系统、客观、全面地分析农村社区治理能力现代化双重困境的逻辑起点、公共选择逻辑、评估指标与影响因素，进而厘清各个要素之间的内在关系，以及不同要素对双重困境的作用方式、路径及程度，从而更好地探究和解释不同因素影响农村社区治理能力现代化的过程，并有针对性地提出破解方案。

第三节　相关概念及研究对象的界定

一　农村社区的概念

社区问题根植于城市化，城市化是表象，背后是工业化。早期的社区问题源于工业革命带来人口进城，社群结构改变衍生社会问题。经典社会理论家滕尼斯于在《共同体与社会》一书中指出，社区相对于社会而言是带有集体性、情感化的伦理共同体，作为共同体的社区，尚未触及社区在实践生活中的地域范围，因而只存在于人类对理想社会生活的构念中，是社区治理追求的最高境界。① 随着城市社区的发展，对社区问题的探讨由于过于价值化，无法针对具体问题，不得不让位于现实问题研究。从芝加哥学派研究底层暴力犯罪、贫困集中、毒品泛滥、抢劫、底层亚文化、社区的空间隔离等现实问题，再到公共管理学界对社会群体的工作需求、生活保障、住房需求等问题的探讨，社区问题越来越具象化与可操作化。

1933 年，费孝通将"社区"一词引入中国，与"社会"进行区分，并从价值体系和情感的角度阐释了农村社区的概念。他认为，农村社区是由传统的礼治秩序构成的不受政治影响的社会共同体，进而总结出农村社区的三大特征：礼治秩序、熟人社会、无为政治。② 自此以后，不同学者对农村社区的界定产生了诸多分歧，但核心均关注于空间形态（农村）、职业形态（农民）和生产业态（农业）三方面。2006 年党的十六届五中全会通过的《中共中央关于构建社会主义和谐社会的若干重大问题决定》提出"全面开展城市社区建设，积极推进农村社区建设，健全新型社区管理和服务体制，把社区建设成为管理有序、服务完善、文明祥和的社会生活共同体"。中央文件中第一次使用了农村社区的概念，把新型农村社区建设作为社会主义新农村建设的重要要求。随着党的十六

---

① ［德］斐迪南·滕尼斯：《共同体与社会》，林荣远译，商务印书馆 1999 年版。

② 费孝通：《乡土中国》，上海人民出版社 2007 年版。

届六中全会的召开，城乡基本公共服务均等化成为基本国策，我国农村社区逐渐获得更多的公共资源和政策支持。不论是学界的研究成果还是官方的政策文件，均强调我国农村社区的行政性。首先，农村社区与城市社区一样，社区居民自由决定集体生活，但居（村）民委员会长期被赋予了较多行政事务，成为基层政府的一个派出机构；其次，社区作为国家和社会治理的基础单元，国家权力处于支配地位，并与自由的社区共同体形成二元互动。当然，农村社区与城市社区也有许多差异性，比如农村社区的组织结构和经济结构比较简单，人口同质性强、人口密度和流动性较低，社区成员交往密切，心理归属和文化认同较为一致，风俗习惯和生活方式受传统文化影响较大等。

综上所述，我国农村社区是指由大体相同的生活方式、价值观和行为规范，有一定认同意识的村民在特定区域所形成的相对完整的区域社会共同体。特别是城镇化进程的推进和新农村建设的开展，农村社区的居民可以跨越多个行政村，甚至多个乡镇，但社区自治组织的产生方式与村民委员会的产生方式基本相同。由于全国多数农村都是一村一社区，村与社区在空间范围上具有高度一致性，导致了许多人把社区与村等同研究，这也是目前学术界以"农村社区治理能力现代化"为题进行研究的论文较少，而以"农村社会治理能力现代化"为题的论文非常多的一个重要原因。从狭义来看，农村社区与行政村是有一定差异的：从地域共同体范围来看，由于新农村建设和农村土地集中整治，出现了许多新村聚居点，该聚居点的人员构成打破了行政村界限，也没有城市社区的品质集聚之分；从治理主体来看，这类社区产生的自治组织区别于村民委员会，甚至还增加了物业管理企业等社会机构；从治理事项来看，社区治理集中于集体生活的共同体区域内的公共安全、卫生、服务等事项，而行政村的治理范围则广泛得多，包括生产生活等一系列事项；从治理目标来看，社区的治理仅涉及社会层面，虽然有的地方提出了发展治理，构建了跨行政区划的集体经济，但并不是普遍现象，而行政村的治理更多的涉及政治、经济、社会、文化等诸多领域；从服务对象来看，农村社区服务于集中居住于聚居点的村民（社区与村等同的除外），行政村则限定为服务于本村范围内的所有居民。由此可见，农村社区与行政村并不能完全等同。

但是，本书所研究的农村社区并没有把"一村一社区"的行政村排除在外，主要原因在于：一是随着城市化进程的推进和农民知识结构的变化，农民将由分散居住向集中居住转变，课题研究需要把握这种趋势做前瞻性研究；二是在我国中西部边远地区，"一村多社区"和"多村一社区"的现象将不会在短期内出现，"一村一社区"将是常态，村就是社区，社区就是村，如果强行将村与社区分开，那么将会导致村与社区在公共资源分配、社会治理等多领域出现两个治理主体并列的情况，作为学者很难对其进行区别性研究，尤其是如何对多源流公共资源的治理能力现代化进行研究将成为本书的一大障碍。更为重要的是，中央针对农村公共服务供给匮乏、产业转型矛盾加剧、收入差距扩大、社会建设相对滞后等问题，早在 2009 年 10 月发布的《关于大力推进新型城镇化的意见》中就明确提出，"以中心村为核心，建设新型农村社区，推进迁村并点，提高农村的基础设施和公共服务水平，5 年左右实现农村社区建设全覆盖"①。因此，本书所研究的农村社区为广义的农村社区，包括了"一村一社区"等现象。

二 治理能力现代化的概念

现代化是 20 世纪以来世界各国共同关注的重要话题。以帕森斯的结构—功能主义学派为代表的现代化理论研究者认为，现代化是一个向发达国家的社会、经济、文化系统演变的过程，社会变革最基本的前提是人们价值观的转变。这种基于发展中国家研究的学说受到学界的广泛质疑，他们认为对资源的控制是经济增长的关键，但发达国家对发展中国家的资源殖民并不会推动这些国家的现代化进程。随着工业化、城市化进程带来价值异化问题，社会化大生产带来人的尊严扭曲，资本过度关注利益增长，尤其是社会的急剧转型，催生出大量的公共服务供给、社区管理问题，传统治理手段难以解决发展中的新问题，治理现代化提上议事日程。治理现代化不仅追求现代性的动态和螺旋上升并前进的过程，也是从追求工具理性到价值理性的过程。治理现代化作为一种基本方式，

① 《关于深入推进新型城镇化建设的若干意见》，《中华人民共和国国务院公报》2016 年第6 期。

法治、民主原则是治理的价值诉求和构建现代化治理体系的正当性基础，开放包容的治理结构是实现治理现代化的决定性因素，只有明晰治理现代化的目标、前提、基础和约束性条件的情况下，才能有的放矢地找到最为可靠和有效实现治理现代化的基本路径。

新中国成立以来，我国一直不断地探索着国家治理现代化的路径与方法。从1978年党的十一届三中全会公报首次提出为"把我国建成现代化的伟大社会主义强国而奋勇前进"，到2013年党的十八届三中全会作出了《中共中央关于全面深化体制改革若干重大问题的决定》，再一次明确地宣布"全面深化改革的总目标是完善和发展中国特色社会主义制度，推进国家治理体系和治理能力现代化"。这是第一次把国家治理体系和治理能力现代化联系起来。显然，我国的国家治理是以现代化为落脚点，着眼于现代化来揭示两者的内在关系；这也被视为继续农业、工业、国防、科技现代化之后的"第五个现代化"。其中，治理体系是指国家治理组织系统结构的现代化，治理能力是指国家治理者素质和方法方式的现代化，这在学界又引起了关于两者关系的大讨论。一部分学者从治理体系入手，将治理体系的制度安排视为解决国家、社会问题的最佳方式；另一部分学者则从提升治理能力的视域出发做出理论贡献。然而，偏向治理体系的论述逐渐趋于下风，而治理能力的讨论则正在逐渐兴起。一方面因为国家治理体系的制度安排逐渐趋向合理，对治理体系的研究趋近共识；另一方面人们逐渐认识到国家治理能力缺憾及其重要性，就如同王绍光所言："十八大提出'国家治理体系和治理能力''治理能力'四字非常关键，没有相应的治理能力，'治理体系'就只会是一个空架子。"① 习近平总书记在党的十九大报告中提出社会主义现代化的"两步走"战略，"一是从2020年到2035年，在全面建成小康社会基础上，我国人民平等参与、平等发展权利得到充分保障，法治国家、法治政府、法治社会基本建成，各方面制度更加完善，国家治理体系和治理能力现代化基本实现；从2035年到本世纪中叶，实现国家治理体系和治理能力

---

① 王绍光：《国家治理与基础性国家能力》，《华中科技大学学报》（社会科学版）2014年第3期。

现代化，把我国建成富强民主文明和谐美丽的社会主义现代化强国。"①
国家治理现代化战略提出来以后，迅速转化为国家意志，混合经济激励、
政治引导、行政强制、法律约束、舆论推动等形成强大的社会动员机制，
推动理论与实践两个层面围绕治理现代化的目标行动。

　　至此，学界对治理能力现代化进行了多维研究。一是从国家治理能
力提升转向社区治理能力现代化的研究。有的立足于国家层面在理论上
建构影响国家治理能力的变量体系，试图"找回国家"；有的立足于国家
宏观高度只能在理论上论证国家能力作为治理能力核心构成的必要性，
无法在现实层面上推动治理能力提升。因此，找回提升治理能力的要素
要根植于社区，"只有社区治理能力强了，社会治理的基础才会更坚实，
国家治理现代化才会实现"②。也正是在这种逻辑推理基础上，部分学者
开始对社区治理能力展开研究。然而，此类研究偏重回答"如何"提升
社区治理能力，但忽视了存在的一个前置性条件，那就是"为什么能够
提升社区治理能力"。所以，也正是在这一前提下，相关讨论才将注意力
集中到影响社区治理能力提升的各种因素上。二是从国家治理能力现代
化的影响因素转向社区治理能力现代化的影响因素的研究。有的探讨治
理体系对治理能力的影响作用，并从制度建构与制度执行力上来表述这
种影响关系；有的关注到治理的主体性，认为社区治理中的治理主体是
影响社区治理能力提升的核心变量；还有学者从纵向的基层政府与社区
治理主体的垂直关系以及横向的社区治理主体间水平关系入手，来探寻
内隐于国家—社会关系下的权力结构对社区治理能力的影响；还有学者
从社会资本理论入手，探寻社区资源禀赋、社会网络关系、文化传统等
因素对社区治理能力的影响。实践界也同样认识到"治理能力提升是基
层社会治理现代化的关键环节"③，因此从中央到地方各层级均采取了不
同举措来提升基层治理能力。在国家层面，党的十九大报告和相关决议
均强调，社会治理的重心必须落实到城乡社区，社会治理工作的落脚点

---

　　①　《"两步走"战略安排开启新征程》，人民网，http://opinion.people.com.cn/n1/2018/
0227/c1003-29835757.html。

　　②　李强：《从社会学角度看现代化的中国道路》，《社会学研究》2017年第6期。

　　③　汪世荣：《提升基层社会治理能力的"枫桥经验"实证研究》，《法律适用》2018年第
17期。

必须放在基层；在地方层面，全国各个省份等地在充分学习中央精神基础上，纷纷通过了《关于深入贯彻党的十九届四中全会精神 推进城乡基层治理制度创新和能力建设的决定》等文件。

中央政府和省级政府关于在部署社会治理现代化战略时，强调基层治理的重要性与基础性，均认为国家治理现代化的实现基础在城乡基层，只有依靠和建强基层，城乡社区才能有更高质量和效能的服务与管理，才能更加强化社会治理的基础。

综上所述，治理能力现代化是指治理主体具备了运用现代化治理思维、方法和手段治理现代社会的能力，不仅能够有效地解决现代社会发展进程中的复杂社会问题，还能引领国家现代化目标的实现，促进现代社会的可持续发展。

三 农村社区治理能力现代化的概念

治理体系现代化与治理能力现代化共同构成治理现代化的全部内容，两者既是结构和功能的关系，也是硬件与软件的关系。作为治理硬件的治理结构的现代化转型，必然推动作为软件的治理能力现代化水平的提升，进而对治理效能产生积极影响，反之亦然。

农村社区治理虽然发生在农村社会，但它也是影响国家治理迈向现代化的关键前提。从现实层面来看，传统治理依赖于村两委实施简约治理，农村基层党组织软弱涣散，党建引领功能不强。在流动性极强的社会里，比如中西部地区，尤其是偏远农村地区可以积极建构社区公共性的精英人才基本流失殆尽，而经济发达农村社区的大量流入人口却又无权参与社区治理；同时农村集体经济组织的股权量化与收益分配存在的一些隐患和农村社会事业发展滞后等问题的凸显，大力提升农村社区治理能力的现代化水平就显得尤为重要。目前，国内外学界对于社区治理现代化的研究成果较多，但大多围绕城市社区展开，即使研究了农村社区，但围绕各领域的治理社区结构、现代化的困境与结构性障碍等展开，显然是缺乏对农村社区治理能力现代化的深入研究。在农村社区治理能力现代化方面开展研究的学者主要有吉林大学的田毅鹏和华中农业大学的李长健等人，但田毅鹏与其他大多数学者一样，研究题目包含了治理能力现代化，但研究内容却围绕农村社区治理能力展开，并没紧密结合

"现代化"进行研究，包括宋雪等人在 2019 年 12 月所做的关于农村社区
治理现代化问题的文献综述中，关于农村社区治理能力现代化的文献也
几乎没有。笔者通过多个学术期刊网搜索发现，只有华中农业大学李玲
玲和李长健所写的《农村社区治理能力现代化进路之思考》这一篇文章
才紧密结合论文主题，对农村社区治理能力现代化的内涵、价值目标、
理论基础、阻碍因素等四个方面进行阐述。因此，有必要结合国家战略、
农村社区治理实际、社会环境的动态变化特点等深刻解析其理论基础、
内涵、特征、影响因素等。

农村社区治理能力现代化第一次出现在官方文件中，是以中央 2017
年 6 月发布的《中共中央、国务院关于加强和完善城乡社区治理的意见》
为标志。该意见中首次提出了城乡社区治理现代化的总体目标：第一步
是到 2020 年，基本形成基层党组织领导、基层政府主导的多方参与、共
同治理的城乡社区治理体系，城乡社区治理体制更加完善，城乡社区治
理能力显著提升，城乡社区公共服务、公共管理、公共安全得到有效保
障；第二步是再过 5 到 10 年，城乡社区治理体制更加成熟定型，城乡社
区治理能力更为精准全面，为夯实党的执政根基、巩固基层政权提供有
力支撑，为推进国家治理体系和治理能力现代化奠定坚实基础。其次，
围绕以"提高社区服务供给能力""增强社区居民参与能力""提升社区
矛盾预防化解能力""增强社区依法办事能力""强化社区文化引领能
力"及"增强社区信息化应用能力"六大能力建设来不断提升城乡社区
治理水平的战略目标。随后黑龙江、云南、河北、四川等 26 个省市出台
了配套性文件对如何建设这六大能力作出了安排部署。比如，丰富活动
载体、加强设施建设、强化文化引领、建设平安社区等方式方法来提升
六大能力的现代化程度。四川省还根据党的十九届四中全会提出的七大
社会治理方针，提出了城乡社区治理能力现代化还应包括党建引领能力、
社会统筹能力、基层权力监督能力、科技支撑能力、法治保障能力、群
众自治能力、德治教化能力七大能力。在本书中，采用《中共中央、国
务院关于加强和完善城乡社区治理的意见》中关于能力的六大分类标准
进行研究。

那么，什么是农村社区治理能力现代化呢？李强认为，"按照现代社
会发展要求，根据我国国情实际，现代化的城乡社区治理应当是具有较

高的法治化、科学化、精细化水平和组织化程度，由基层党组织领导、基层政府主导，以民为本、服务居民的多方参与、共同治理的社区治理。其总体要求是：把城乡社区建设成为和谐有序、绿色文明、创新包容、共建共享的幸福家园。其实现路径是：坚持以基层党组织建设为关键、政府治理为主导、居民需求为导向、改革创新为动力，健全体系、整合资源、增强能力。其主要功能是：管理公共事务，提供社区服务，管理公共资产，培育良好市场环境，表达社区群众利益诉求，协调矛盾纠纷，塑造社区文化，增进社区认同。"① 李玲玲、李长健通过对农村社区治理的显著特征和社区发展权理论的解析认为，农村社区治理能力现代化是使农村社区治理体系制度化、规范化、程序化、法治化，使农村社区治理者运用法治思维和制度治理乡村，从而将特色的乡村制度优势转化为各种效能。上述理解基本概括出了农村社区治理能力现代化的目标、要素、价值、路径等，却没有完全结合农村社区治理面临的现实问题进行综合解读。

农村社区治理能力现代化是指农村社区治理主体能够综合运用"三农"政策和社会治理制度，通过开放包容的治理结构管理农村社会事务，以法治、科学、规范、精细的原则，以及现代化的治理思维、方法和手段，有效提升农村社区面临的复杂性社会问题的治理能力。

（1）从价值导向上看，维护社会秩序稳定、扩大社区民主、保障农民权益、建构法文化是提升农村社区治理能力的重要目标，但党建引领是实现上述价值目标的基本前提。（2）从内涵上看，包括了农村社区六大治理能力的有形现代化和国家与社会互动形成的无形现代化（制度建设的现代化）。② （3）从构成要件上看，包括提高社区服务供给能力、增强社区居民参与能力、增强社区依法办事能力、提升社区矛盾预防化解能力、强化社区文化引领能力、增强社区信息化应用能力六大能力。（4）从实现路径与目标上看，以法治为手段，以解决发展利益分配为方向，提升居民参与能力与依法办事能力现代化；以科技为手段，以发展

---

① 李强：《提升城乡社区治理现代化水平》，《唯实》2017 年第 9 期。

② 胡鞍钢：《完善发展特色社会主义推进国家制度现代化》，http://theory.rmlt.com.cn/2013/1113/180940.shtml。

现代农业为基础，提升文化引领能力与信息化应用能力现代化；以精细治理为手段，以多元合作共治为前提，提升社区服务供给能力与矛盾纠纷化解能力现代化；以规范化治理为手段，以分层融合治理为关键环节，通过政府、社会和居民的良性互动来提升农村社区治理能力现代化水平。（5）从基础保障上看，农村社区治理能力现代化是建立在治理主体具备与治理事务基本匹配而且能被多数民众认可的权威性资源和物质性资源基础上，否则无法调动治理资源和运用治理规则有效开展社区治理。（6）从衡量标准上看，包括能力结构/能力体系和能力状态两个方面的内容，涉及决策能力的科学化、执行能力的法治化、调控能力的协调统筹化、协同能力的互动化、改革能力的配套化。由此可见，乡村振兴战略的目标就是实现农业农村治理现代化；乡村振兴战略的核心就是乡村治理的社会组织、制度和市场体系现代化，包括乡村多元治理主体的素质、能力、技术和工具的现代化；乡村振兴战略的整体性、系统性、协同性有助于农村社区治理体系的集成建设，与现代化的治理能力一起实现农村社区治理倍增效应。因而，乡村振兴是农村社区治理能力现代化的基础保障。

根据农村社区治理能力现代化内涵和《中共中央、国务院关于加强和完善城乡社区治理的意见》，本书认为农村社区六大治理能力现代化的主要内容包括：

依法办事能力。法治化是治理现代化的标志之一，农村社区是法治社会建设的基础单元。但目前我国农村社区法治化建设还存在法律制度不完善、应用机制不健全、主体法治意识与法律运用能力不足问题，因此必须不断提升农村社区依法办事能力，助推法治社会建构。提升农村社区依法办事能力是一项系统工程，需要全面提高农村社区场域内立法、执法、守法各方面能力。首先是加强农村社区治理相关法律法规制定，特别是要完善土地整治、集体产业等经济法法规，社区组织建设、合法性等政治相关的法律条文；其次是强化社区执法，社区执法力量与基层自治组织配合不足是社区不法行为难以有效抑制的关键原因之一，提升社区依法办事能力必须在合理界定执法基础上，将执法权严格落实到社区；最后是全面推进守法，通过法治服务进社区不断提升农村社区居民的法治意识与法律运用能力。

矛盾纠纷化解能力。亨廷顿在论及现代化时曾指出"现代性产生稳定，而现代化却引起不稳定"①。农村社区正处于从传统走向现代的转型时期，由于征地拆迁、土地流转以及集体资产分配等原因，农村社区成为社会矛盾纠纷的高发区。农村社区矛盾具有多样性，涉及个人问题；邻里日常纠纷；以及因征地拆迁、土地流转、集体资产分配等问题带来的居民间利益纷争、居民和政府的历史积怨。因此，提升农村社区矛盾预防化解能力包括预防与化解两个层面：一是管控与疏导并举，降低矛盾产生概率。二是针对已有矛盾，提高矛盾源头辨识能力，采取分类治理方式，实现小矛盾社区调解、大问题依法解决。

公共服务供给能力。农村公共服务供给能力就是各治理主体协商合作共同提供社区公共产品以满足居民需求的能力，其供给水平高低直接反映了供给能力强弱。随着农村社区现代化进程加快，社区公共服务也呈现出多样化趋势，大致包括：行政类服务、保障性服务、发展性服务以及兴趣型服务。单一依靠国家转移支付和行政力量难以回应多元异质的居民诉求，因此提升公共服务供给能力需要各方主体社区治理能力、协调分工，构建社区公共服务供给体系、创新供给方式，实现公共服务供给科学化、精细化。

信息化应用能力。依托互联网，推动实现农村社区信息化治理是提升社区治理整体水平、实现治理精细化的重要一步。实现农村社区治理信息化就是要通过信息化工具与社区事务的有效对接，提升社区公共服务效率、增进服务质量，更精准更有效地识别与回应社区居民诉求、促进主体融合，提升社区治理水平。提升农村社区信息化应用能力至少涉及以下三个层面：一是提高社区信息基础设施和技术装备水平，提供信息化的硬件基础；二是充分链接信息产品与社区发展治理需求，确保硬件基础与软件治理有机融合；三是依托信息工具与平台实现社区主体、资源的全要素整合，最终实现智慧治理。

文化引领能力。强化价值文化引领能力既是农村社区治理现代化的本质要求，又是现实需要。一方面，社区文化是社区物理空间与社会空间重叠的产物，本质上是植根于地缘关系而产生的家园文化，社区文化

---

① 〔德〕塞缪尔·P. 亨廷顿：《变化社会中的政治秩序》，王冠华等译，上海译文出版社1989年版，第51页。

的核心是公共价值，即社区居民所共有认同的行动原则与评判标准，对于加强社区群众归属感、认同感、责任感和荣誉感具有重要意义。另一方面，农村社区是我国优秀传统文化的有机载体，快速城镇化背景下，农村社区"去村落化"趋势加剧，传统价值体系引领与约束能力走向弱势，而符合新时代发展方向的价值体系尚未完全植入。因此实现农村社区治理能力现代化，必须强化价值文化引领能力，将社会主义核心价值观、农村社区优秀传统文化以及农村社区治理实践相结合，恢复个体间的良性互动关系，发育社区社会资本，孵化村规民约、社区公德，培育矛盾纠纷化解机制，为居民自主自治营造和谐、良善的治理氛围，实现主体融合、发展有序的农村社区治理。

居民组织化参与能力。社区组织化是聚合社区资源、增进社区社会资本的重要手段①，自组织化能力不足是农村社区居民参与不足、自治缺位的关键原因。利益相关是居民参与的直接动因，而利益整合则是参与有效的前提基础，增强居民组织化参与能力实质是以组织载体，将居民利益转化成为组织目标，将分散资源整合成为组织资源，将参与过程规范化为组织流程，进而形成有序、长效的社区参与模式。居民组织化参与是一个上下结合的过程，因此其能力提升至少包括两层意涵：一是完善自上而下的组织化参与机制。居（村）委会是我国法定基层群众自治组织，是社区场域内居民组织化参与的"正式"渠道，必须构建完善居（村）委会与居民间的沟通机制、诉求回应机制、集体决策机制，从而实现基层群众自治组织的"群众化"与"自治化"，提升社区治理的民主化程度。二是充分发育自下而上的组织化参与。农村社区自下而上的组织形式包括社区自发组建的志愿者团队、外部进入的 NGO，此类组织能够在满足居民多元化诉求、降低治理成本上发挥显著作用，但目前此类组织发展空间狭小、合法性缺失、功能发挥不具有持续性。提升居民组织化参与能力就要在对居民诉求的精准识别基础上，鼓励居民自发组织或依托社会组织参与社区公共事务治理，通过组织规范参与行为、拓展自治空间，实现农村社区治理的规范化。

---

① 李雪萍、陈艾：《社区组织化：增强社区参与达致社区发展》，《贵州社会科学》2013 年第 6 期。

四　公共性的概念

公共性是分析社会现象的一个概念性工具，它扬弃了私人利益与公共利益的对立，同时也强调人们在广泛的交往实践中实现自由而全面的发展。但现代社会是一个"脱域的共同体"，由于脱域机制的存在，人们的社会关系逐渐脱离的原来的生活单位。① 因此，公共性的彰显与公共性问题构成了社会发展的矛盾与张力，这一悖论成为新时代人与社会发展的焦点问题。②

公共性在不同研究领域中拥有共同的理论渊源，均强调理论与实践紧密联系的问题导向研究。（1）哲学视域下的公共性把实现政治目标或行政目标作为分析工具，把公共利益作为价值目标，聚焦于人的生存条件及对现实问题的批判性反思和理性把握，呼吁重建"公共性"，要求呈现出以公共权力和公共利益为基础的社会各个主体、客体，在社会思想文化变迁过程中所表现出来的生成、重组、蝶变过程。（2）政治学视域下的公共性更加关注公共权力的合法性来源、公共物品的有效供给、社会与行政过程中的公平正义等问题。由于社会发展过程中，政府公共性的流失，导致国家治理面临公共性困境，因此行政公共性的重建与回归成为当前的重要议题。（3）公共管理学视域下的公共性是基于政府体制改革和社会结构变迁过程中，共同体成员需要与此时社会秩序相匹配的新型社会结构来反映特定时空下的社会公共性本质，核心要义在于实现国家关于公平正义的基本目标。（4）社会学视域下的公共性。马克思认为，公共性不是抽象的理性公共性，也不是机械的自然公共性，个体之所以能够结合成共同体，并在共同体中呈现出不被单个人所支配的公共性，不是因为人具有理性或人是一种特殊的自然存在，而是因为人们的物质生产实践生成了公共性。这种意义上的公共性是社会公共性，③ 聚焦于结构制约下集体行动内在的"公共意蕴"。（5）城市管理学视域下的公

---

① ［美］安东尼·吉登斯：《现代性的后果》，田禾译，南京译林出版社 2011 年版，第18—26 页。

② 张晓、王让新：《习近平总书记对马克思公共性思想的继承与创新》，《毛泽东思想研究》2019 年第 5 期。

③ 桑明旭：《马克思的公共性范式变革及其当代启示》，《理论探索》2019 年第 5 期。

共性从关注"城市为什么需要公共空间"转向"公共空间如何重塑"，使其成为人际交往、保障安全等空间纽带和重要路径，聚焦是城市公共空间中应有的"空间正义"及其蕴含的社会价值，强调社会空间的公共性质和社会生活的公共性。

　　现有文献主要是对政府和公民两大主体的公共性进行研究。一是政府公共性。无论从政府的起源还是从政府的运行来看，政府都是公共性价值的天然代表者和维护者。在罗尔斯看来，"公共性是指良序宪政民主社会下公民具备的一种理性推理能力，公共理性观念关系到怎样理解政治关系的问题，这种属于秩序良好之宪政民主社会的一种构想。"① 谢佳、陈科霖认为政府公共性是有边界的，政府公共性在公益性与逐利性的缺失、分离与统一中逐渐彰显。② 在公共性边界外，如果政府的逐利性与其释放的公共性能够同时促进社会协调发展，那么它就是合理的，可以为大众接受。二是公民公共性。哈贝马斯以公众舆论为视角对于公共性的界定，他认为将无序公共舆论中基本一致的共同意见整合起来，体现的就是公共性，这种公共性尤其会作用于公共权力，影响公共选择。③ 我国学者王水平、熊涛等人则认为我国个体公共意识严重缺失，应当遵循"底线共识、权责对等、合乎法律"的三大原则，通过"制度、教育、文化整合"来促成现代公共意识的构建。关于城乡社区治理的研究主要是从城市学和社会学的视域展开的。④ 马克林认为，良好的社会治理需要政府、社会、公众、团体等多元主体之间有效合作，否则就不能满足公众的普遍需要，因此公共精神是其价值支撑，是实现公共利益最大化的内在驱动力。⑤

　　在我国推进社会治理体系和治理能力现代化的进程中，伴随城市化快速发展的社会环境、传统的社会心理定势、长期实行的单一行政体制、

---

　　① ［美］罗尔斯：《政治自由主义》，万俊人译，译林出版社 2000 年版，第 225—247 页。

　　② 谢佳、陈科霖：《政府公共性视角下的公益与逐利双重性》，《党政研究》2019 年第 6 期。

　　③ ［美］汉娜·阿伦特：《人的境况》，王寅丽译，上海人民出版社 2017 年版，第 102—129 页。

　　④ 王水平、熊涛：《论我国公共意识的现代重构》，《福建论坛》2009 年第 3 期。

　　⑤ 马克林：《论我国社会治理中的公共性困境及其超越》，《甘肃社会科学》2020 年第 1 期。

制度的技术化以及参与主体缺位等因素的共同影响，使社会治理过程面临公共性缺失的困境。为此，需要政府深入践行治理理念创新，着力培养大众的公民意识，大力培育和发展社会组织，吸引各方面社会力量共同参与治理过程，实现政府部门与社会力量的有效衔接和良性互动，从而走出公共性缺失的困境，有效提升社会治理能力，促进社会治理目标的实现。莫艳清认为"富人治村"成为后税费时代的重要标志，它通常以"以私济公""利益俘获""以公济私"三种模式进行运作，在带来短期绩效的同时也导致基层民主萎缩、基层治理"内卷化"和"去政治化"等一系列的去公共性后果，因而需要从乡村文化建设、基层组织建设、政府职能转变、强化协商治理等方面来提升基层治理能力。① 牛玉兵认为，农村一方面呈现出经济快速发展态势，另一方面又呈现出公共性日渐衰微的局面，农村社区居民的逐利性、自利性使得曾经公认的价值规范消解，尤其影响了法治作用的发挥，因此要着眼于农村社会主体公共性的制度构建、行为公共性的规范性依据提供和农村公共性实践的法律保障等方式推进乡土社会的"公共性重建"。②

农村社会从传统向现代变革，在"时空分离"与社会关系"脱域"的现代化进程中，旧有的社会公共性被瓦解，而新的与现代文明相适应的公共性暂未长成，使得农村社会面临"公共性消解"和"公共性空心化"等问题。那么，到底什么是农村社区公共性呢？农村社区公共性是指农村社区治理主体在现行社会治理体制之下，以社区共同利益为目标，采取集体行动以制约公共权力并保障社区公共物品有效供给的行政治理过程的公平正义，以及社区居民人际交往、公共安全的空间正义，进而形成与私人性相对的社区公共生活的共同认识和组织准则。由此可见，农村社区公共性具有以下特征：（1）公共性的主体包括政府（含社区）、居民的公共性。政府的公共性表现为从公共利益出发，以公共福祉为目的，运用公共权力提供公民参与的公共空间；社区作为居民参与公共事务的载体，也有其公共性体现，其工作透明度、村干部的权力行使状况、

---

① 莫艳清：《"去公共性"治理：实践样态、生成逻辑及其应对——基于布迪厄社会实践理论对"富人治村"实践的分析》，《浙江树人大学学报》2019 年第 7 期。

② 牛玉兵：《农村基层治理公共性难题的法治化解》，《法学》2017 年第 10 期。

公共空间大小以及村民与公共事务渠道的通畅与否都是社区公共性的体现；对于居民而言，对公共规则的认同和支持，对公共事务的关心和参与，都是公共性的体现。（2）公平正义是目标。洛克通过对"社会的自由"的阐述，表明只有通过人民主权理论来限制国家权力，才能区分"自然的自由"和"社会的自由"；卢梭则认为，洛克所提倡的社会是一种理想型社会，随着社会的进步，个体理性逐渐取代公共理性，个体私利逐渐取代公共利益，人们更关注个体在社区治理中涉及政治、经济、文化、社会等领域的相对公平与正义。（3）非排他性是前提。农村社区居民以公共领域、公共空间、公共服务、公共规则、公共交往、公共舆论、公共组织等为载体，以公开性、共同性、实在性为特征，均可以在社区公共生活中多种途径参与公共活动，并与其他两大主体形成相互制衡关系。（4）不可逆性是趋势。从历时性角度来看，公共性社会变迁中经历了从有到消解再到重新确立的过程，而个体性却是从弱到强的不断增长；从共时性角度来看，公共性和自主性均有主体之分，也有特定空间内的强弱之分，从而保持国家与社会的张力，但从长期来看，两者的冲突将趋向于互相补充平衡，并共同作用于能力，提升能力的现代化水平。但农村社区公共性终将随着公共活动主体的价值认知不断完善和变迁，他们对于公共性所表现出的公共精神（外化为公共参与）的形态均有所不同，既不会停滞不变也不会倒退回某个阶段。农村社区治理能力现代化需要三大主体能力的提升来实现治理现代化，若三大主体的公共性被消解，社区治理成为一盘散沙，那么六大能力的现代化建设路径将成为泡影，因此农村社区的公共性问题将是治理能力现代化不得不面对的重大问题。

五　自主性的概念

作为社会科学研究的一个重要概念，自主性是行动主体力图摆脱各种束缚与限制而作出事实行为的价值选择和决断的能力。自主性的主体可以是个体也可以是国家和其他组织，是建立在行动主体与内外部环境的诸多关系基础上的一种状态和过程。从国家自主性来看，马克思为我们呈现了工具主义和结构主义的两种国家观。在工具主义国家观中，国家是"从社会中产生但又超越于社会，且日趋与社会相异化的力量"，

"国家或政府提供公共服务，在相当程度上独立于社会阶层之外，甚至独立于统治阶层，这便是国家的'相对自主性'。"① 在"结构主义国家观"中，国家在特定时期也能牺牲资本家利益而维护被统治阶级的利益。斯考切波对上述描述持反对态度，他认为国家自主性就是指"作为一种对特定领土和人民主张其控制权的组织，国家（政府）可能会确立并追求一些并非仅仅是反映社会集团、阶级或社团之需求或利益的目标"。从社会自主性来看，它相对政府自主性而言，指"社会本身的独立地位，经济及社会生活的多样性、主动性，公民的自由及选择，及对行政权力的有效监督等"②。前苏联社会学家科恩认为，"自主有两个尺度：一是描述个体的客观状况、生活环境，是指相对于外部强迫和外部控制的独立、自由、自决和自主支配生活的权利与可能；二是对主观现实而言，是指能够合理地利用自己的选择权利，有明确目标，坚韧不拔和有进取心，自主的人能够认识并且善于确定自己的目标，不仅能够成功地控制外部环境，而且能够控制自己的冲动"③。因此，自主性既是一种状态，也是一个过程。周健认为，社会自主性需要具备自我意识、摆脱依附、能力要素等条件，只有具备了这些前提条件，自主性观念才会产生，自主性行动才会出现，个人自主性的实现才有可能。④

在农村社会治理进程中，乡镇政府和村级组织长期扮演主导者角色。在国家资源输入较少的时期，乡镇政府和村级组织主要依靠农村提供治理资源，实施维持型社会治理，直到农业税费体制改革后，才向发展型社会治理转变。但与此同时也带来一个问题，那就是乡镇政府和村级组织在乡村治理体系中的地位日渐削弱。一方面，国家以项目制、一卡通等形式直接面对村民，乡镇政府和村级组织忙于项目的申报、验收、考核；同时还通过驻村书记和扶贫工作队等外部力量为所在村带来不稳定

---

① 转引自曹胜《国家自主性理论的知识逻辑与研究视域——以回归国家理论为中心的分析》，《浙江社会科学》2012 第 8 期。

② 刘达禹：《国家控制与社会自主——改革开放以来中国政治稳定问题研究》，博士学位论文，吉林大学，2011 年，第 15 页。

③ ［苏联］伊·谢·科恩：《自我论》，佟景韩译，生活·读书·新知三联书店 1986 年版，第 407—431 页。

④ 周健：《中国社会自主性的成长与执政党的变革》，博士学位论文，南京大学，2014 年，第 30 页。

和不可持续的资源资金，使得基层政府对上述治理资源缺乏支配和使用的自主性，陷入治理资源整合困境。另外，由于多种外部力量进入农村社区治理体系，治理中很多重大事项的决策权逐步转移到外部力量手中，基层政府逐渐演变为治理项目的被动执行者。另一方面，上级政府和有关部门在强化对乡镇政府和村级组织的行为约束和监管的同时，赋予更多外部力量介入农村社会治理，既有助于提升治理资源的使用效率，也有助于训练农民的自治意识并提升其治理能力，但同时也使得基层政府更加无暇顾及治理的精细化、规范化，农民的认同感与满意度进一步下降。由此可见，基层政府在治理体系、治理资源使用、治理权限等方面的自主性呈弱化趋势，而农民主动退出社区自治，使得农村社区治理困境加剧。

随着城市化进程的加速推进和先进信息技术的广泛使用，农民的个体意识越来越强烈，自我关注也更强，但是长期受到城乡二元体制的影响，以及村级组织的行政化，许多涉及村民利益的重要事务的决策往往越过村民大会而来自村两委和基层政府，使农民对村级公共事务产生疏离感，村民自治异化为"村官自治"，这包含了村民自主性异性化的两种形式，即丧失自主性能力，成为行政权力的傀儡；行政权力过度膨胀下的相对自主性。当然，这种现象随着国家权力结构、社会建构和国家与社会关系的变化而变化，尤其是党的十九大以来，在党建引领下，基层干部转变工作作风，开展以事聚人、聚人成事的群众路线，极大地凝聚了农村居民的公共精神和公共意识，增强了社区自治的自觉性，并与基层政府的自主性能力提升同步推进。但是在许多农村社区，居民个体化严重与归属感缺失的弱自主性与乡镇政府和社区承担过多公共事务、公共责任的强自主性的两种现象广泛存在，而且这两种自主性在某些时候甚至与居民的弱公共性、政府的强公共性之间存在多种冲突，使得农村社区治理能力现代化陷入困境。

六　传统性的概念

对于许多发展中国家来说，置身于现代化洪流之中，急于破坏和改造传统性，使得熟人社会的信任机制被迅速瓦解，而与新社会相适应的制度并没有迅速建立起来。改革开放以来，我国对传统性进行了重新建构，通过对传统性的理性反思来为国家治理现代化提供精神和心灵等意识层面的象征性符号。中国是典型的农业大国，而农村社区便是这一生产传统的存续根基。在社会转型变迁的历程中，我国农村社区及其治理工作经过了漫长的沉淀与演进，不同时期的农村社区及其治理方式，构成了农村社区治理的有机整体，并深刻反映着国家与基层社会关系的调试与变迁。纵观中国漫长的封建社会历史，农村社区的治理工作无疑始终处于边缘化的位置，始终无法获得最高统治者或统治集团的重视。历史上农村社区大多地处偏远，中央政府囿于能力、资源等因素的限制，因此对农村治理始终奉行"皇权不下县，县下唯士绅"的治理策略，以此来维持基层社会的基本秩序。然而，由于封建时期特殊的社会性质，使得阶级划分及由此产生的剥削关系成为支撑国家机器运转的必要保证，因此，中央政府在农村建立的制度化治理体系，其实质在于从农村社会攫取各种资源，以满足封建政权的需要，巩固统治基础，而管控基层社会、促进地区发展并不是其核心目的①，因此农村社区治理也就一直游离在国家视野范围以外，始终难以成为政治关注的重点。

费孝通先生在其经典著作《乡土中国》中曾指出，乡土性是包含在传统中国基层社会里的一种特殊的体系，支配着社会生活的各个方面。时至今日，这一特性依然影响着生活在这片土地上的人们，影响并塑造着农村社区治理的传统性特征。而这里所谓乡土性或者说是乡俗性，正是维系国家基层社会的纽带，封建礼教的遗存，家族体系的残影，既束缚着这片土地上的人，也是其完整精神结构不可或缺的重要组成部分。我国传统的农村社会是一个"熟人社会"，以血缘关系为基础延伸出来的社会关系是农村社区稳固持续的纽带。相互了解与共同认识，传统儒家观念和道德伦理是同一地域内人们接受同一种意识的基础。除此以外，家庭宗族间的守望相助、信任合作也使得农村社区的家族共同体意识根深蒂固。在此基础上，由儒家伦理道德维系的人与人之间的相互关系，长久以来形成的村规民约、礼节风尚等共同构建了传统农村社区最主要

---

① 李增元：《试论我国农村社区治理的历史演进与现代转向》，《理论与改革》2016年第4期。

的治理方式——礼治。对于中国人而言，礼是传统，是整个社会历史都在维护的一种秩序，即便在"皇权不下县"的传统农村社区，"无法"也并不意味着会影响社会的稳定秩序，因为"礼治"已经能够承担起绝大部分社会治理的功能，"无讼"的局面也自然形成。

随着民主国家的建立，法治体系在农村社区开始萌芽，逐步圈定了农村治理的框架，也划定了农村治理的领域与红线。[①] 但是由于政府对农村社区的治理以维稳作为底线，使得国家全面压倒了社会，造成了农村的自主性、能动性基本丧失，政治冷漠、治理"悬浮"等情况相继出现。农村治理的诸多法律法规难以下沉，更难以落实，基层社会很多问题的处理方式依然是"一言堂"，依然需要依靠家族、权威、传统礼治的力量居中协调，故而形成了"礼治"与"法治"并行，乡俗化特点突出的格局。在新时代背景下，以血缘、习俗为基础的传统农村社会结构开始分化、解构，开放、流动、团体格局的社会关系取代封闭、内向、差序格局的社会关系，使得农村治理的结构、对象、主体、社群关系等均发生了较大变化，现代治理的理念和方式已经向广大农村社区渗透。

在这样的大背景下，农村社区治理模式内蕴含的传统性断裂与碎片化的现代性因子不可避免地出现了一系列交叉与摩擦，直接影响了社会的进步与个体自由。因此，探索适应时代要求和人民需求的农村社区治理的新模式，实现这一治理转型的平稳过渡，已经成为当前农村社区治理工作的关键环节。

七 现代性的概念

马克思认为，资本的运动逻辑，是西方现代性的起源。[②] 因为，资本运动的结果就是无限制地增殖和膨胀，理性、个体、分层与非人格的法治化等现代性都是为满足资本增殖的需要。波德莱尔认为，"现代性是易逝的（fleeting）、短暂的（transient）、偶然的（contingent）；它是艺术的

① 任惠宇：《传统农村治理的基本维度透析》，《人民论坛》2019 年第 24 期。
② 丰子义：《马克思现代性思想的当代解读》，《中国社会科学》2005 年第 4 期。

一半，艺术的另一半是不变的（immutable）和永恒（eternal）"①。哈贝马斯认为，"现代性是靠理性建立起来的一系列规范，是一种时代精神。"②因此，现代性被认为是一种当下的时间意识，是任何"新"事物所具有的特性，也即人们通常所说的"使现代社会成为现代社会的东西"，与落后、保守、陈旧相对立。现代性的科学、人文与法治精神，以及自由、平等、民主的理念促进了社会生产方式的转变，带动了人们生活方式与观念的改变，推动了社会进步，但同时人们的经济理性和自主性也在增长。今天，我们所说的现代性往往与现代化紧密相连。中国式现代化破解了"亨廷顿悖论"，即现代性意味着稳定，而现代化意味着动荡，但在亨廷顿看来，现代化是现代性的积累过程，既是时间上从传统到现代的转变，也是空间上的现代性扩展，主要体现为对"发展"的追求，"发展"必然会带来诸多社会问题，积聚社会风险，使社会随时都可能处于失衡状态。汪伊举（2006）却认为，现代性与现代化相辅相成，缺失任何一方面都将使社会陷入只见增长而无发展，或只有发展却无进步的境地，一个现代国家必然要同时促进发展与进步，促进物质利益和人类自由的双增长，这样就可以避免现代性困境。

对于治理的现代性，目前没有一个统一的概念。哈贝马斯将现代性视为理性的价值系统与社会模式，现代性的时代特征是"自由"，自我确证的原则是"主体性"。谢立中（2001）认为现代性在狭义上指的是自17世纪以来的一段历史演变时期或处于这一时期的人或物所具有的特征；王晓升（2017）则认为，从社会意义上讲，现代性是现代社会发现所表现出来的一些特征。综合学者们的观点来看，更多学者对现代性的理解是倾向于将其视作现代社会发展的产物，是现代化的结果。那么，从治理的角度来看，治理的现代性就是指现代化的治理所具备的一些基本特征，如法治化、科学化、民主化等。陈杰（2019）认为，中国的治理现代化要避免西方"现代性"困境，西方国家对现代化和现代性均假定为，新的比旧的好，存在一个或一群标杆式的"现代"国家且它的一切都比

---

① ［德］波德莱尔：《现代生活的画家》，郭宏安译，北京人民文学出版社1987年版，第485页。

② 汪伊举：《现代化与现代性——历史、理论、关系》，《学海》2006年第5期。

"非现代"国家要好。然而，现代性也具有"路径依赖"特点，英日等国保留君主作为国家元首的制度安排，就不具有现代性，但并不能否认它是现代化国家，反之变然。

具体来看，农村社区治理从传统走向现代，其治理现代性愿景主要包含：城乡共生——重塑积极政府，激发基层活力；体制跃迁——填补法治缺漏，理顺行政规范；治道燎原——聚焦多元共治，推进协同发展。在全新的时代发展背景下，复合治理的内涵已经大大延伸，进而成为一个包括治理框架、治理层次、治理主体、治理工具等在内的综合性概念。当前农村社区的治理正在向复合型的治理转型。首先，从治理工具来看，法治已经成为维护农村社区秩序，规范人们生产生活行为的第一标尺，但与此同时，传统农村社会保留下来的礼治精神、家族观念、村规民约等依然在发挥作用，并逐渐成为刚性治理下必不可少的柔性补充，成为社会治理的润滑剂。其次，从治理主体上来看，随着治理理论本土化进程的不断深入，我国已基本形成了党委领导、政府负责、社会协同、公众参与、法治保障的社会治理模式，农村社区也不例外，多元参与已经成为了民主社会不可或缺的重要指标。通过深入了解村民需求，多方面调动村民积极性，整合引导社会力量参与农村社区的开发建设，一个共建共治共享的农村治理新格局正在孕育。打破传统一元治理、单线治理下形成的困局，以多维度并举，多主体协同的方式推进农村社区治理工作，已经成为新时代农村工作的指路标。

与其他领域改革面临的情况类似，农村社区治理从传统走向现代的现代化过程也出现了各种矛盾，其中，传统与现代的冲突与对立、权衡与取舍是问题的关键。自唐宋以来，中国古代农村实施简约治理模式已有近千年历史，这种治理模式对农村文化及农民思想产生了深远的影响，而新中国成立后国家强力的控制又在农村留下了深刻的烙印，这些影响远非几十年的市场化、城镇化带来的冲击所能比。另外，中国农村社区的数量众多，分布分散，各地农村发展水平不一，全国仍有许多农村社区深受传统治理模式的影响，并且由于城乡发展水平客观上仍存在较大差距，导致许多农村人口外流，由城市社区治理现代化得来的经验也不一定适用于农村社区治理。由于以上客观因素的存在，农村社区治理的现代化进程并不顺利，传统与现代的矛盾使得治理现代化面临着诸多困

境：农村社区治理能力现代化理念陷入"管""治"之争，制度设计陷入
"礼""法"之争，主体陷入"寡""众"之争；技术陷入"拙""智"
之争。因此，如何解决农村社区治理能力现代化遭遇的传统性与现代性
冲突，是推进农村社会治理现代化和发展社会主义民主的题中之义。

八 农村社区治理能力现代化及双重困境与城市社区相关概念的区别

从以上的概念界定中可以看到，农村社区治理能力现代化及其传统
性与现代性、公共性与自主性等与城市治理中的相关概念有较大的区别。
首先，农村社区治理能力现代化的主体是农村户籍人口或就业场所在农
村社区的群体，以及其参与农村社区治理的各种力量；城市社区治理现
代化的主体基本只有该社区的业主和其他愿意参与该社区治理的其他社
会主体，与职业场所无关。其次，农村社区治理能力的传统性主要体现
为治理方式与技术，现代性体现为民主协商与依法治理。农村社区虽然
有三大村级组织和共青团、妇女组织等，但在空心化、老龄化、流动性
极强的农村，农村社区居民缺乏有效的载体形成多元化的共同体，因此，
组织化程度较低；城市社区治理能力的传统性主要体现为居民的意识形
态及其对传统优秀文化的发扬和继承，现代性体现为组织化程度较高，
在组织化前提下开展民主协商和依法治理。最后，农村社区治理能力的
公共性体现的是居民的理念、意识形态，自主性体现的是自主管理社区
公共事务的能力，由于受到经济自利性的影响，再叠加农民的小农理性，
导致农村社区治理主体在公共性、自主性能力方面受到诸多抑制，"说话
没有听，办事没人跟""要求没满足就闹"等，治理主体只能采取简单粗
暴的方式进行治理，延缓了治理能力现代化的进程；城市社区的公共性
与自主性明显好于农村社区，一方面城市社区居民文化程度较高，居民
唯一的利益冲突就是社区公共空间和公共事务、邻里关系，不像农村社
区涉及生产生活的方方面面，因此，更愿意参与社区事务，并积极监督
各个利益相关方的行为与有限资源的公平分配问题。由此可见，农村社
区所面临的环境比城市社区更为复杂，治理能力现代化进程中也更容易
陷入传统性与现代性、公共性与自主性的双重困境中。

第四节　研究方法与研究思路

一　研究方法

在中国特色社会主义进入新时代后，农村社区主要矛盾已经转化为农村居民对美好生活的需要（社会事业）与供给的不平衡不充分之间的矛盾，尤其是治理体系和治理能力的不充分供给。一方面农村社区居民希望有能力、有威望的干部倾听他们的声音和诉求并合理供给，另一方面政府却在供给体系方面做了诸多尝试，包括在农村传统的村党委、村民自治和集体经济组织等政社经的治理体系基础上，提出"三治融合""三共"格局构建等，给基层干部带来观念上的混乱。因此分析农村社区治理能力现代化的逻辑起点与公共选择逻辑是首要任务，进而通过现代化程度的测评发现其可能存在的困境，然后有针对性地提出解决方案，为推动国家治理现代化贡献智慧。因此，本书采用了文献分析法、参与式观察、问卷调查法、层次分析法、模糊综合评价法等多种方法，为研究提供了丰富的一手资料和理论依据。

（一）文献分析法

文献分析是本书研究的基础。课题组通过各级政府网站和学校图书资源，分析整理相关新闻、典型事件的报道内容和各类学术成果，了解农村社区治理及其能力现代化方面的实践现状与研究现状，尤其是运用扎根理论对全国三十多个省份进行抽样，对党的十八大以来颁布的相关政策文件和课题组驻点观察与访谈收集到的资料进行编码，客观分析政府政策工具的使用倾向与公共选择逻辑，以及农村社区居民对治理现代化的真实需求，从而为后面的评估指标选择、困境的形成机理分析、双重困境的破解奠定基础。

（二）参与式观察

课题组自 2020 年以来，在全国范围内选择具有典型代表的村庄进行驻村观察。（1）通过省民政厅和组织相关领导的推荐，并结合课题组承接的横向课题，选择了最早一批进行全国乡村治理体系示范试点建设的崇州市（县级市）的两个村，最早进行全省乡村治理现代化试点的成都市丹景山镇、德阳市孝泉镇，2020 年度中国全面小康乡村振兴十大示范村的彭州市宝山村等，包括固定 8 名本硕同学，每周两名同学定点驻守在一个村庄，每周一轮换；另有一名同学到彭州市委社治委实习三个月以了解县级相关部门的治理政策取向，整个驻点工作总共持续一年半的时间，通过镇（县、村）干部工作的跟班观察、干部群众的深度访谈，形成了 160 多万字的访谈资料，为课题组的研究提供了大量丰富的一手资料和鲜活的典型案例。（2）课题组在调研中发现治理体系对治理能力现代化和乡村治理现代化均有较大影响，尤其对农村社区治理能力现代化的"四性"和双重困境均有正向影响，因此，课题组选择到率先成立城乡基层治理研究院的宜宾市兴文县的 5 个乡镇 15 个村社进行阶段性驻点调研，为本书的观点分析提供了第一手材料证据。另外，课题组成员还委派各自的研究生利用寒暑假时间回到自己家乡寻找指定条件的村庄开展短期驻点和调研工作，搜集全国不同经济发展程度村庄的一手资料。

（三）问卷调查法

问卷调查在本书中主要用于乡村治理现代化、治理能力现代化及其影响因素的研究中。（1）课题组于 2020 年年中开始通过学术会议、实地调研等形式委托全国各地的高校教师、学生志愿者和课题组成员亲自发放问卷的形式，历时 9 个月，共计发放 4000 余份问卷，最后回收的有效问卷共计 29 省 3160 份，并以此为基础对农村社区治理能力现代化现状及其影响因素进行分析。（2）验证性调查。课题组在影响因素的评估结果中发现，治理体系对治理能力现代化双重困境的"四性"均有较大影响，为了测度出可能的差值，又面向四川、云南、江苏、河南、湖北、山东等 7 个省市①进行调研。此轮调查共面向东中西三大区域的 54 个区（市县）发放 1450 份问卷，回收有效问卷 1257 份，评估结果发现乡村治理现代化程度远远低于乡村治理能力现代化程度，治理体系现代化水平较低是关键因素，并且治理能力现代化程度较低的区域，其治理现代化程度也较低。

───────────────

　　①　抽样省的县市区包括四川省成都市彭州市、宜宾市兴文县、达州市大竹县、绵阳市三台县；河南省驻马店市上蔡县、郑州市二七区；江苏省泰州市靖江市、苏州市昆山市；山东省临沂市沂水县、潍坊市昌邑市、烟台市莱山区、日照市莒县；湖北省宜昌市五峰土家族自治县、荆州市石首市、襄阳市襄州区；甘肃省兰州市城关区、陇南市成县、白银市白银区、定西市陇西县；云南省昭通市镇雄县、玉溪市红塔区、曲靖市罗平县等共计 54 个。

（四）"AHP—模糊综合评价法"

层次分析法（AHP）是定量与定性相结合的一种方法，通过不同指标的比较来找出有重要影响的因素，并分析不同影响因素之间的内在关系，在此基础上构建出一个致力于挖掘本质决策影响因素的结构，通过分类和评估，将这些信息通过一定的影响比例确定各自对复杂问题的贡献比例，从而为最初缺乏结构性的复杂指标或问题分解步骤，最终得到解决的决策方法。① 课题组通过横向层次多指标的相互比较，确定重要性排序，以保证评估指标的可靠与准确；然后再计算每一层级的各因素对上一层级因素的优先权重，最后再运用加权求总的方法按层级合并不同层级之间的权重。模糊综合评价是基于 AHP 计算出的权重值，对预定指标进行多级模糊评价，计算出每个层级、每个指标的评估值，进而为影响因素和破解机制提供数据支撑。

二 研究思路

本书在前人研究和已有成果基础上，首先对农村社区治理能力现代化及双困境的相关概念进行梳理和界定，再对省级政策文本和访谈资料进行公共选择逻辑和需求及需求福利进行分析；然后再运用"AHP—模糊综合评价法"对经过专家咨询和隶属度筛选的指标进行赋权和实证评估，以了解农村社区治理能力现代化的真实程度和发现双重困境，再用结构方程模型分析经济发展程度、文化意识、干部队伍等多个因素对双重困境的影响情况；最后再根据前面的研究结论提出破解之策。本书围绕乡村振兴战略背景下的农村社区治理能力现代化双重困境开展研究，形成了"公共选择—现状评估—影响因素—破解机制"的研究思路。

---

① 杜栋、庞庆华：《现代综合评价方法与案例精选》，清华大学出版社 2005 年版，第 59—63 页。

第 一 章

农村社区治理能力现代化的内在逻辑

推进国家治理体系和治理能力现代化自 2013 年在党的十八届三中全会上提出以来，国家治理体系和治理能力与现代化就紧密联系在一起。国家治理体系是国家制度的集中体现，包括国家治理体制机制、法律法规安排等制度体系；国家治理能力是国家制度执行力的集中体现，尤其是运用各种规章制度管理社会事务的能力，两者是相辅相成的有机整体。良好的国家治理体系有助于提高治理能力，进而提升治理制度的效能。因此，国家治理现代化是继新中国成立后提出的农业、工业、科技和国防现代化之后的"第五化"，这表明党遵循历史唯物主义路径，从上层建筑和思想文化意识形态层面探索现代化。当然，"第五化"体现的是国家治理的最大公约数，具有最大的涵容量，包含了党建的各个领域的治理，坚持在党的领导和国家主导下，调动社会力量积极参与国家治理，通过法制、市场、社会和人民的力量实现德治、法治、自治及"三治"的融合，使得国家各项事务的治理更加规范、程序、民主，进而促进国家文明和社会进步。

2017 年在《中共中央、国务院关于加强和完善城乡社区治理意见》中指出要全面提升城乡社区治理水平，促进城乡社区治理体系和治理能力现代化。该意见以城乡统筹为原则，首次将城乡列入一个框架体系内展开论述，标志着城乡社区的建设发展进入了一个新的发展阶段。2018 年《中共中央、国务院关于实施乡村振兴战略的意见》明确提出："必须把夯实基层基础作为固本之策，建立健全党委领导、政府负责、社会协同、公众参与、法治保障的现代乡村社会治理体制，坚持自治、法治、德治相结合，确保乡村社会充满活力、和谐有序。"这些重要论述指明了农村社区发展治理的价值取向与实现路径，表现出党和国家对农村社区现代化建设的高度重视。然而，我国农村社区治理仍然存在农民治理主体能力不足、经济发展落后、村民自治制度不完善、传统农村法律文化意识淡漠、治理技术手段落后等问题①，对此，党和国家提出以现代化建设为目标振兴乡村，发展农村农业，以有效回应农村社区治理问题。作为国家治理的微观基础，实现农村社区治理能力现代化已成为现代国家发展的重要组成部分，在此背景下，构建新型农村社区治理模式、推进农村社区治理能力的现代化已成为刻不容缓的现实需求。

第一节 农村社区治理能力现代化的理论逻辑

农村社区治理能力现代化是国家治理现代化的重要组成部分，体现的是动态的"化"的过程，既要遵循历史和现实的逻辑接受现代化的理论指导，也要遵循能力的多维度和治理的复杂性接受治理理论的指导。

一 农村社区治理能力的现代化理论逻辑

现代化研究起源于 18 世纪，并在迪尔凯姆和韦伯等所阐发的社会变迁理论的思想基础上发展起来。在穆尔看来，现代化工业化的产物，是历经西方由经济落后向经济发达、政治稳定的道路而实现的；列维则从社会结构变迁的角度对现代化进行了阐释，他认为现代化的表现主要有社会组织分化程度高、社会关系依赖于科层制、家庭规模变小等。马克思从历史性和世界性探讨了现代化的缘起、特征与发展规律。他认为，"过去那种地方的和民族的自给自足和闭关自守状态，被各民族的各方面的互相往来和各面的互相依赖所代替了。物质的生产是如此，精神的生产也是如此，"② 同时，"未开化和半开化的国家从属于文明的国家，使农民的民族从属于资产阶级的民族，使东方从属于西方"，③ 这也是中国学

---

① 李玲玲、李长健：《农村社区治理能力现代化进路之思考——基于社区发展权理论的视角》，《华中农业大学学报》（社会科学版）2016 年第 2 期。

② 《马克思恩格斯文集》第 2 卷，人民出版社 2009 年版，第 35 页。

③ 《马克思恩格斯文集》第 2 卷，人民出版社 2009 年版，第 36 页。

者陈杰所说的后发国家现代化容易陷入西方"现代性陷阱"。① 西里尔·E. 布莱克通过对现代化的动力所做的研究证实了马克思和恩格斯关于现代化是人类社会发展史上的一次飞跃的论断，他认为，现代化是指在科技革命影响下，社会已经发生或正在发生的变化，② 核心是个体的自由是人类自由发展的前提条件。安东尼·吉登斯认为："现代性指社会生活或组织模式，大约十七世纪出现在欧洲，并且在后来的岁月里，程度不同地在世界范围内产生影响。"③ 他侧重于从制度角度来阐释现代性的制度特征，并在时间和空间上做出了起源和演变的区分。在他看来，现代性实质上是一种架构生活的制度框架，以及这种框架在世界范围内的时间演变和空间扩展。生活世界的制度性构成了现代性的内在要素，而时间和空间的变化成为了现代化的理论内涵。

现代化理论的成熟与正式创立则是第二次世界大战后逐渐复兴与完善的。20 世纪五六十年代，美国一批社会学家受帕森斯的影响，认为在人们价值观、行为规范和信仰等因素的影响下，传统社会结构和价值观将被全新的社会结构和价值观所取代，这一过程就是现代化的过程，任何一个国家的社会变迁都将遵循这一规律，即"单线进化"。当然，查普夫等学者对这种现代化论点进行了反驳，他认为欠发达国家很难在短短数年的时间内完成现代化积累，因为这些国家不可能在短时间内实现对能够引领现代化的精英的培养，也没有全体成员达成共识的社会契约。因此，这种经典现代化理论遭受到越来越多的批评，比如日本学者富永健一就认为，"其内在的困难，最终在于试图将现代化概念的一般化，认为非西方后起社会以及发展中社会在面向现代化时所面临的诸问题与西方发达社会在其现代化过程中曾经遇到的问题是相同的"。④ 事实上，不管现代化论点在理论上是社会的还是单线的，其关于现代化的理论内核

---

① 陈杰：《中国治理现代化要跨越"现代性"陷阱》，《国家治理》2019 年第 3 期。

② ［美］西里尔·E. 布莱克：《日本和俄国的现代化：一份进行比较的研究报告》，周师铭等译，商务印书馆 1983 年版，第 18 页。

③ ［美］安东尼·吉登斯：《现代性的后果》，田禾译，南京译林出版社 2011 年版，第 1 页。

④ ［日］富永健一：《日本的现代化与社会变迁》，李国庆等译，商务印书馆 2004 年版，第 67 页。

与判断标准还是在大部分的实践界与学术界达成了共识。中国自近现代以来，一直就在不断探索现代化道路，直到中国共产党成立后，在马克思主义指导下才逐步走上现代化轨道。新中国成立后，毛泽东同志指出，"我们不能走世界各国技术发展的老路，跟在别人后面一步一步地爬行。我们必须打破常规，尽量采用先进技术，在一个不太长的历史时期内，把我国建设成为一个社会主义的现代化强国，"① 这是我国历史上首次提出"社会主义现代化"的概念。此后邓小平同志又提出了工业、农业、教育科技和国防现代化的"四化"目标；党的十八届三中全会又提出了国家治理体系和治理能力现代化的概念，制定了 2025 年和 2035 年的阶段性目标和 2050 年基本实现社会主义现代化的长远目标，最终要把我国建成富强、和谐、文明、美丽的社会主义现代化强国。这表明社会主义中国的"四化"目标基本实现，并运用现代化理论继续指导我国朝着现代化的更高级阶段继续前进。

2017 年出台了《中共中央、国务院关于加强和完善城乡社区治理的意见》，提出要促进城乡社区治理体系和治理能力现代化；努力把城乡社区建设成为和谐有序、绿色文明、创新包容、共建共享的幸福家园。这是首次在党和国家的重要文件中提出城乡社区治理现代化，并从六个方面提出了能力现代化的具体要求。党的十九届四中全会专章对社会治理现代化进行了阐述：基本前提是保持维护国家安全、社会稳定、完善"三共"制度；基本原则是党委领导、政府负责、民主协商、社会协同、公众参与、法治保障、科技支撑；具体路径是正确处理新形势下人民内部矛盾有效机制，完善社会治安防控体系，健全公共安全体制机制，构建基层社会治理新格局，完善国家安全体系；总体目标是建设人人有责、人人尽责、人人享有的社会治理共同体。显然，我国农村社区治理现代化的顶层设计符合现代化理论的自由、平等、民主理念和科学、人文与法治精神，现代化理论将长期正确指导农村社区治理能力现代化的建设。

二　农村社区治理能力现代化的治理理论逻辑

治理理论产生于 20 世纪 90 年代，并逐步在政治、经济、社会领域得

---

① 《毛泽东文集》第 8 卷，人民出版社 1999 年版，第 341 页。

到广泛运用。从90年代以来，国内外对于"治理"的研究呈现快速增长态势，对"治理"并没有形成统一的、权威的定义，大家公认的是全球治理委员会于1995年提出的"治理是各种公共和私人机构管理其共同事务的各种方式的总和。它是使相互冲突的不同利益集团得以调和，并采取联合行动使之得以持续的过程。治理既包括有权迫使人们服从的正式制度和规则，也包括各种符合人们共同利益的非正式制度安排"。① 我国著名学者俞可平教授认为"治理"是指"在一个既定的范围内运用权威维持秩序，满足公众的需要。治理的目的是在各种不同的制度关系中运用权力去引导、控制和规范公民的各种活动，以最大限度地增进公共利益"，同时基于此提出了"善治"的概念，即为使公共利益最大化的社会管理过程。② 从本质上来看，治理理论强调三个核心要点：一是治理主体的多元性，认为在公共事务的处理过程中，包括政府、市场（企业）、社会（NGO）、居民、团体在内的多元参与主体；二是各治理主体之间能够进行协作与互动，在治理过程中存在着既独立又相互依存的关系；三是治理的根本目标在于通过构建一种稳定的社会秩序，实现公共利益的最大化，推动国家与社会的互动与合作。③

治理理论作为一种新的统治社会方式的理论指导，形塑着新的行动方式和生活世界。理解治理的前提是区分出治理与统治的概念差异，也正是在挣脱统治概念的束缚之后，治理对人类生活世界的行动选择和行动能力才具有实践指导意义。首先，治理从统治中走来，但又不同于统治。统治与治理最典型的区别在于治理的权威来自于政府而又不限于政府，治理的主体可以是公共机构也可以是私人组织，更可以是公私合作；此外，治理在权力运行方式上也不同于统治，治理的权力运行向度是水平的，而不是官僚统治中自上而下的垂直系统，其权力向度是多元的和相互的。无论是权威垄断的打破还是权力运行方式和向度的更替，都从本质上说明了治理与统治的差异，这种差异还来自于对国家与社会关系

---

① ［瑞典］英瓦尔·卡尔松：《天涯成比邻——全球治理委员会的报告》，中国对外翻译出版公司1995年版，第44—45页。

② 俞可平：《治理和善治引论》，《马克思主义与现实》1999年第5期。

③ 李汉卿：《协同治理理论探析》，《理论月刊》2014年第1期。

的思考。从最直接的原因来看，治理起源于政府统治与市场模式的失灵。在传统方式都失效的前提下，寻求一种新的理论范式成为了必须，那么治理便承担起弥合政府失灵与市场失灵的困境的功能。从逻辑上可以看出，任何单方面的统治行动都无法取得最佳成效，那么治理试图统合这种单向度的差异，并建立起政府与市场的联系。但是，这种联系并不是简单的"政府＋市场"的堆砌，而是系统性的融合，其中最为重要的就是国家与社会的协调。虽然治理可以协调两者之间的关系，但是治理却并非是万能的，也正是因为治理的协调性带来了治理责任、功能边界、权力分配等方面的问题，从而演化出新的治理失灵困局。

其次，治理失灵困局因获得"善治"良药而重焕生机。善治作为具有价值导向的治理活动，成为了理想的治理模板。"概括来说，善治就是公共利益最大化的社会管理过程。善治的本质特征就在于它是政府与公民对于公共生活的合作管理，是政治国家与公民社会的一种新颖关系，是两者的最佳状态。"① 由此表明，善治包括五个要素：一是合法性，善治要求治理主体最大限度地来协调公民与政府之间的矛盾和利益纠纷，从而使公共管理行动获得公民的支持，继而形成公民共识和政治认同感；二是透明性，它要求政治信息是公开的，公民可以有效地参与到政治过程中，并对政治活动进行监督；三是责任性，这要求具备特定职能的治理主体应该承担起相应的责任，需要通过法律和道德两种手段来维持和增进治理主体的责任性；四是回应性，公民需求成为了治理的出发点，那么也就要求善治是能够回应公民需求的一种治理模式；五是有效性，治理需要满足公共利益的最大化，不仅从价值维度上限定了善治的公共性，同时还在工具理性维度上确立了善治的效率性。②

最后，治理理论在中国政治环境下及公共管理领域内准确切入成为一个适用该理论的前置性问题。治理到底意味着什么？中国的治理与西方的治理究竟有何不同？治理如何在基层生根发芽？这些问题需要在应用治理理论开展研究之前得以回答。在治理的内涵上，国内学者的看法有两种：一种观点承认了治理的普适性，而将治理理论适用的基点作为

---

① 俞可平：《治理与善治》，社会科学文献出版社 2000 年版，第 8 页。
② 俞可平：《治理与善治》，社会科学文献出版社 2000 年版，第 9—11 页。

一种同质性条件而大肆扩张。持有这种观点的学者普遍认为治理的本质在于回归自由主义意识形态指导下的社会本位主义治理。也即治理是"去国家化"的，是社会本位的回归。这种认识的出发点并没有错，但是却错在了对社会条件的同质化上。他们将西方自由主义传统下衍生的治理理论直接"安插"在非西方化国家，从而出现了国家与社会二元斗争的局面，弱化了治理理论内在的合作性，陷入了在治理视阈下要社会而不要国家的逻辑陷阱中。另一种观点则试图在破除治理理论应用条件同质化的前提下，进行差异化条件下的治理应用扩展。这类研究者跟随部分持有批判西方自由主义治理传统而找回治理中的国家的观点的学者的脚步，试图在发展中国家"社会强而国家弱"的判断中通过国家的回归而增加治理理论中国家角色和地位。他们认为"作为天然的治理主义者的中国人，其实骨子里认同的是国家治理"。① 的确，国家治理体系和能力现代化作为国家政治语言，确立了中国社会场域下的治理理论根基，实现了从社会本位主义的治理理论向国家治理理论的回准和拨正。因此，在非西方社会的治理活动中，"需要的不是进一步强化社团的自治权，而是如何把各种社团整合起来，这就是国家治理能力建设的必要性所在。"② 所以，治理理论虽然强调社会与国家的融合和合作，但非西方国家的治理重心在国家治理上，尤其是国家治理能力的建设上。无论是西方治理理论还是俞可平教授的善治理论，其核心价值与思想仍然贴合本书对国家治理现代化进程中的农村社区治理能力现代化问题进行探究的实质，从而为研究开展提供了理论方向。

第二节　农村社区治理能力现代化的历史逻辑③

社区问题是个历史问题，从工业革命到如今的全球化，社区问题是

---

① 杨光斌：《作为建制性学科的中国政治学——兼论如何让治理理论起到治理的作用》，《政治学研究》2018 年第 1 期。

② 杨光斌：《作为建制性学科的中国政治学——兼论如何让治理理论起到治理的作用》，《政治学研究》2018 年第 1 期。

③ 本节内容收入姜晓萍、衡霞、田昭《中国城市社会治理》（中国人民大学出版社 2021 年版）一书中。

困扰人类发展的基础议题。社区问题是个现代问题，现代化发展既要求经济市场化和政治民主化，[①] 又要求治理现代化解决人类美好生活诉求。社区问题的核心是重建人类基础秩序，从社区矛盾的解决，到公共服务的提供，再到人民期待满足，社区治理历经历史长河。

一　社区问题的关注视角从宏观到微观

社区问题根植于城市化，城市化是表象，背后是工业化。早期的社区问题源于工业革命带来人口进城，社群结构改变衍生社会问题。经典社会理论家发明"共同体""有机团结"等概念，在价值追寻下利用宏大叙事，以对资本主义工具理性的批判为基点，抽象探讨社会团结和社会关系。芝加哥学派在北美城市繁荣中应运而生，他们认为已有宏大研究缺乏现实操作性，主张研究城市社区中人的生存状态。作为城市社会学的奠基人，罗伯特·帕克秉持城市研究的实证主义，主张通过训练有素的观察进行。[②] 此后，芝加哥学派关注微观社会问题及社区发展路径，尤其关注"街角社会"等社区事实。后来的新城市主义研究者，将视角再次集中于微观问题，以阶级剥削、金融资本等概念，批判城市社区治理理念和策略。我国的社区问题研究经历与西方相类似的过程，从早期的城市化趋势研究到社区微观问题关注，逐渐转向有中国场景和中国关怀的社区问题研究。

二　社区问题的关注焦点从"价值探讨"到"现实关怀"

社区问题演进是一个从"价值探讨"转向"现实关怀"的过程。早期社会学家对社区问题的研究，大多带有强烈价值关怀。以齐美尔为代表，他认为对个体而言，城市生活须应对精神紧张刺激，提高个体的理性计算能力，能够使个体更好适应城市新型空间。城市特质塑造城市人

---

① ［英］安东尼·吉登斯：《现代性的后果》，田禾译，南京译林出版社 2011 年版，第 3 页。

② ［美］罗伯特·帕克：《城市社会学》，宋俊岭等译，华夏出版社 1987 年版，第 50—53 页。

普遍的算计、冷漠、世故特征，① 货币成为承担该种非人格化去价值性的物质担纲者。② 随着城市社区的发展，对社区问题的探讨由于过于价值化，无法针对具体问题不得不让位于现实问题研究。从芝加哥学派研究底层暴力犯罪、贫困集中、毒品泛滥、抢劫、底层亚文化、社区的空间隔离等现实问题，再到公共管理学界对社会群体的工作需求、生活保障、住房需求等问题的探讨，社区问题越来越具象化与可操作化。中国学者早期基于社区自治，探讨行政与自治的协调问题，公众参与民主治理的关系，以民主价值引领社区改革，将社区赋权作为社区桎梏解决路径。经济发展与多元诉求带来社区矛盾频发，社区问题研究逐渐转向社会抗争现实描述，更加关注居民尤其是弱势群体的基本权益。

三　社会问题的关注目标从"福利保障"到"民心导向"

城市化问题随着环境变化不断变迁，早期城市化问题源于大量人口进城，社会体制跟不上现实步伐，引发社会矛盾，该种矛盾化解是社会进步的过程。伴随着城市内部分化、社区与种族隔离加剧，底层亚文化快速出现，聚集犯罪、脏乱、拥挤问题。芝加哥学派认为，社区问题根源是生活、住房和教育保障缺失，由此开启城市社区问题的"福利保障"研究与治理回应。相关研究认为，要解决社区问题，应当重建社会关系来引导社会有序，需要外在力量的干预，尤其是要发挥公权力的作用。具体说来，一是通过社会保障和社会福利，保证城市居民的基本生活和公共需求，二是通过大规模的老旧房屋改造，改善城市居民尤其是弱势群体居住条件。美国于 1949 年颁布《住房法》，开始长达二十多年的城市更新运动，直到 1972 年"岁入分享"法案终止。资源投放再多仍难激发民众获得感幸福感，主要是"福利保障"导向的基本公共服务供给难解决"民心问题"。20 世纪 90 年代，公共管理学科发展，提出倡导公民参与理念，政府作为元治理主体，推动社会主体参与有序，最终目标是

---

① ［德］格奥尔格·齐美尔：《大都会与精神生活》，顾仁明等译，学林出版社 2000 年版，第 91—103 页。

② ［德］格奥尔格·齐美尔：《货币哲学（第一卷）》，于沛沛等译，中国社会科学出版社 2007 年版，第 236—237 页。

提高社会的获得感。公共管理学理念的引入，使增强群众满意度为基础的"民心导向"，成为回应现代城市社区问题的核心议题。

四　社区问题的治理路径从"单核治理"到"多元共治"

随着公共管理学的倡导，政府逐渐成为社区的"元治理"中心。政府在各国社区的角色有差异，但都是作为社区治理场域的力量源。无论社会本位还是政府本位，都试图改变社区"单核治理"方略。随着治理目标的转型，志愿团体、民间组织等力量发展，对公共生活和社区治理的影响程度逐渐增加，各类公共管理理论兴起和应用，为城市社区问题解决提供重要的理论资源。它们提倡社会和政府共建共治，以满足群众诉求增进社区认同，助力城市社区的善治格局。由于我国历史和国情差异，政府长期包揽社区治理和服务，随着市场经济兴起、市民意识的觉醒及治理理论借鉴，我国不断地探索党委政府、社会、公众多元主体如何在法律、科技的支撑下，通过民主协商形成共建共治共享的社会治理格局。

新中国的社区治理历史最早可以追溯到 1949 年 10 月 23 日成立的浙江省杭州市上城区上羊市街居民委员会，当时居委会的职能是传达政令、反映民意，协助处理治安、卫生、生产等工作，社区的性质、组织结构、治理体系的"政治化"特征明显。自从 1982 年公布《中华人民共和国村民委员会组织法》以来，农村社区治理日益凸显"自治化"特征，村庄成为农村基层治理的基本单元，农村社区治理实行以民主选举、民主决策、民主管理和民主监督为核心的"政经社合一"模式。但是，乡镇政府对农村社区的管控和过多干预，弱化了农村社区自治权。党的十六届六中全会将社会管理作为政府的四大职能之一，党委政府与社会、公众协同的社会管理格局不断健全。党的十八大报告首次将社区治理写入了党的纲领性文件；党的十八届三中全会后，"社会治理"取代"社会管理"，强调源头治理、依法治理、系统治理、综合施策的治理理念；随后多个中央一号文件都强调创新和完善乡村治理机构，并指出推进农村社区治理能力现代化已成为刻不容缓的现实需求。

从社区问题的发展历史和研究历史来看，社区问题的关注视角越来越倾向于居民的现实诉求，倡导群众参与、寻求多元合作，立足人民需求和人民满意，是我国社区治理的新导向。从新中国成立到单位制解体的较长时间段，单位承担了社区的所有治理事务，农村社区治理则由基层政府主导；随后，大量政府下沉的行政事务和单位原来承担的社会功能逐渐由街道和社区承接，居民自治正式发挥治理作用。2015 年召开了自 1978 年以来的第一次城市工作会议后，城市社区治理进入快车道，现代化治理体系逐步构建，现代化的治理水平不断提升。但是由于城乡管理体制的差异和固有的城乡二元结构，农村的社会事业发展滞后、农村基层干部的治理能力较弱等问题的长期存在，使农村社区治理能力远远不能满足新型农村社会发展需要。因此，农村社区依然采取传统治理模式，依赖于村两委实施简约治理，尤其是欠发达地区的精英治理人才流失与发达地区外来精英无权参与治理时，农村社区治理陷入公共性与自主性、传统性与现代性的双重治理困境。因此，农村社区治理能力现代化问题不可避免地要提到议事日程上来。

第三节　农村社区治理能力现代化的现实逻辑

一　中国社区治理体制变迁：民主自治

（一）单位共同体的变迁

不同于欧美国家根植于工业化和城市化进程的城市社会发展，20 世纪 50 年代的中国在面对整体性危机与社会重建的难题之时，基于"社会整合"的目的，依托单位制度形成了"单位共同体"。[①] 主要是为适应计划经济设立的一种特殊组织形式，在"单位"这一总体性、全能性的体制下，国家事实上并不存在体系外的社会管理系统，在依托"企业办社会"格局下，单位共同体的社区管理实际是作为单位管理部分存在的。伴随着我国改革开放和社会结构转型，政府通过单位控制社会的基础发生了动摇，单位制不可避免走向解体，单位制的管理职能外移，由街居来承接。

[①]　田毅鹏、胡水：《单位共同体变迁与基层社会治理体系的重建》，《社会建设》2005 年第 2 期。

（二）社区管理体制改革

1998 年国务院政府体制改革方案确定民政部在原基层政权建设司的基础上设立基层政权和社区建设司，与此同时，分别在北京、上海、沈阳、武汉等城市设立 26 个"全国社区建设实验区"。社区建设在全国范围开展起来，包含社区管理体制改革，涉及制度创新、政府职能转变及城市工作格局调整的系统工程。由于计划经济时代沿袭下来的条块分割、职责同构的城市社区管理体制弊端，使得街道内部的行政秩序混乱不堪，"条块冲突、职责不清"基层治理面临"上面千根线，下面一根针"的矛盾，上面很多任务落到街道，但是街道没有明确的职权，社区治理一度比较难开展。随后，各级政府通过多轮创新性探索建立起了"两级政府、三级管理"体制，其中政府是主导者，社区是公共空间，居民是参与者；并逐渐开始进行民主自治导向型体制改革，推行政府购买服务，培育社区自治，把实现人民对美好社区生活的向往写进了多个中央文件。

二 社区治理的基本诉求

（一）居民诉求

随着城市化进程的加快和农村居民的流动性加强，农村居民的文化水平、眼界视野和利益诉求日益多元，农村社区的发展治理面临一些新情况：一是人们更加关注生活质量。外出务工者期望有城乡均等的基本公共服务和社会保障；在家务农者期望生产生活环境改善，生活质量提升，农业农村现代化；间隙性流动者期望更畅通、便捷的出行条件，较低成本的城乡转换等。二是更加关注公平保障。城乡基本公共服务均等化推行以来，广大社会成员的公共需求全面、快速增长同公共产品短缺、基本公共服务不到位的问题得到一定程度的缓解，但仍然在社保、医疗、居住、就学等方面存在较大差距。三是更加关注个人权益。我国三分之二的农村社区居民虽然长年流动在外，甚至在外地安居乐业，却并未放弃家乡的权益，比如低保、征地补偿、集体资产收益等，在遇到问题达到期望效果时，却又往往"信访不信法""信网不信法"，增加了社会不稳定因素。四是更加关注人居环境。虽然大量农民进城务工选择在城市购房，但农村住房仍然保留，并利用城乡人居环境综合整治工程重新修葺旧有住房，甚至对房屋周边的绿化、道路，以及农村的生态环境都提出了新的诉求。

（二）社区矛盾

我国进入改革发展的关键时期，经济体制变革、社会结构变动、利益格局变化，社区作为社会基本单元是反映社会矛盾的前沿阵地，社区的规模、人员结构、运行模式等随着城市化快速发展而越来越复杂，新型社区矛盾出现，老的社区矛盾扩大，亟待各方共同解决：一是居民与村两委的矛盾，包括居民与村两委互不信任；二是居民与集体经济组织的矛盾，包括集体经济组织的股权量化、收益分配；三是居民与基层政府的矛盾，包括基本公共服务供给和社会事业建设等；四是行政力量与"自治"的矛盾，社区组织对行政力量存在较高的依赖，同时行政力量和自治组织又存在难以协调的矛盾。

三　新时代社区治理的新需求

社区是人民群众安居乐业的家园，是党和国家政策落实"最后一公里"，建设幸福美丽的新农村，其基本原则与城市社区一样，党建引领是关键，政府主导是前提，居民参与是导向，以改革创新为动力，努力探索全面体现新发展理念，符合治理规律的城乡社区发展新路。一是党建引领的核心诉求。包括社区治理的"领导核心""统筹协调""思想引领""先进示范"等问题。二是美好生活的目标诉求。社区治理目标就是要对社会永续发展负责，对人民的安居幸福负责，城为民建、市为民享，凝聚最广泛的力量、激发最磅礴的意志，通过共同努力，探索社区治理新路，持续增进民生福祉。三是全方位参与的路径诉求。一项针对城市典型社区的调查研究结果显示，[①] 居民认为"社区建设，人人有责，应该支持"的人占72.28%，认为"参与社区治理是居民的权利和义务"的占68.90%，表明多数居民有着较高的参与社区治理意愿。四是共建共治共享的格局诉求。目前，社区治理中存在多元主体权责规范不明、联动机制缺位、共享意识薄弱等问题，因此改变行政包揽式管理模式，整合社区党组织、居委会、社会组织、企业、居民等多元力量，搭建共建主

---

① 杨舟：《居民参与社区治理能力提升的社会工作介入研究》，硕士学位论文，西北农林科技大学，2019年，第28页。

体架构成为当前城乡社区治理的格局诉求。

　　在中国现代化进程中，短板在乡村，没有农业农村的现代化，就没有国家的现代化。党的十九大提出了乡村振兴战略，主要从户籍制度、社会保障制度、产业制度、区域协调发展制度等方面对乡村振兴的制度体系进行了全方位的设计，投入大量物力财力完善基础设施，搭建信息化平台，通过手机、键盘、鼠标让农村与城市、世界连接，使"山高皇帝远"变为"政府在身边"，推动社区治理主体协同化、治理手段技术化、治理内容多元化、治理方式规范化；从治理人才的多元开发渠道着手大力提升乡村振兴的制度执行能力，避免现代化治理体系成为摆设，通过人才治理理念与知识结构更新，熟悉并掌握新技术、新工具、新思维，使广大农村从"村官自治"延展到线上参与，实现真正的"村民自治"、城乡融合治理。因此，乡村振兴重在治理有效，乡村治理体系和治理能力现代化是实现乡村振兴的关键路径。

第 二 章

农村社区治理能力现代化的公共选择

公共选择理论的研究重点是"政府失败"。该理论的代表人物布坎南认为，政府作为公共利益的保证人，它能有效弥补市场失灵，通过规制措施促使经济人的任何行为所带来的社会效益远远高于政府干预以前，即所谓的帕累托最优。然而，现实中的政府不仅是"行政人"，也是"经济人"，往往根据部门利益和领导人对公共利益的理解来进行决策，因此其行为常常难以符合公共利益的要求，再加上竞争机制、激励机制、机构增长、监督信息不完备等，"政府失败"不可避免。尽管公共选择学派设定了一种理想化的契约环境（即原始状态），但是社会经济发展的不确定性，像一只无形的手促使个体理性膨胀，基于各自利益计算而得出的规则和制度难以体现公平正义。在国家大力振兴乡村的背景下，农村社区治理的效率甚至大于农民公共精神的培育和自主性的发挥，导致传统性与现代性、公共性与自主性陷入困境。因此，在分析农村社区治理能力现代化双重困境及其影响因素和解决方案之前，需要从根源上了解农民的需求及其满足程度，包括历时性需求、替代性需求和社会治理的现实需求与福利满足现状，进而通过公共政策工具的匹配性来发现农村社区治理能力现代化的公共选择可能带来的双重困境。

第一节 农村居民社会治理的历时性
需求及其福利评估

在美国心理学家亚伯拉罕·马斯洛看来，人的需求包括生理需求、安全需求、社交需求、尊重需求、自我实现需求等五个层面，当低层次需求满足后就会逐级递升，向更高层级发展。新中国成立之初，"落后就要挨打"的口号深深刻在每个中国人的心里，农民即使在食不果腹的年代里也要勒紧裤腰带支持工业发展，他们始终相信，终有一天全国人民都能享受到无与伦比的美好生活。虽然，新中国成立以来经历了工业对农业的广泛汲取，农产品价格的"剪刀差"、农村税费提留居高不下、农民因户籍制度被禁锢在土地上等，进一步加剧了农业的弱质性和"三农"问题；但是，改革开放以后，特别是进入新世纪以后，党中央的一系列战略举措加大了各行各业对农业的反哺力度，农村社区治理现代化程度得到普遍提升，农民的美好生活愿景得以实现。

一　改革开放前的农民社会治理需求及其福利评估（1949—1977 年）

新中国成立后，农民最大的愿望就是"耕者有其田"，不再被压迫和被剥削。农村稳则天下安，农民安则天下稳。截至 1952 年，全国 90% 的农业人口分到了大约 7 亿亩的土地和其他生产资料，广大农民最为迫切的基本生存发展需求得以满足。这一阶段，农民所分配到的土地具有私有制性质，与社会主义和共产主义理想相冲突，共产党人遵循恩格斯的"私有制必须废除，代替它的是共同使用生产工具和按共同协议来分配产品"思想，同时也为了避免自发的资本主义倾向，党和政府通过合作化运动，引导农民走向社会主义道路。为了赶超英美等资本主义国家，20世纪 50 年代中后期，党中央提出了"鼓足干劲，力争上游，多快好省地建设社会主义"总路线，我国各地不同程度地出现了"大跃进"运动，企业通过"一大二公"跑步进入共产主义。再加上"大炼钢铁"、三年自然灾害、十年"文化大革命"，以及高度集中和搞平均主义的人民公社运动，严重挫伤了一部分农民的生产积极性，农村仍然是自给、半自给状态，单一的传统农业仍占主要地位；全国还有上亿名农民未能解决温饱问题。

这一时期的农民福利具有较强的"集体化"色彩，以生存福利为主。（1）从管理体制来看，城乡二元结构和人民公社运动把农民紧紧地附着在土地上，但农民却没有生产自由，生产机制僵化，"过密化"劳动并没有带来农业产量的增加，反而是劳动生产力的下降，出现"没有发展的增长"。（2）从生存状况来看，"农村人均粮食消费都在一百七八十公斤上下，"① 根本无法满足农民的吃饭需求。数据显示，"截至1978年，全国农村没有解决温饱问题的贫困人口有 2.5 亿，占农村总人口的30.7%。"②（3）从农民负担来看，"人民公社时期集体完成国家统购统销的任务通常占到农民粮食产量的 30%，生产提取的公积金一般为3%—5%，公益金一般为 2%—3%，剩余可分配的粮食仅能维持社员的基本生存。"③（4）从农村基本公共服务来看，"由于农村医疗卫生人才的急剧短缺，广大农村没有相应的医疗卫生保障，缺医少药，疾病交加，孕妇死亡率为1500/10 万，急性传染病发病率为 2 万/10 万，平均寿命只有 35 岁，人口出生率为千分之三十七，死亡率为千分之十七；"④ 因为村小老师一边务农一边教书，再加工分制对家庭口粮的影响，农村文盲所占比重仍然较大。

福利经济学认为，分配越均等，社会福利就越大。改革开放前的中国农村经济体系运行结果表明，"大锅饭"体制带来的平均主义却使得农村社会的整体福利偏低。但是这种低水平的福利覆盖了所有人，保证了"一穷二白"状态下农民的基本生存与医疗。世界银行发展报告对中国改革开放前的基本公共服务进行了精确评价，认为"中国农村各公社都按照'乌托邦'式的构想建立起了公共食堂、卫生所、理发室、敬老院等各类公共设施，为社员提供各种福利。最成功的莫过于农村合作医疗制度了，它依托于人民公社和生产大队，由农民个人与生产队共同出资，以保健站为依托，以数以万计的赤脚医生为手段，确保了农民的医疗保健，基本实现了'小病不出村、大病不出乡'，形成了'以最少投入获得最大健康收益'的'中国模式'"。⑤ 这种不区分性别、年龄和户口的公共福利供给是以社员身份进行确认的，一旦失去该身份，就很难再获得相应的权利。

---

① 中华人民共和国农业部计划司：《中国农村经济统计大全（1949—1986）》，中国农业出版社1989 年版，第576—577 页。

② 中华人民共和国新闻办公室：《中国的农村扶贫开发白皮书》，《人民日报》2001 年 10月 15 日。

③ 乜琪：《从生存到权利——建国以来农民福利状态变迁》，《农村经济》2012 年第 4 期。

④ 张煜：《建国以来党的农民民生建设历程及历史经验》，《社会主义研究》2014 年第 1期。

⑤ 乜琪：《从生存到权利——建国以来农民福利状态变迁》，《农村经济》2012 年第 4 期。

二　改革开放至党的十八大前的农民社会治理需求及其福利评估
(1978—2012 年)

落后的社会生产力导致的短缺经济和供给不足直接促成家庭联产承包责任制的诞生，其显著后果就是极大地解放了生产力，提高了农民的从事农村生产的积极性，农业生产效率提升，并出现了农业剩余和农业劳动力剩余，农民对如何提升农业产量、解决剩余劳动力、改善居住环境等问题最为关切，农民富、农村美、农业强成为改革开放以来农民最新的发展诉求。为了从根本上扭转人民公社经营管理体制下"大锅饭"带来的生产经营弊端，彻底改变我国农产品长期短缺的被动局面，源起于安徽凤阳小岗村的农村家庭联产承包责任制在 1978 年 12 月党的十一届三中全会加以确定后，开始向全国逐步推广，农民的温饱问题基本得以解决。课题组通过对 1982 年以中央发布的共计 21 份一号文件进行了系统分析发现，直到党的十八大前，中央一号文件的重心仍然以解决农民温饱问题为主，"扶贫工作"是主线。

在农村剩余劳动力方面，根据学者谢康的研究，"1977 年至 1988 年间村剩余劳动力共转出 13433 万人，乡镇企业吸收 8302 万人，成为农村剩余劳动力最大吸收单位，占比达到 61.8%，远远高于国营企业 21.2% 的份额；"[1] 虽然 1988 年至 1991 年农村剩余劳动力转移因为"盲流"等管控原因有所回流，呈现低谷期，但之后因为邓小平的"南方谈话"和乡镇企业没落，大批农民涌入北京、上海、广州、深圳等一些大城市，民营企业成为吸纳农村剩余劳动力的主阵地。尽管 21 世纪初国民经济高速发展出现一定程度的用工荒，但这也反映出农民对于较高报酬、较好工作环境的期待。在农村人居环境方面，党的十六届五中全会上从生产、生活、乡风、村容和管理等五个方面提出新农村建设的二十字方针，广大农村除了少数经济条件较好的村庄环境有所改善以外，截至 2009 年时大部分地区农村仍然是"污水横流、垃圾遍地""晴天一身土、雨天一身泥"的现状，农民随着收入的增加对高品质生活环境的诉求越来越强烈。对此，全国爱卫会印发了《2010—2012 全国城乡环境卫生整洁行动方案》，对农村饮水安全、无害化卫生厕所、公路、航道沿线等全面推进整

---

① 谢康：《改革开放以来我国农村剩余劳动力转移的变迁》，《特区经济》2005 年第 6 期。

治行动。

在乡村社会治理方面，随着城镇化进程的快速推进，农村精英人才不断流失，空心化现象越来越严重，对此，山东等地获得国家认同并创新性地发展合作经济。中央随后出台了统一的扶持政策，但许多地方把村级管理方式照搬到集体经济组织中，使得集体经济组织的管理未能实现真正的企业化、现代化，经营不专业等问题也较为突出。随着家庭联产承包责任制的推行，农村集体经济满足农业生产性服务需求的职能逐渐弱化并淡出历史舞台。为了强化集体经济的公有制属性，国家多项政策转向扶持乡镇集体企业，以此吸纳农村剩余劳动力、带动农民增收致富，遏制"盲流"带给社会安全的不确定性因素，但是由于世界市场秩序的变革，乡镇集体企业竞争力不足，逐渐陷入发展困境，大量农村成为集体经济发展的薄弱村，甚至是空壳村。为了扭转集体经济在农村经济中的弱化和边缘化的趋势，山东等地积极探索了"合作社＋农户"等形式的产业化经营模式，为农村集体经济的回归与发展壮大奠定了基础。后来，我国又陆续启动农村土地确权颁证工作和农村产权制度改革，使得农村集体经济发展的外部环境进一步优化，逐渐衍生出全村全员化股份投入、跨行政村镇的联动、租赁自营、村企共建、平台孵化五种集体经济模式。有的村庄在发展集体经济过程中，通过制定与之匹配的村规民约，将村民的社区参与、技能与素养提升和矛盾纠纷行为与年终的集体经济分红挂钩；有的村庄将集体经济收益的三分之一划入社区治理公益资金池，实现乡村高质量发展与高效能治理的互促共进。

边沁认为，使自己获得最大幸福并能有效增加幸福总量才是人生的最终目的。这一阶段的农民需求得到极大的重视和满足，更加重视自我价值的实现和现有幸福的保有，他们的福利被学者定义为"生活型"而不是"生存型"的。① （1）从土地权益来看，家庭联产承包责任制的推行，通过土地所有权与承包经营权的分离，极大地调动了农民的生产积极性、增加了农民收入；通过农地的确权颁证和承包土地的长期经营权的制度保障，强化了对农村土地数量与质量的保护；"三权"分置政策的推行和农地金融化政策的实行，又促使长期外出务工农民将农地的经营

---

① ［英］边沁：《道德与立法原理导论》，时殷弘译，商务印书馆 2005 年版，第 69 页。

权与承包权分离，最大程度地盘活了土地资源和提高了农地效益。（2）从发展权益来看，自2004年以来，中央一号文件全部与"三农"问题有关，相关政策不仅是通过精准扶贫来解决农民温饱问题，更加注重农业、农村、农民各方面的全方位投入，包括政策鼓励企业、城市对"三农"的反哺；① 在农地经营与流转、村庄集体经济发展和公共事务管理等方面，有党和政府层面的法律法规和政策做保障，甚至在基层治理体系和治理能力方面进行了诸多现代化尝试，其根本目的在于保障农民作为"人"的现代化权利。（3）从基本社会服务来看，国家财政在中央相关政策文件的引导下，从2004年以来"三农"支出增长了近8.9倍，年均增速超过了15%。②

三　党的十八大以来的农民社会治理需求及其福利评估（2013年至今）

统计显示，截至2016年底，农村有幼儿园和托儿所的村庄占比为32.3%，有体育健身场所的占为59.2%，有农民业余文化组织的占比为41.3%，有卫生室的占比为81.9%，分别比2006年提高2.2、48.5、26.2、7.6个百分点；③ 根据第三次全国农业普查结果，从事农业的生产经营人员为3.1亿人，55岁以下的约为2亿人，但国家统计局2017年统计结果显示，农村户籍人口有5.7亿人，这表明农村人口中一半以上群体的职业为非农，由此导致不同职业农民的需要也呈现较大差异；根据财政部"三农支出安排"的说明，截至2019年底，义务教育阶段的国家资助情况包括全部享受免除学杂费和书本费的农村学生接近1.5亿名，获得家庭贫困寄宿生生活费补助的中西部学生大约1120万名；社会保险补助方面，大约有8.3亿人享受人均80元的财政补助。④ 整体来看，这一时期内的农民福利有显著提高。数据显示，改革开放以来，农村居民人均

---

① 《财政"三农"支出15年增近9倍，社科院〈报告〉指一重大不足待改进》，第一财经，https：//baijiahao. baidu. com/s？ id = 1640006881151652600&wfr = spider&for = pc：2019 - 07 - 25。

② 《中国三农发展现状、未来发展趋势、农业发展前景趋势浅谈》，世界民生大观园，https：//baijiahao. baidu. com/s？ id = 1665730010119615953&wfr = spider&for = pc：2020 - 05 - 04。

③ 《中国三农发展现状、未来发展趋势、农业发展前景趋势浅谈》，世界民生大观园，https：//baijiahao. baidu. com/s？ id = 1665730010119615953&wfr = spider&for = pc：2020 - 05 - 04。

④ 戴柏华：《2019年中央财政"三农"支出安排8183.4亿》，2020年1月4日，https：//www. docin. com/p - 2292411062. html。

可支配收入从133.6元增长到2021年的18931元,[①] 农民早已解决温饱问题。从农民工的消费和居住来看,在务工城市的生活消费支出增长(7.7%)远远高于农村消费水平（4.5%）,乡外就业回家居住的占比仅为14%,独立租房、购房、留宿子女住房的农民工比重超过80%。[②]

但是由于市场经济体制改革,医疗、教育、住房的"市场化"改革,尽管农民的总收入在不断提高,与城市居民的差距在逐渐减小,绝对福利在提升,但是农民之间、农民与市民之间、城乡之间的贫富差距仍然还有较大差距,相对福利水平的扩大更容易加重农民的相对剥夺感。这一点可以从2017年中央人民广播电台中国乡村之声发布的《中国农民需求调查》得到部分印证,比如,职业为农民的群体最担心的是农产品价格下跌、农业技术服务跟不上、农业资金匮乏、安居乐业、老有所养等存在的问题,因此他们的需求主要体现在技术服务、信贷资金服务、基本公共服务、情感需求等社会性、政务性和精神性的需求;职业为非农的群体最关心的是在城市能否安居乐业和可持续发展,回到农村能否自由体面的生活,其需求也相应地表现为城乡基本公共服务均等化和农村生态文明程度的大幅提升。从历年的中央一号文件来看,政策重点从扶贫逐渐转向农村环境、农民权益保障、城乡基本公共服务均等化等内容上。尽管公共政策研究者认为,制度的供给与需求之间存在一定的时滞,但仍然是对政策出台前公众需求的有效回应,中央一号文件的这种变化正是体现了供需关系。

从学界的研究成果来看,农民对民生保障、社会治理、人居环境建设的满意度均比较高,邱伟国等人针对农村居民民生保障获得感的测度显示,农民对县市政府的评价值和对环境、就业、贫富差距等的满意度均超过70分,对医疗、卫生、教育、社会治安的评价值也接近70分;[③] 王斌对农村人居环境建设满意度进行评估,结果显示农民对环境卫生、

---

① 《2021年农村居民人均可支配收入达到18931元》,新华社,https://www.gov.cn/shu-ju/2022-01/20/content_5669553.htm=pc；2022-01-20。

② 《农民工总量同比增速连续第五年回落购房比例有所上升》,汉丰网,https://www.sohu.com/a/72249854_252634=pc；2016-04-28。

③ 邱伟国、袁威、关文晋:《农村居民民生保障获得感:影响因素、水平测度及其优化》,《财经科学》2019年第5期。

绿化、污水处理、基础设施、交通环境等的评估值均超过了 80 分，满意度较高；① 冼诗尧从社会治理角度切入对农村居民的幸福感及其影响因素进行了测度，整体分值接近 4 分，其中环境污染、道路交通、社会治安的满意度在 5 分的分值中均超过了 3 分，但食品药品安全监管的满意度较低；② 王震基于全国流动人口监测数据对农民工的城市社会融入情况进行了测评，新生代农民的城市融入度显著低于老一代农民工，教育水平、社会保险对农民工的城市融入有显著影响。③ 显然，农民有了更满意的收入后，更倾向于在生活条件更好、交通更便利、社会保障更全面、精神文化生活更丰富的城市生活与就业。但其同时也没有放弃其在农村的基本权利，比如利用国家资金改善危旧住房、户厕、农村基础设施，争取在农村集体经济组织中的权利。相关统计显示，"十三五"时期，全国累计投入易地扶贫搬迁的各类资金约 6000 亿元、中央奖补（1140 亿元）并带动地方和社会总投入"一事一议"资金达到 7000 多亿元，农村生产生活条件和农村面貌显著改善。

　　农民受教育程度普遍提升，农民在跨区域流动中开阔了视野，除了传统的信访、集群抗议以外，更加倾向于通过网络平台向各级政府部门反映自己的意见和关心的问题，尤其是不断增强的参与意识、监督意识、维权意识、民主意识、公平意识等，农民需求从"硬需求"向"软硬需求"并重转变，大量在市场经济中成长起来的"无公德的个人"积极在农村呈现"在地感"，履行"有限责任"，日益弱化的"四个自我"和"四个民主"又逐渐得以强化，基层政府长期以来"替民做主"的效率导向被居民"我要做主"的民主导向所取代。对此，中央积极回应农村居民这种成长性的权利需求，从"十二五"时期开始制定基本公共服务均等化的中长期规划，在十八届三中全会和党的十九大及其历次全会中均强调公众参与、民主协商、"三共"格局构建、"三治"体系健全等，满足农村居民从"基本生存"需求到"人的全面自由发展"需求转变，进

---

①　王斌：《农村人居环境建设满意度及影响因素分析》，《经济管理文摘》2020 年第 12 期。

②　冼诗尧：《社会治理满意度对农村居民幸福感的影响研究——基于 CGSS2015 数据实证分析》，《农村经济与科技》2020 年第 11 期。

③　王震：《农民工城市社会融入的测度及影响因素——兼与城镇流动人口的比较》，《劳动经济研究》2015 年第 3 期。

而提升农村治理现代化水平，为国家治理现代化奠定坚实基础。党的十九大又提出新农村建设的新二十字方针"产业兴旺、生态宜居、乡风文明、治理有效、生活富裕"，这表明农民对美好生活的愿望更加强烈，不仅是人居环境得以改善，产业要发展兴旺，生态要美丽宜居，治理要有效等，针对这些新诉求，中共中央、国务院和相关部委出台了《关于加强和完善城乡社区治理的意见》《中国共产党农村基层组织工作条例》《乡村振兴战略规划（2018—2022）》《关于建立健全城乡融合发展体制机制和政策体系的意见》《关于加强和改进乡村治理的指导意见》《关于开展乡村治理体系建设试点示范工作的通知》《关于加强基层治理体系和治理能力现代化建设的意见》等多个政策文件，推动农村社区治理能力的现代化水平。

第二节　农村居民社会治理替代需求及其福利评估

福利经济学认为，社会经济运行的好坏、社会和谐与否，很大程度上在于社会效用的最大化与社会福利的改进。无差异曲线函数反映出不同供给内容或不同组合的供给方阵均能满足需求者的效用，尤其是在同一坐标平面，可能存在无数条无差异曲线，曲线走向因为边际替代率递减而基本向右下方倾斜，距离原点越远的曲线，需求者的效用程度越高。部分学者认为，不同曲线带给需求者的效用可能相同，当某条曲线无法为需求者带来最大化效用时，其他曲线可以用于替代，进而满足需求者的最大化效用。但是，需求者因为个人特质、生存与发展环境、社会制度等原因而呈现不同的偏好，在选择供给内容时往往会存在公众认知的逆向选择结果，需求者的福利却没有受到任何损失。帕累托改进则反映了社会福利的改进，即无论社会状态如何变化，至少使得一个人的福利增加，且没有人的福利受损，这种状态在社会政策中反映出供给最优、需求最优、供给匹配最优的三种状态。边际经济学认为在需求者衡量出当前供需匹配不能最优时，供给内容的边际效用递减，因此政策供给者的首要任务是要确保资源供给的配置效率并保证所有人的福利不受损，甚至还有增加的帕累托改进结果。

在西方经济学中，无差异曲线和帕累托改进主要用于企业产品消费行为的分析，它以序数效用论为基础，企业在不同曲线中找出消费者曲线的均衡状态，即消费者效用最大化，但更多地用于分析单个人的消费行为。阿罗认为，社会福利函数需要把各类个人偏好进行归纳，进而推导出社会偏好次序。尽管他的这种理论被经济学界称为"不可能定理"，但我们仍然可以从中得出大致相当的偏好次序，否则社会政策将无法出台。从图 2-1 可以看出，不同的个体对社会政策的需求效用是有差异的，他们可能根据自己的需求从而选择曲线 I、II、III，而且需求者对公共政策的认知不同，他们甚至在同一条曲线上也可能选择不同的点（C 或 D，G 或 E），各级政府即使进行了最为广泛的民意调查，但仍然很难对每条曲线的不同点位（如 C、D、E、G 等）及时供给相应的公共政策，在有限的时间、空间里的资源也是有限的，它只能从多条无差异曲线中找到大致相同的偏好与效用，根据有限资源匹配出最大化的社会效用，出台对于大多数人来说没有任何福利损失的公共政策。

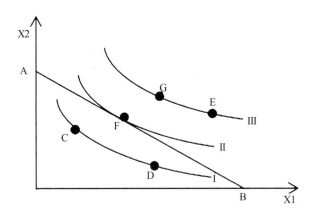

图 2-1　需求者均衡条件

在改革开放前，温饱问题是第一要务，农业科技、农业生产与经营风险、农民生产生活环境、电/网/路的户通、邻里关系等需求在国家极贫极弱情况下被温饱需求替代，农民的效用选择可能处于图 2-1 中曲线 I 的 D 点。改革开放后较长一段时期内，农民的温饱问题已得到解决，城乡自由流动速度加快，社会信息无缝隙享有，农民的需求转而向优质医疗、卫生、教育等资源改变，在政府管理体制、机制很难快速适应这种变化时，农民依赖自己的消费能力从农村向城市甚至是更为优质资源配置的区域转移，通过社会流动满足需求，并自下而上地推动国家政策变迁。当然，在农民自身消费能力有限却希望能有最低保障时，替代性的、较低效用的需求也会成为其最优选择。比如，农民工在雇佣企业给予有限社保补助时，他们会在现金或农村户籍与城市居民同等待遇购买社保中做出选择，尤其是劳动合同法颁布后的很长一段时间，农民工希望拿到更多的现金而放弃购买社会保险，国家基于良好劳资关系建立与社会和谐稳定而强制性要求企业不能发放现金才扭转了这种现状。到目前为止，农民工群体基本形成了社会保险的未来保障认知，这种主动的需求替代才被中止。

20 世纪 90 年代以来，全国经济建设进入快车道，城市面貌日新月异。但是，无论城市有多漂亮和繁华，如果农村凋敝、农业衰弱、农民贫穷，国家的现代化征程必然受到极大的影响。"十五"时期以前，农民最大的负担来自于税、费、提留，基层干部的工作重心在催粮催款和计划生育，农民与基层干部的矛盾纠纷也基本来源于这两大版块，所以才有了"农民真苦、农村真穷、农业真危险"的呐喊。2005 年 10 月 11 日，党在十六届五中全会上提出了社会主义新农村建设的"二十字方针"，包括生产、生活、乡风、村容、管理等事项，加大各级政府对农业和农村的投入力度；2005 年 12 月 29 日，十届全国人大常委会第十九次会议高票通过废除农业税的决定，农民负担由此前的每人年均八百元下降到包含"农业排水费""经营性水费""一事一议"和"村组排水费"在内的每亩地不超过 31 元，这是国家战略和工作部署的重大转变，是对农民的科技需求、产业发展、土地权利、生活富裕、民主权利保障、邻里和谐、环境优美等需求的及时回应。显然，农民在这一阶段的需求向更高品质生产生活的需求进行转变，温饱的替代需求消失，无差异需求曲线呈现为 II 状态，且需求的满足与国家政策的供给在 E 点相切，呈现出国家效用、社会效用与农民效用的同时最大化。

农业税废除的同时，农村长期自发形成的公共设施建设义务劳动制度也自动消失。一方面，有人通过对农村水、路、电、厨、厕等基础设施投入的测算，认为国家未来在农村的这方面投资将超过 5 万亿元；20世纪 90 年代中后期每年全国农民在小型农田水利方面的义务工，大致是

100 亿个劳动日，按一个工 10 元来算，就意味着 1000 亿元，[①] 农民负担的减轻意味着乡村财力的大大减少和国家投入的增加，因此新农村建设的"二十字方针"面临巨大考验。另一方面，农民的需求在快速增长。农民的政治权利得到较好保障，即使农民工在外务工，仍然可以以委托形式履行在地化政治权利，公共服务均等化推行以后，文化权利的需求得到保证；收入水平的提升、农民工人大代表比例增加等彰显出农民经济权利的保障和其他权利的转化，但是农民的社会治理需求却很难通过单一公共政策得以满足。在农村，解决好土壤与河流的污染、垃圾堆放与处理、食品安全、农地承包权与经营权的分离、干群关系、集体收益分配、基层党建的引领、农民工参与村庄治理、公共服务供给、法治化与信息化、传统文化与现代文化的引领等社会治理问题成为农民的迫切需求；在农民工务工所在地，农民作为外来人口，却很难享有长期暂居地同等的社会治理权利。对于农民户籍所在地的社会治理问题，囿于镇村干部素质与治理习惯，数亿流动着的农民将未能在家乡享有或切身感受到的政策红利转向务工所在地的治理需求进行替代，然而务工所在地村庄为了保证本地居民权益，几乎不会妥协分毫，这也形成了经济发达地区少数本地人管理着数万外地人的现状，无法通过数倍于本地居民的外来人口中收集到有效的治理信息，导致各种安全事故、公共卫生事件层出不穷。显然，农民的需求已经不局限于户籍所在地，不管家乡权益是否能够享有却仍然希望有保证，同时也期待享有务工所在地均等的各项权益，尤其希望参与到长期暂居地的日常事务治理中。如图 2-2 所示，农民需求无论什么原因未能在 A 地享有，则希望能在 B 地同等享有，甚至也希望 A 地的需求能同时满足，只有当 AB 两地的需求与当地的政策供给分别在 O_1、O_2、O_3 相切时，该农民的需求才能被替代，否则农民与政府之间的博弈将长期存在。

　　表面来看，农民是弱势的一方，但事实上由于近来政府职能转型以及对民生的重视，对人民美好生活向往的努力实现，再加上社会力量的广泛关注，农民社会治理的公共需求替代性越来越小，社会福利也越来越好。

---

① 《全面理解社会主义新农村建设"二十字方针"》，新华社，2006 年 2 月 15 日，http://www.gov.cn/zwhd/2006-02/14/content_190850.htm。

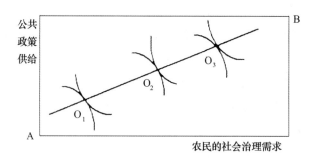

图2-2 农民替代需求的埃奇沃思盒状图

第三节 农村居民社会治理的现实需求与福利评估

课题组在设计双重困境及其影响因素问卷时，增设了"你的意见建议"的开放式问题，旨在了解农民对于农村社区治理能力现代化的需求和意见建议，既有助于本书对现实需求的了解，也有助于发现农村社区治理现代化双重困境的形成原因和完善其破解之策。在通过对回收到的3160份有效问卷进行统计分析时，发现受访农民的需求集中在以下几个方面：

第一，"现代化"是高频词汇。党的十八届三中全会以来，"国家治理现代化"被称为"第五个现代化"，虽然受访农民普遍把现代化等同于信息化，但至少"现代化"的概念已经根深蒂固，尤其是中共中央办公厅、国务院办公厅及相关部委陆续出台了《关于深入推进农村社区建设试点工作的指导意见》（2015）、《关于加强和完善城乡社区治理的意见》（2017）、《乡村振兴战略规划（2018—2022）》、《关于加强和改进乡村治理的指导意见》（2019）、《关于开展乡村治理体系建设试点示范工作的通知》（2019）、《加强和创新社会治理十四五规划》（2021）、《关于加强基层治理体系和治理能力现代化建设的意见》（2021）等，各级地方政府也陆续出台了配套政策与实施方案，使得"现代化"不仅成为各级政府工作人员的口头用语，更是以各种形式深入到村社干部头脑之中，以至于课题组在驻村调研中，经常听到村社干部和农民谈他们对于现代化的理

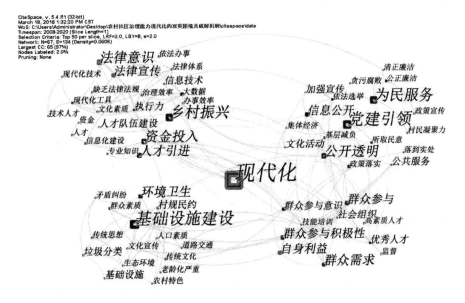

图 2 - 3　农村社区治理能力现代化需求与建议的共现图

解。尽管村社干部和农民对现代化的理解有偏差，但他们认为上级部门在现代化理念指导下开展的一系列工作就是推动农村现代化，使农村面貌改善、农业产业兴旺、农民生活质量提升，现在比过去生活的更好、更智慧就是现代化。事实上，村社干部和农民对现代化进行这样通俗的理解也没有偏离现代化的本质。观念改变行动，基层干部和农民对高品质美好生活的追求，势必推动农村社区治理能力的现代化。

第二，党建引领、为民服务、公开透明等高频词汇反映出农村社区居民对基层组织的公共性需求。在较长一段时间内，农村基层党组织软弱、涣散成为常态，比如党组织班子配备不齐，书记以副业为主忽略基层党组织工作，"三会一课"流于形式。课题组在对全国 2054 个农民集中居住小区进行调查后发现，虽然这些农集区的党员总数达到 26662 名，还有 3677 名流动党员，但是成立党支部的小区仅为 698 个，近两年开展过党建活动的小区仅为 433 个，占调研小区的 33.98%、21.08%；设有党群服务中心的小区为 731 个，66% 以上的社区干部为初中及以下学历，即使 2020 年底至 2021 年初村两委换届后，社区干部队伍的年龄和学历结

构有所改变，具有致富带动能力的农民占了 70% 以上，但是除了有较大
产业以外的两委干部，其他干部的带动能力仍然有限。在党员的先锋模
范作用发挥方面，此次换届以前经常会出现村党支部书记与村委会主任
互相扯皮、互拖后腿的现象，有些地方甚至因为低保户名额未能分配到
自己的亲戚或关系户而大打出手，严重影响村两委班子的团结与战斗力
以及农村居民对基层干部的信任度。

第三，乡村振兴、基层设施建设、法律意识等成为农村社区居民的
现代性需求。自从 2013 年党中央开始实施精准脱贫战略以来，投入的专
项扶贫资金高达 3000 多亿元，共有 1800 多名扶贫干部牺牲在脱贫攻坚的
第一线，但脱贫成效非常显著。比如截至 2018 年底，全国近 30% 的农户
生活污水得到处理、农村改厕率超过一半、80% 以上的行政村生活垃圾
处理规范化;① 截至 2020 年底，98% 以上的行政村开通了光纤和 4G，农
村信息化设施设备建设不断完善，并广泛运用于农业、物流等领域，极
大地推动了乡村振兴进程。课题组通过问卷分析发现，农村社区的法律
服务评估值达到 77.12 分，农村社区居民的法治认同度达到 77.74 分，社
区干部与居民的依法办事分值为 77.36 分。这表明农村社区干部与居民的
法律意识均处于较高水平，但是东中西三大区域的各评估要素的响应值
却有很大的差异，东部农村社区依法办事能力各要素的响应值均超过了
64%，西部地区基本保持在 36.6%，中部地区仍然最低，响应值在 29%
左右徘徊。② 通过访谈发现，东部地区基本推行了"一村一法律顾问"的
服务制度，中部地区部分省份直到 2021 年初才出台了支持农民社区建立
公共法律服务工作室的相关政策文件，西部地区多数农村社区基本融入
到了"农村一小时、城市半小时"公共法律服务圈，能够享有较好的法
律服务。因此，法律服务需求仍然是农村社区居民最为迫切的需求之一。

第四，村规民约、传统文化、传统思想、矛盾纠纷、群众素质等是农
村社区居民的传统性需求内容。根据相关政策法规，村规民约基本上都经

---

① 《农业农村部：全国 80% 以上的行政村农村生活垃圾已经得到了有效处理》，央广网，
2019 年 7 月 11 日，https://baijiahao.baidu.com/s? id = 1648004767581432126&wfr = spider&for =
pc。

② 以上数据来自于课题组调研所得。

过合法性审查，但是许多村规民约却带有很强的地方色彩，甚至有侵犯村民权益的条款，比如违反相关规定将取消村庄福利，包括水电费和医保补助、集体经济分红等。除此以外，农村社区的治理大多依赖乡镇政府支持和村庄精英实施简约治理，特别是农村空心化、老龄化以后，基层政府从提高治理效率、降低治理成本角度出发，通过"为民做主"的方式快速推进基层治理，损害了居民参与社区公共事务的基本权益；老龄化的社区干部缺乏先进信息技术的使用习惯，依靠经验、关系网络开展治理，社区事务处理方式简单粗暴，矛盾纠纷的预防化解能力仍需要大力提升，课题组的评估值显示，该项能力的得分（68.98）仅高于信息化应用能力，排在倒数第二位。在农村散居院落的治理中，居民的矛盾纠纷主要来源于田边地角的边界划分与集体利益分配；在农民集中居住小区治理中，居民的矛盾纠纷来源更加多元化，比如部分居民将小区共有部分财产占为己有的现象时有发生，私自圈占绿地和公共场所种菜、饲养家禽，占用公共空间私搭乱盖、私接电线，破坏小区环境和秩序（如金堂县清泉镇全镇的"农集小区"、郫都区古堰社区汀沙园小区）。究其原因，在很大程度上与居民的个人素质、散居习惯、社区管理的双轨制与组织性等有关。

第五，群众参与成为农村社区居民自主性需求的高频词汇。在2054个农民集中居住小区的调研中发现，一是小区居民缺乏组织凝聚力。377个小区无物业管理，1036个小区属于自管，585个小区有完整的"三会"制度，602个小区有业委会，391个小区有自组织，242个小区有社会企业，80%以上的小区在近两年都没政府购买服务的情况。二是小区居民缺乏参与的物理空间。由于新农村建设和撤村并组等，农民集中居住的比例较高，原有村落的村委会、祠堂、茶馆、戏台、村口门头都是居民议事的地方，集中居住以后的小区缺乏相应的党群服务中心、居民议事堂屋、公共文化活动场所，调研结果显示，只有1个及以下公共空间的社区在调研社区中占比达到67%（图2-5），严重影响了居民商讨社区事务的公共空间导致居民之间、居民与其他社区治理相关方发生矛盾纠纷的缓冲平台缺失。三是缺乏居民参与的利益联结纽带。农村的空心化、老龄化和半数农民的城镇定居使农村社区更加分散和"原子化"，而集体经济组织却能通过农民承包地、村庄集体资源等的活化利用，从资源重组、集体产品生产和分配等环节中将分散的农民组织起来，形成利益共同体，进而关心农村社区的公共事务。但是调查显示，79.46%的农集区没有集体土地、特色资源、特色品牌；82.14%的农集区的集体经济组织数量为零，虽然在政策作用下，几乎所有散居院落的村庄都建立起了集体经济组织，但无收入来源、无造血功能，现有集体经济中能够有效反哺社区治理的村社却微乎其微。从农民集中居住小区近两年的收支情况来看，均呈现入不敷出的趋势。

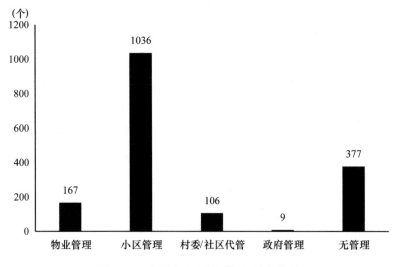

图2-4 农民集中居住区组织设立情况

第六，人才队伍也是农村社区治理能力现代化自主性需求中的高频词汇之一。调研显示，农民集中居住小区的服务与治理人才缺乏，突出体现在"进不来""留不住"和"能力低"三个方面。"进不来"，一是因为乡镇（街道）截留人才，包括大学生村官，无法真正进入农村社区；二是流入人口因为户籍身份等多重原因无法参与小区治理，无平台为农集小区发展贡献智慧。"留不住"则是农村社区人才缺乏的主要原因，一方面是农集小区工作繁杂而琐碎，面对的群体相对复杂，导致基层工作者常常"超负荷运转"，工作压力大；另一方面是缺乏合理的激励机制。农集小区的工作人员普遍收入不高，月均待遇在1500元至3000元之间，长期加班且无加班工资，致使农集小区工作人员的付出与回报不成正比，从而导致其工作缺乏动力，难以激发其负责任工作的积极性。即使2020

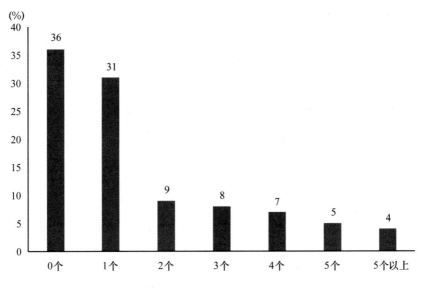

图2-5　农民集中居住区公共空间情况

年对社区干部的薪酬进行了一定的调整，除了一类村书记的待遇提高至 5000 元以外，二三类书记的待遇仍然维持在 3000 元左右，影响了致富带头人担任村两委干部的积极性。"能力低"主要是由于大部分农集小区的干部都是以前的村干部，村落的生产性事务与公共事务的管理范围与密度比集中居住区简单些，再加上对这类基层干部的知识提升、能力培育等方面的力度较小、频率低，从而导致农集小区干部的专业化程度不高，管理能力较弱。由此可见，社区干部队伍素质的高低和能力的大小在很大程度上影响了农村社区治理能力的现代化，受访村民也急切希望改变这种现状，提升村庄治理水平。

第四节　农村社区治理能力现代化的公共选择逻辑[①]

一　公共选择逻辑的分析背景

在我国的国家政权建设进程中，农村社会治理大多采取简约治理模

---

①　本节内容节选自衡霞《农村社区治理能力现代化的公共选择逻辑——基于15个省份150份政策文本的分析》，《探索》2021年第4期。

式。随着法治社会的推进，农村开始按照村民委员会组织法等法律法规自我管理、自我教育、自我服务，依法推行农村社区自治，"总体性"的农村社会治理逐渐走向开放、流动、多元。但由于我国农村建制乡镇和行政村数量多、人口少，基本公共服务供给难、社会管理成本大、资源配置效率低，导致部分农村社区行政色彩相对强化、治理功能相对不足，社会问题的处理方式多靠"一言堂"，并辅之以家族、传统礼治力量进行协调。尽管伴随扩权强县改革的推进，村镇行政区划进行了相应调整来打破行政壁垒，推动了生产要素合理流动，使财政支持重点更加集中、资金利用更加高效、资源配置更加合理，但是农村社区形态的变化弱化了以血缘和地缘为纽带连接起来的社会关系网络，村民对社区的认同和集体行动力减弱，村社公共性弱化，农村社区在"嵌入"或"融入"现代治理元素中仍然依赖于村两委实施简约治理，极大影响了国家治理现代化进程。对此，中共中央、国务院于 2017 年 6 月出台《中共中央、国务院关于加强和完善城乡社区治理的意见》，首次以官方文件的形式明确了城乡社区治理现代化的阶段性目标和现代治理能力的六大类型，以法治化、科学化、精细化和组织化作为衡量现代化的基本依据，力图推动农村社区治理的现代化。

　　学界对于社区治理现代化的研究成果丰富，但多围绕城市社区展开，关于农村社区或农村基层治理能力现代化研究的相关文献不多。张艳国、尤琳认为，尽管我国乡镇政府能力与农村社区自治能力不均衡，但两者的合作能力在显著增强，要推动农村基层治理能力现代化需要多途径着手改进多元主体的治理能力。[①] 李玲玲、李长健通过对农村社区治理的显著特征和社区发展权理论的解析，认为农村社区治理能力现代化是使农村社区治理体系制度化、规范化、程序化、法治化，使农村社区治理者运用法治思维和制度治理乡村，从而将具有特色的乡村制度优势转化为各种效能。[②] 田毅鹏围绕《中共中央、国务院关于加强和完善城乡社区治

<hr />

① 张艳国、尤琳：《农村基层治理能力现代化的构成要件及其实现路径》，《当代世界社会主义问题》2014 年第 6 期。

② 李玲玲、李长健：《农村社区治理能力现代化进路之思》，《华中农业大学学报》2016 年第 2 期。

理的意见》，从文件出台背景及中心任务、难点与关键点、注意的问题等三个层面诠释了农村社区治理能力提升的基本内涵。[①] 李强也对政策文件进行了解读，分析了城乡社区治理能力现代化的内涵，却没有结合农村社区治理面临的现实问题进行综合解读。[②] 李琳、郭占锋通过实地调查，认为精准扶贫政策实施过程中提升社区治理能力不仅有利于贫困社区整体转型，更影响着精准扶贫的实施及其效果。[③] 这些研究宏观概括了农村社区治理能力现代化的内涵、目标、要素、价值、路径等，但缺乏对农村社区治理能力现代化困境及其影响因素等的具体分析。因此，对农村社区治理能力现代化的理论内涵、公共性与自主性困境、经济与意识形态等影响因素的系统阐释十分必要。

公共选择理论认为，公共选择的实质就是一种把个人选择转化为集体选择的民主决策过程，通过非市场决策的方式对资源进行配置，进而决定公共物品的需求、供给和产量。地方政府根据国家顶层设计，在政府工作报告和政策文件中把国家意志和农村居民对治理能力提升的个人选择转化为集体选择，进而回应"以人民为中心"的价值取向，并对农村社区治理能力现代化提出规划和要求。本书拟从政策工具视角出发，运用公共选择理论，梳理国家治理现代化概念提出以来，省级政府的治理偏好对提升农村社区治理能力现代化水平的影响，试图从中发现政府的公共选择逻辑，并助益农村社区治理现代化的理论研究和现实实践。

公共选择理论认为，地方政府的抉择在一定程度上影响社会福祉。事实上，地方政府对于农村社区治理能力现代化的决策偏好与支持性举措也会影响相关部门的现代化理念、政策工具与行动方案。为了客观呈现出不同地方政府的公共选择逻辑，本书选择具有较高社会认同度的省级政府工作报告和相关文件作为分析样本，从现代化的动态性、变迁性特征入手，通过时间、区域和内容等维度构建起地方政府公共选择的分析框架，进而回答地方政府在推进农村社区治理能力现代化方面的公共

---

① 田毅鹏：《农村社区治理能力现代化的新取向》，《政治学研究》2018 年第 2 期。

② 李强：《提升城乡社区治理现代化水平》，《唯实》2017 年第 9 期。

③ 李琳、郭占锋：《精准扶贫中农村社区治理能力提升研究》，《西北农林科技大学学报》2018 年第 3 期。

选择逻辑问题。

二　样本选择与分析框架构建

（一）样本选择

本书采用文本分析方法，以 2013 年至 2020 年我国 15 个省份的 120 份政府工作报告以及各省出台的与农村社区治理能力现代化相关的 30 份政策文件①为研究对象，从内容、时间和空间维度分析农村社区治理能力现代化进程中地方政府政策工具选择的类型划分、阶段特征及空间差异，从而归纳出我国农村社区治理能力现代化的公共选择逻辑与实践取向，以及在此过程中可能出现的问题与困境。本书所用的政策文本均来自各级地方政府网站公开的政府工作报告汇编和相关政策文件，按照东、中、西三大类区域②对省级行政单位进行随机抽样，未考虑各地区省级行政单位数量的差异，直接从三大区域各抽取 5 个，共 15 个省级行政单位，并将所有政策文本按照类别和区域差异进行编号，形成研究农村社区治理能力现代化公共选择的政策文本库（见表 2-1）。

表 2-1　　　　　农村社区治理能力现代化的政策文本类型

政策文本类型	东部地区		中部和东北地区		西部地区		合计
	北京、浙江、山东、广东、河北		湖北、江西、安徽、河南、吉林		四川、云南、贵州、陕西、宁夏		
	编号	数量	编号	数量	编号	数量	
政府工作报告	东 A	40	中 A	40	西 A	40	120
乡村振兴意见	东 B	5	中 B	5	西 B	5	15
城乡社区治理意见	东 C	5	中 C	5	西 C	5	15
合计	50		50		50		150

①　包括乡村振兴相关文件（××省委××人民政府关于实施/推进乡村振兴战略的意见）与城乡社区治理的相关文件（××省委××人民政府关于加强和完善城乡社区治理的实施意见）。

②　国家统计局将我国的经济区域划分为东部、中部、西部和东北四大地区，考虑到东北地区 GDP 水平接近中部地区水平，本书将中部和东北地区合并，与东部、西部并列，以便于抽样。

（二）分析框架

自国家治理能力现代化概念提出以来，"国家—社会"的二元分析框架成为提升治理能力现代化研究的重要理论基础，但是该分析框架并不适用于农村社区治理能力现代化的研究。因为农村社区在其建设进程中，国家权力的渗透和介入以时间轴为坐标呈现出断层式分布特点，自治与管治交替，国家权力在农村社区中经常处于越位或缺位状态；而且农村受传统文化束缚，自主性欠缺，加之当今农村治理人才不断流失，农村社区治理能力更容易遭受公共性与自主性、传统性与现代性的双重困境。因此，立足于农村社区治理能力现代化的公共选择目标，构建一种适用于农村社区的全新分析框架尤为必要。

制度体系是国家治理体系的核心内容。农村社区治理能力现代化与其他现代化进程一样，必然伴随制度选择的创新，而要从制度选择创新入手构建治理能力现代化的分析框架，必须抓住"理念"和"行动"两大关键因素，并将二者统合于"制度结构"，形成内容、时间、空间三维背景下的"理念—结构—行动"的分析思路。① 该分析思路不仅凸显出治理能力现代化的内在逻辑，还深刻反映着地方政府政策工具选择的三元理性：价值理性、工具理性和制度理性。价值理性出于人文伦理和价值关怀的目的，在理念上框定着政府公共选择的目标和理想；工具理性基于效率和程序最优的考量，在行动上筛选出最具竞争力的行为模式；制度理性调试工具理性与价值理性，明确政府提升农村社区治理能力现代化的范围和底线。三元理性通过强制、协同、引导和自治四大工具实现有机统一，共同构建起治理能力现代化的大厦。政策工具的确定和落实是政府公共选择结果的直接载体，是治理活动的技术支撑，也是目标与执行的有机统一，本书将从内容、时间、空间三维来解析省级政府在农村社区治理能力现代化上的公共选择问题（见图2-6）。

从内容维度来看，农村社区治理能力包含社区服务供给、居民参与、矛盾预防化解、依法办事、文化引领、信息化应用能力等六大类型，这

---

① 包心鉴：《中国治理现代化中的制度之"重"和制度之"治"》，《济南大学学报》（社会科学版）2020年第2期。

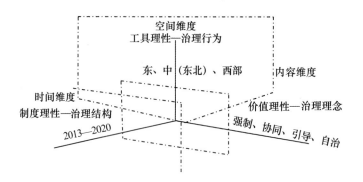

图2-6 农村社区治理能力现代化的公共选择分析框架

些能力现代化的衡量指标则包含法治化、精细化、组织化、规范化等。从价值理性来看，农村社区治理能力现代化的核心是弥补多元主体社区治理中缺失的公共性，融合传统性与现代性，发挥自主性治理的最大优势；从工具理性来看，农村社区治理能力现代化的公共选择路径基本以"加大投入"和"加强普法宣传"等字样出现的强制工具、"鼓励支持"和"不断拓宽"等字样出现的引导工具、"鼓励符合条件的"和"有效对接"等字样出现的协同工具、"完善村民自治制度"和"健全村规民约"等字样出现的自治工具等四种类型的文字展现在政策文本中。因此，本书以四种工具类型作为内容维度的标尺，在编码时结合六种能力类型与四种现代化指标对政策文本进行内容分析。

从时间维度来看，农村社区治理能力的现代化进程较为漫长，形成了带有浓厚传统文化底色的治理方式。"治理能力现代化"在2013年11月党的十八届三中全会提出，其后逐渐出现了基层治理能力现代化和农村社区治理能力现代化的概念。因此，本书选取2013年至今有关农村社区治理能力现代化的政策文件，包括《中共中央、国务院关于实施乡村振兴战略的意见》《中共中央、国务院关于加强和完善城乡社区治理的意见》《省级政府年度工作报告》等，从时间维度来综合审视地方政府的公共选择逻辑及其变化规律，以探究制度的理性变迁是如何影响治理能力结构的。

从空间维度来看，地方分权与竞争为改革开放40多年中国经济高速增长奠定了关键性的制度基础，同时也为创新基层社会治理、推进治理能力现代化提供了动力保障。2017 年 6 月 12 日中共中央、国务院出台《关于加强和完善城乡社区治理的意见》，之后，黑龙江、云南、河北、四川等 26 个省份相继出台配套性文件作了具体安排部署。不可避免地，地方分权与竞争也带来了基层社会治理的差异化决策。那么，这种差异化决策呈现了哪些特点？在促进农村社区治理能力现代化方面发挥着怎样的作用？尤其是政策工具的选择对治理行动的结果有哪些影响？是空间维度层面需要回答的问题。

综上所述，通过对选定的政策文本进行编码，对 Nvivo11 软件的运行结果从时间、空间、内容维度分析农村社区治理能力现代化的公共选择在理念、结构与行动方面的共性与差异。

（三）文本编码

由于选取的各类政策文本有 150 份，数量较多，因此本书选用 Nvivo11 软件从树节点到子节点的方式进行文本编码。首先结合我国地方政府政策制定的实际情况，将政策工具划分为强制工具、引导工具、协同工具、自治工具 4 大类；再对部分政策文件进行了预编码，并结合已有的相关文献确立上述 4 类政策工具下属的子节点；再采取逐句编码的方式将已有政策文本中与农村社区治理能力现代化相关内容编入相应的子节点，成为其中的参考点。某些可以编入多个子节点的文本内容，则对照原文仔细分析上下文语境及其真正含义，编入相应子节点。最终，本书形成了"树节点—子节点—参考点"的文本编码结构。

为保证编码结果的可信度与有效性，本书经过两名研究者随机选取东、中、西、东北等 4 大区域中未进入本书的政策文本进行编码，再将两人的编码结合，通过 Nvivo11 软件的"编码比较查询"进行一致性检验。两位研究者的编码一致性百分比和编码覆盖率的 kappa 系数均保持在被认为具有高度一致性的 0.6 至 0.8 之间（本书的系数在 0.6 至 1 之间），一致性的百分比在 82.13% 以上。因此，本书的编码有效且可信度较高。

三　样本数据整理分析

通过对各节点和参考点的统计可以发现（见表 2 - 2），子节点数与参考点数成正比，参考点越多，比率也越大，与之对应的公共选择偏好就越强。首先，从整体来看，政府对协同工具和自治工具的使用频率从 11.76%、4.18% 分别增加到 17.32% 和 9.36%，分别增长了 5 个百分点以上，体现了政府对多元主体参与农村社区治理及加强农村社区居民自治能力的重视。其次，从各类工具的内部使用频率来看，使用频率最高的公共服务与基础设施、财税支持和产业扶持均有较大降幅，表明地方政府在治理理念和手段上的转变，已逐渐减轻对工具属性色彩比较浓厚的物质工具的依赖；法治建设、行政制度改革、考核与激励等工具提及的频率均有所上升，表明地方政府在推进农村社区治理能力现代化的过程中愈加重视制度理性的作用，逐步走向法治化、制度化，这与国家当前所倡导的"提升社区治理的法治化、科学化水平"相吻合。此外，党政合作、综合联动治理、政社合作、社区协商、志愿帮扶、村规民约等工具的运用频率均有不同程度的提升，体现了地方政府价值理念的转变，即愈加重视人民需求，引领农村社区的良法善治。

表 2 - 2 各节点与参考点数量及百分比统计

树节点	子节点	参考点数量	百分比（%）	关键治理能力
强制工具（46.60%）（精细化）	财税支持	366	9.12	社区服务供给能力
	产权与土地制度	246	6.13	
	法治建设	163	4.06	
	公共服务与基础设施	662	16.50	
	信息化	137	3.42	
	行政制度改革	133	3.32	
	考核与激励	162	4.04	
引导工具（31.14%）（组织化）	科技手段	173	4.31	社区信息化应用能力
	人才培养与就业保障	224	5.58	社区六大能力
	产业扶持	351	8.75	社区服务供给能力
	资本引导	151	3.76	
	示范作用	182	4.54	社区文化引领能力
	文化传承	168	4.19	

续表

树节点	子节点	参考点数量	百分比（%）	关键治理能力
协同工具（15.03%）（规范化）	党政合作	138	3.44	社区六大能力
	综合联动治理	200	4.99	社区矛盾防范化解能力
	公私合作	123	3.07	社区居民参与能力
	政社合作	142	3.54	
自治工具（7.23%）（法治化）	社区协商	127	3.17	
	志愿帮扶	105	2.62	
	村规民约	58	1.45	社区矛盾防范化解能力

（一）农村社区治理能力现代化公共选择的内容维度分析

党委领导和政府负责的理念深入贯彻到政府工作报告和相关政策文件中，从而使得强制性的政策工具成为农村社区治理能力现代化的核心公共选择，社区服务供给能力是政策文本反映的关键指标，体现的是精细化的现代目标，其占比达到46.60%；科技与经济手段是政府组织化培育农村社区治理能力现代化的关键环节，成为地方政府实施公共选择的第二大工具，占比为31.14%；多元主体合作互动是提升农村社区六大能力的核心路径，规范化与法治化是能力现代化的核心目标，既然是路径和目标，地方政府的公共选择还可以非此即彼，因而政策文本统计结果也表明协同工具和自治所占比重较低，尤其是自治工具还未达到10.00%，与地方政府社会治理工具占比相比，协同工具在农村社区治理能力现代化的公共选择中略高，而自治工具略低。从政策文本的统计数量来看，对应各大工具的治理能力，公共服务与经济发展方面的工具在历年的政府工作报告中均有涉及；社会矛盾预防化解能力呈现逐年递增趋势，但提及的次数平均每年为6次；农村文化引领能力比较重视，提及的次数维持在每年11—15次；居民参与能力和信息化应用能力的表述虽略显不足，分别为每年3次左右，但呈逐年强化趋势。从子节点统计结果来看，农村社区治理能力现代化提升的公共选择明显区别于城市和社会治理的公共选择。其一，公共服务与基础设施的节点数占比最高，为16.50%，这与地方政府社会治理工具中"制度建设与变革"排第一

（18.16%）的现状明显不同。其二，财税支持、产业扶持、产权与土地制度改革等经济性举措占比在6.00%至10.00%之间，这与农村人口和产业空心化的现状密不可分，也是地方政府着力改善经济环境以提升农村社区治理能力现代化的一个重要方向。其三，志愿帮扶（2.62%）与村规民约（1.45%）占比最低，这表明农村人才流失严重，社区治理中志愿力量非常薄弱，因此志愿者能力培育在政策文本中提及较少；村规民约作为农村社区治理的合理存在却不一定合法，在法治化背景下，传统性治理手段逐渐被科技支撑的现代化手段所融合，因而也成为政策文本中较少提及的一种政策工具。

（二）农村社区治理能力现代化公共选择的时间维度分析

2017年6月中共中央、国务院出台《关于加强和完善城乡社区治理的意见》，党的十九大报告又进一步提出乡村振兴战略。2018年开始，各级地方政府陆续出台配套性政策文件，政府工作报告中涉及农村社区治理能力现代化的内容也明显增多。因此，在编码过程中依中央文件出台时间将时间维度分成两个阶段进行统计分析。在四种类型工具中，强制性工具和引导性工具的使用频率呈下降趋势，协同工具和自治工具呈上升趋势，尤其是自治工具的使用频率翻倍，这与地方政府社会治理工具选择呈减弱走向明显不同，表明"民主协商"的治理原则已成为基层社会治理的核心标准之一，这也是党的十九届四中全会关于社会治理的表述增加的新内容。从子节点统计结果来看，排在前三位的是公共服务、财税支持、产权与土地制度，但所占比重由19.59%、11.64%、11.04%分别下降为14.35%、7.37%、7.15%；上升幅度较大的前三位分别是信息化、党政合作、社区协商，分别上升了2个百分点以上，该上升趋势与时代背景紧密吻合，即基层社会治理强调党建的引领作用，强调民主协商与科技支撑；村规民约所占比重在三个维度的统计结果中均为最低，但从时间维度来看，从2018年之前的0.67%上升到目前的1.99%，表明传统治理手段并没有因为信息化等现代性治理手段而被忽视，地方政府反而更加注重开发传统治理中的精华，使其能在农村社区治理中发挥单纯依靠刚性法规治理所不能达到的高效治理效能优势。

（三）农村社区治理能力现代化公共选择的空间维度分析

从总体来看，三大地区的公共选择趋势基本一致，强制性工具使用频率最高，东、中、西部地区所占比例分别为 44.21%、47.27%、48.22%，在四大工具中几乎占了接近一半的比重；自治工具所占比重最低，三大区域所占比例基本在 10% 以下，这表明在一定程度上，地理区位因素对农村社区治理能力现代化的公共选择结构影响较小。随着党政力量在农村社区的不断下沉，这一趋势将在现代化进程中保持一定的稳定性，一方面将帮助各区域地方政府在农村社区治理能力现代化提升路径方面保持基本一致的步调，另一方面也可避免因公共选择的较大差异而加大区域治理能力的差距。

从子节点统计结果来看，中部与东北地区（1392）的参考点数最高，东部最低（1296）；三大区域地方政府公共选择结果中排在前三位的子节点均是公共服务、财税支持和产业扶持，这表明各地均强调通过经济政策激励来提升治理能力的现代化水平。东部和西部地区的诸多公共选择基本一致，而中部与东北部地区呈现一定的差异性，比如法治建设、信息化建设、文化传承、政社合作等方面，在政策文本中提及的内容几乎只有东西部地区的一半，这在一定程度上显示中部与东北部地区的农村社区治理能力现代化建设进程较为缓慢。

从政策工具所反映的农村社区治理能力来看，东部地区由于良好的经济基础，农村社区矛盾预防化解能力的现代化进程明显优于中西部地区。虽然乡风文明是全国农村社区建设的共同重点，但东部地区的农村社区文化引领能力也强于中西部地区。从统计结果来看，东部地区的政策文本中关于"加强"基本公共服务供给的表述最多，但关于"丰富"的表述最少，这表明东部地区的多元主体参与公共服务供给的能力还有待提升。西部地区由于西部大开发、精准扶贫、乡村振兴等国家政策倾斜的因素，农村社区信息化应用能力的重视程度高于中东部地区，但倾向于硬件建设。中部与西部地区的地方政府公共选择有诸多相似之处，比如重视依法办事能力的提升却未能健全依法办事的规章制度，重视文化产业的发展却忽略传统文化的学习与发扬等。

四　农村社区治理能力现代化公共选择评估结论

由于农村集体经济基础薄弱、农业结构不合理、干部素质参差不齐，农村社区公共服务与基础设施建设长期成为短板和制约治理能力现代化的关键领域。因此，近十年的相关政策文本中均把公共服务与基础设施建设作为重点，把财税支持和产业扶持作为改善经济基础的制度工具。法治能力和信息化应用能力建设则是近年来地方政府公共选择中提及较少的地方，但仍然是各级地方政府从价值理性、工具理性和制度性出发对农村社区治理能力现代化的理性追求。治理能力现代化的法治化、组织化、规范化与精细化追求已映射到农村社区治理的能力结构与治理结构的持续性改变上，以工具理性为基础的治理能力现代化行动，正在促进农村社区治理能力的现代化。

（一）地方政府的公共选择表达了以价值理性为追求标尺的治理能力现代化理念

价值理性关注的是手段与行为本身的价值。农村社区治理能力现代化的公共选择体现着治理主体的价值理性倾向，通过凝结在治理理念中的价值智慧与价值理性良知，指导治理能力现代化的制度与行动选择。地方政府在选择不同的政策工具时，价值理念的不同，呈现出的治理能力及其现代化目标的侧重点也会有所差异（见表2-3）。在传统治理路径中，行政力量主导了农村社区治理路径，合法性权威覆盖了以传统文化为主体的农村社区治理价值，导致农村社区治理能力现代化进程缓慢。随着国家治理现代化理念的提出，在以人民为中心的价值理念指导下，农村社区治理强调党政主导下法治、德治、自治相结合，通过公共精神的恢复和自主治理理念的回归，促进传统性与现代性的融合，有利于农村社区治理能力的现代化水平的提升。

表2-3 不同类型政策工具中的价值理性与治理理念

工具类型	价值理性	治理理念	治理能力	现代化目标
强制类	权威、规范、保障	效率与公平	服务供给为主	精细化
引导类	边界、支持与帮助	职能角色转变	综合能力为主	组织化
协同类	责任、多元、合作	多元参与治理	参与能力为主	规范化
自治类	自愿、平等、规则	民主协商、三治融合	参与能力为主	法治化

（二）地方政府的公共选择彰显了以制度理性为导向的治理能力现代化结构

作为在整合价值理性与工具理性的过程中逐渐形成的一种全新的理性模式，制度理性强调理念和行动的有机整合，倡导通过规则来确立规范的社会秩序，主张制度或治理结构设计之标的重在使所面对的矛盾和冲突处于合理的秩序中，并通过不断地自我肯定与自我否定改进和完善自身。农村社区治理能力的现代化结构体现为各级政府公共选择中，以制度理性形式强化的专业认知能力、行动能力和协作能力。

首先，农村社区治理主体要具备清晰的专业认知能力，包括学历知识、专业技能、协调能力和创造能力以及对治理要求的清晰理解能力。其次，要具备高效的行动能力，包括决策能力、执行能力、互动与合作能力，迅速准确地落实各项治理工作。再次，要具备较强的协作能力，包括协调多元主体参与社区共建共治，协调多源流资金的治理用途。150份政策文本的统计结果显示，公共服务能力在提升，但法治化和信息化应用能力还待进一步加强，只有改善能力结构，实现能力结构的现代化，才能从根本上建立现代化治理理念，进而影响治理行动。

农村社区治理能力的现代化除了依赖于能力结构的现代化以外，还要同步推进治理结构的优化。在地方政府政策工具的选择实践中，无论是东、中、西部还是东北地区，强制工具与引导工具的使用都是工作的主要抓手，经济政策工具成为撬动农村社区治理能力提升的关键载体。伴随村镇行政区划调整改革的推进，农村集体经济得以发展壮大，精英人才回流，新乡贤等多元主体广泛参与农村社区治理，协同工具和自治工具正在成长为农村社区治理能力现代化的全新突破口，民主协商和科技支撑的两大原则正在逐步重塑农村社区治理体系，并充当工具理性与价值理性的连接器和润滑剂，让理念和行动得以在结构的统合下达成平衡。虽然地方政府的农村社区治理能力现代化公共选择存在结构性偏差，但总体发展趋势倾向于实现治理的现代性和社会善治的目标。在这个过程中，地方政府需要通过制度供给、政策执行等方式将国家治理目标有效嵌入农村社区治理中，并有效回应农村社会对治理的需求，从而实现国家治理目标与农村社区自主性之间的平衡，为实现乡村善治创造有利条件。①

（三）地方政府的公共选择体现了以工具理性为基础的治理能力现代化行动

徐琴等人认为，从工具理性的逻辑向度来看，政策工具未考虑政策目标的意义和价值，只关注手段的有效性，忽略了目的的合理性。② 公共政策中的工具理性以有效性为核心，遵循可预测、可计算的理性决策模式，将各类公共政策的制定和执行当作某种技术化操作看待，使其具备科学性、技术性特征。工具理性的存在使得政府公共政策致力于通过具有科学性、技术性与针对性的手段来解决当前最为突出的公共问题，在这种方式中，工具理性承接了价值理性所表达的价值追求，保障了各种治理制度的执行与政策目标的深化落实。

当前我国农村人口外流严重，农村社区发展严重受制于资金、技术、人才等因素，治理能力提升的社会基础被不断削弱。为了推动社会治理的重心落到城乡社区和促进乡村振兴，地方党委和政府选派了一批干部下沉到农村社区，但这些流动的治理者在村社工作的时间是有限的，仍然需要依靠农村社区自身的治理能力提升。③ 因此，农村社区治理能力现代化首先必须解决的就是发展问题，这在政策文本中得以凸显。无论是从内容维度、时间维度还是空间维度，排列前五的基本都是公共服务与基础设施、财税支持、产业扶持、产权与土地制度、人才培养与就业保障等，体现了地方政府公共选择中鲜明的工具理性色彩。

党的十九大以来，国家加强了法治化、科学化、精细化等现代化原则在社会治理中的应用力度，法治建设、信息化应用、综合联动治理、社区协商等工具的使用频率明显增加，这些政策手段的运用体现的仍然是地方政府为提升农村社区治理能力现代化而采用的工具理性。政府将现代化的信息技术日益用于农村社区治理，有利于政策执行，但也可能

---

① 李雪松：《论地方政府治理现代化建设的政策工具选择》，《四川行政学院学报》2017 年第 4 期。

② 徐琴、叶娟丽：《嵌入式治理：国家政权建设与村落自主性关系模式的再审视》，《湖北民族大学学报》（哲学社会科学版）2020 年第 6 期。

③ 蒋英州：《社会治理重心下沉、乡村振兴与乡镇党政干部的流动》，《江西师范大学学报》（哲学社会科学版）2020 年第 5 期。

无法增加乡村治理实际效益，反而带来以选择性治理、形式化治理和空转性治理等问题。[①] 因而，工具理性并非政策工具的全部，作为一种承载着人类价值创造和美好向往的政策手段，政策工具本身应有其追求的理想与目标，即针对性与实用性。缺少对政策价值目标和人文关怀的重视，不仅容易使政策工具的选择日趋扭曲异化，也会增强政策工具内部价值理性与工具理性的张力，导致二者失衡，进而有损于政策工具本身的稳定性与效用的发挥。因此，在农村社区治理能力现代化的进程中，地方政府对政策工具的选择既要正视工具理性对于处理农村当前突出矛盾的实用性，也要重视价值理性对于治理结构与治理行动的引领作用，同时不断优化治理结构与制度设计，调和工具理性与价值理性的内在张力。

---

① 杜姣：《重塑治理责任：理解乡村技术治理的一个新视角——基于 12345 政府服务热线乡村实践的考察与反思》，《探索》2021 年第 1 期。

第三章

农村社区治理能力现代化的
内在动力:双重困境

根据相关政策文件要求,2025—2030 年,城乡社区治理能力要更为全面,因此农村社区治理能力现代化在一定程度上决定了基层治理和国家治理现代化的推进速度。但是农村问题的复杂性、交织性使得各地推进现代化的情况千差万别。为了客观评估全国农村社区治理能力现代化的程度,发现总体能力和六大能力的现代化水平与差距,以及各省域之间的差距,有助于各级地方政府有针对性地制定农村社区治理能力的提升计划,为国家治理现代化和农村社会治理现代化奠定坚实基础。本书运用扎根理论构建起农村社区六大治理能力现代化的指标体系,再运用AHP‐模糊综合评价法对农村社区治理能力现代化现状进行测评;同时从现状的评估中识别出农村社区治理能力现代化可能存在的双重困境,然后根据调研和文献资料对其形成机理进行深度剖析,为破解对策的提出提供参考。

第一节　农村社区治理能力现代化评估指标体系构建

本书在对农村社区治理能力现代化评估指标的筛选阶段将以扎根理论为基础,借助 Nvivo11.0 质性分析工具对所搜集到的资料进行编码分析,在此基础上对农村社区治理能力现代化的概念、范畴进行相关评估指标的识别整合与聚类归纳;同时结合现场实地调研以及对于高校专家和政府一线工作人员的咨询,对农村社区治理的居民参与、服务供给、文化引领、依法办事等能力二三级指标进行验证、评估与修改。课题组成员通过将囊括有关问卷以及背景资料的邮件发送给聚焦于社区治理研究的专家，并将专家们反馈回的意见进行对比并汇总，再将汇总的专家意见和指标体系继续向参与咨询过程的专家继续征求意见，如此程序重复几轮，直至被咨询的专家们不再提出修改意见为止。最后，课题组再根据专家们汇总的意见以及实地调研的资料完善农村社区治理能力现代化的评估指标体系，以便于课题组进一步探寻农村社区治理能力要实现现代化的基础条件、可能的约束条件和应有的保障机制。

一　农村社区治理能力现代化的指标筛选

为确保本书指标筛选的科学性、全面性，在综合考量了方法的适用性、操作性以及科学性等方面后，本书选择运用扎根理论方法开展农村社区治理能力现代化指标的筛选。与此同时，通过收集处理相关科学文献、政策文件以及访谈记录形成坚实的数据资料基础，从而保证扎根理论方法的运用有效。

（一）研究工具选择

现有关于治理能力现代化指标筛选的方法大多是以问卷调查法或是以学术界主流的维度划分为主加之调整而形成。在定量研究方法的实际运用过程中，常常出现研究者缺乏一定的田野调查、归纳分析等过程，而是以先入为主的主观认识展开研究，将导致研究设计难以全面客观、数据分析结果有待考量，甚至研究结论存在问题等。在批判与反思定量研究的基础上，随着质性研究工具与方法的提升，西方学者在社会科学研究中逐渐倾向于选择质性研究方法。质性研究方法与定量研究方法的不同之处在于，其以解释社会现象的本质和变化发展的规律为目标，在现代化背景下突出强调专业的质性分析工具对抽象出的具体理论进行解释，从而使得研究结果、研究结论更加贴近研究者眼中的"真实世界"。

在诸多较为科学的质性研究方法中，课题组选择以扎根理论为核心研究方法，通过对已有文献、政策文件、访谈文稿进行农村社区治理能力现代化指标的筛选，根据筛选后的指标再进一步归纳分析出农村社区治理能力现代化的维度。扎根理论主要通过从数据中进行归纳分析，并关注概念或理论的形成，① 是一种自下而上建立理论的方法。扎根理论方法相较于其他质性研究方法的优势在于其重视数据的收集、规范数据的整理与分析、强调"建构理论"，从而填补了理论研究与经验研究之间的鸿沟，实现了从单纯描述向理论建构的转变。从操作上来看，扎根理论主要基于广泛系统的数据资料，通过一级编码开放式登录、二级编码关联式登录和三级编码核心式登录进行逐级编码，② 不断比较分析资料和数据，进而帮助研究者聚焦于资料和数据所映射、体现出的某类社会现象或问题的核心概念，从而进行理论命题的概括和社会理论的建构，最后进行饱和度检验，避免出现操作误差或是经验偏重的问题。

在治理能力现代化的已有研究中，学者们通过扎根理论方法，纷纷展开了对基层干部治理能力结构维度及其影响因素③、突发事件协同治理能力的影响因素④等治理能力多方面的研究。但本书的研究对象为农村社区治理能力现代化，其处于社会治理层面，更聚焦于农村社区这一场域空间，是一个相对复杂、资料要求较高的治理能力现代化的评价研究。其筛选评价指标的难点在于两方面：一是在农村社区的定义中，从广义上而言农村社区既包括原有的"一村一社区"的行政村，同样包括新型农村社区。在此背景下，农村社区治理能力的内涵与外延更为丰富，进而在对农村社区治理能力维度的划分上，若按照传统方法进行分类则会造成某些关键点的遗漏，最后导致分析过程的部分要素缺失，甚至对研究结论的科学性存疑。二是许多关于农村社区治理能力现代化的指标、维度确定的方法大多容易受研究者自身意志的影响，导致指标筛选的不全面与不科学。但扎根理论方法能够通过对大量文献资料、政策文件等的逐级编码和验证检验有效解决上述问题，从而保障农村社区治理能力现代化指标筛选的全面性、科学性，因此有必要运用扎根理论方法开展

---

① ［美］凯西·卡麦兹：《建构扎根理论：质性研究实践指南》，边国英译，重庆大学出版社2009年版。

② 陈向明：《扎根理论的思路和方法》，《教育研究与实验》1999年第4期。

③ 王赛男：《基于治理现代化的基层干部治理能力评价与发展研究》，博士学位论文，山东大学，2020年。

④ 李胜、高静：《突发事件协同治理能力的影响因素及政策意蕴——基于扎根理论的多案例研究》，《上海行政学院学报》2020年第6期。

本书研究。

（二）资料来源与收集

扎根理论研究的质量与可信度源于资料数据。为保障数据采集的丰富性、真实性和可靠性，本书收集资料数据的路径主要包括以下几方面：一是相关的科学研究文献。科学文献是指自然科学或社会科学研究者公开出版的具有理论性质的学术性出版物，通常包括期刊论文、会议论文、学术著作等，这就保证了本书研究数据的可靠性。本书以"维普中文期刊服务平台""中国知网（CNKI）"和"万方数据库"等为检索数据库，以"农村社区""乡村""农村"等分别与"治理能力现代化"为并列关键词进行检索，共检索出 262 篇文献。课题组根据内容相关性选取了 230 篇文献，其中以随机抽样的方式把 200 篇文献作为质性分析文本，剩余 30 篇用于理论饱和度检验。二是相关的政策文件。通过在国务院官方网站上检索国家层面关于农村社区治理能力现代化相关的政策文件，例如《中共中央、国务院关于加强和完善城乡社区治理的意见》《乡村振兴战略规划（2018—2022 年）》《中共中央、国务院关于深入推进农村社区建设试点工作的指导意见》《数字乡村发展战略纲要》等。三是相关的访谈记录。由于农村社区的利益相关主体为社区居民，本书采用半结构化访谈的方法，分别在重庆、成都、杭州等多个地方开展实地访谈调查。针对每个访谈对象的访谈时间持续在一小时左右，通过全程录音并转文字的形式，共形成社区居民 21 份访谈记录，能够为本书提供较为实际、全面的研究数据。

二　农村社区治理能力现代化维度的确定

结合数据资料的应用实际，本书研究选择运用 Nvivo11.0 软件来确定农村社区治理能力现代化的维度。具体而言，通过开放性编码、主轴性编码与选择性编码的三级编码明确农村社区治理能力现代化的关系范畴与核心范畴。在概念整合的基础上进一步核校编码并进行饱和度检验，从而得出农村社区治理能力现代化的概念与范畴。

（一）分析工具

质性数据分析工具是用来处理质性研究中海量非结构化研究资料的重要依托，其功能主要有编码、检索、创建索引、建立关系规则、构建模式或理论、绘制网络构图、初步统计分析等，可以更加高效精准地检索、分析与编码数据，有效减轻质性研究者资料查阅、整理和手工编码的负担，[①] 用时也有助于在质性研究中构建理论命题和提出待检验假设。[②] 目前国际上研发比较成熟的质性数据分析工具有 Nvivo、Atlas. ti、QDA Miner、Qualrus、RQDA 等。[③] 本书选取的质性分析工具是由澳大利亚 QSR 公司开发的质性分析软件 Nvivo11.0，该软件对于非结构化数据有着强大的数据编码和理论模型建构的功能，因此可以协助本书对选取的上百篇的文献以及政策文本和访谈资料进行编码、分析、检验和建模，从而更加清晰地探索各种非结构化数据的语言构成以及内在的逻辑关系，同时也可以基于软件的内嵌功能检验理论假设的信度与效度。

　　援引 Woods 等学者对质性数据分析工具应用过程的划分[④]，并结合对所搜集资料的应用实际，本书研究结合 Nvivo11.0 分析软件，拟从以下逻辑路线进行资料的分析。首先，导入资料并进行编码。提炼导入到 Nvivo11.0 中的资料的核心概念，进行开放式、主轴式与选择式编码，并对概念进行重新整合。其次，核校编码与检验。对所有的概念编码的节点内容及其信度、效度和理论的充分性进行核对校准，直至建构的理论模型通过饱和度检验，从而为农村社区治理能力现代化的现状了解及其影响因素探究奠定基础。再次，分析编码内容。对编码所包含的节点内容进行描述与可视化分析，包括节点频次、比例、覆盖率以及聚类图谱等内容。最后，基于分析内容进行指标筛选。农村社区治理能力现代化的指标筛选是通过三个层次的逐级比较，运用扎根理论以及 Nvivo11.0 软件分析得出，其中指标与指标、层级与层级之间具有较强的逻辑关系。

---

①　黄晓斌、梁辰：《质性分析工具在情报学中的应用》，《图书情报知识》2014 年第 5 期。

②　Hesse – Biber S. , Dupuis P. , "Kinder T. S. Hyper Research：A Computer Program for the Analysis of Qualitative Data with an Emphasis on Hypothesis Testing and Multimedia Analysis", *Qualitative Sociology*, Vol. 14, No. 4, 1991.

③　潘虹、唐莉：《质性数据分析工具在中国社会科学研究的应用——以 Nvivo 为例》，《数据分析与知识发现》2020 年第 1 期。

④　Woods M. , Paulus T. , Atkins D. P. , et al, "Advancing Qualitative Research Using Qualitative Data Analysis Software (QDAS) Reviewing Potential Versus Practice in Published Studies Using AT-LAS. ti and Nvivo 1994 – 2013", *Social Science Computer Review*, 2016, Vol. 34 (5), pp. 597 – 617.

（二）三级编码

在运用 Nvivo11.0 软件的过程中，三级编码的准确与全面尤为重要。本书研究首先通过开放性编码初步归纳整理得出 61 个基础概念，其次通过主轴性编码在充分挖掘基础概念之间的深层关系以及内在关联的基础上得出 15 个关系范畴，最后通过选择性编码对关系范畴进行深层论述，从而形成了 6 个核心范畴。

开放性编码。在开放性编码的阶段，需要对资料进行分析与研判，基于现有理论以及经验对前期搜集到的各类资料进行分类范畴以及分析单元的界定，过程中以人工编码的方式来分配资料，所有参与编码的研究者被要求以客观的姿态对资料进行正确的理解，从而将各类资料中的内容加以量化分析，得到有社会科学意义的研究结果。由于农村社区治理能力现代化的内涵与外延具有广泛性的特点，课题组利用 Nvivo11.0 软件，导入 200 篇文献进行逐字逐句阅读、编译，并在此基础上根据资料原文进行开放式编码，再将其归纳整理进一步概念化，最终得到 597 个节点数。初步处理得到包括社区居委会能有效组织居民参与社区治理、社区居民服务获取的便捷程度、供给服务的多样化和个性化、社区党建文化引领、村规民约的作用、社区精英和社区组织的作用发挥、社区工作人员和居民对法律的了解、社区治理执法权责匹配等 61 个基础概念。

主轴性编码。在开放性编码阶段，众多基础概念之间的深层关系以及内在关联尚未进行充分的挖掘，还无法用于探寻农村社区治理能力现代化的现状及其影响因素，还需要进一步通过非结构化材料分析的典范模型，用"因果条件→现象→脉络→中介条件→行动/互动策略→结果"的典型模型逻辑线路将各个概念范畴进行联结与重组聚类。在开展研究的实际过程当中，从开放性编码到主轴性编码的过程需要进行多轮概念界定、理论整合、范畴聚类，在此基础之上形成更为清晰的逻辑层次。经过主轴性的二次编码之后，得到了包括组织化参与、群众化参与、靶向提供、多元提供、持续保障、价值引领、文化建设、法治认同、法律认知、法律应用、源头预防、过程化解、基础建设、资源整合、智慧应用等 15 个范畴。

选择性编码。选择性编码是基于主轴性编码所形成的主要概念范畴进一步对其的深层论述，从而明确自由编码与研究主题之间的相关关系是否显著。在此基础上，建立统领性的核心范畴并通过验证形成扎根理论模型。在经过主轴性编码得到的 15 个主范畴之后，课题组将搜集到的相关资料进一步分析，总结提炼出 6 个能够评估分析农村社区治理能力现代化现状的核心范畴。在本书研究中，采用了《中共中央、国务院关于加强和完善城乡社区治理的意见》中关于农村社区治理能力的六大分类标准进行研究，并将 15 个范畴分别归类到六大能力中（见表 3－1）。

表 3－1 选择式编码分析结果

核心范畴	关系范畴
居民参与能力	组织化参与、群众化参与
服务供给能力	多元供给、精准供给、可持续供给
文化引领能力	文化价值、文化设施建设、村规民约认同
依法办事能力	理解法律、运用法律
矛盾预防化解能力	源头预防、过程化解
信息化应用能力	基础建设、资源整合、智慧应用

资料来源：经 Nvivo11.0 软件编码所得。

（三）饱和度检验

在构建起农村社区治理能力现代化的相关理论模型之后，根据"理论饱和原则"，课题组把事先留下的 30 篇文献重新编码，对上述编码结果进行——检查，没有发现新概念和新范畴，因此，上述分析结果通过饱和度检验。

三 农村社区治理能力现代化指标的检验与归类

运用扎根理论的方法，课题组将已形成的概念与范畴整合归类制作成表格，以问卷的形式向高校专家以及政府一线工作人员进行发放，征求其对课题组构建的农村社区治理能力现代化指标改进意见，共回收有效专家问卷 19 份、实务工作者（政府官员）问卷 22 份。

问卷统计结果显示，专家们对于"靶向提供"的概念理解存在疑问，认为此表述不太符合提供公共服务时的实际情况，鉴于此，课题组在保证该概念范畴不失真变形的基础上，在之后的权重问卷以及面向公众的问卷当中改为更加贴合实际的表述"精准提供"，增加了对其的解释内容，使填答人对其更易理解；专家在对"居民参与能力"指标进行评估时，认为"社区决策权和实施权的有效性""政府、社区、居民主体间沟通的畅通性""居民诉求回应的及时性""社区决策的民主性"这些概念不太符合社区居民通过组织化的方式进行社区事务的参与，课题组在讨论之后删除了原来的表述，重新进行了归纳与整合；同时，专家们对于"信息化应用能力"指标中的"服务供给的精细化""治理过程的便捷性""依托信息平台识别社区需求的精准度""治理效能的提升程度"这些指标能够评估出信息平台的智慧应用也存有争议，认为应该将评估指标聚焦于信息平台自身的使用之上，因此课题组对上述指标进行了删除，并且修改为"社区依托信息平台精准识别社区需求""社区依托信息平台高效提供社区服务""社区依托信息平台有效降低治理成本"；专家们在对"依法办事能力"指标进行思考时，建议将"法律服务"单独列出作为概念化的二级指标，从而突出在农村社区中法律知识宣传培训、法律顾问、维权途径等法律服务的重要性。

此外，通过与政府基层工作人员的访谈，结合他们的日常工作来看，建议在"依法办事能力"指标之下的"法治认同"指标的构建中加入"社区工作人员公正廉洁的作风""社区工作人员以居民需求为导向的意识"作为评估的要素；同时结合政府基层工作人员的实际工作，重新纳入指标体系的还有"矛盾预防化解能力"指标之下的考核"过程化解"情况的概念化的三级指标"社区年信访量"。

最后，课题组结合现场调研的访谈资料以及相关政策文本，对指标体系进行了修改、整合与归类，如表 3－2 所示：

表 3－2　　　　　　　　农村社区治理能力现代化构成体系

概念	主范畴	维度
社区居委会、社会组织、自组织	组织化参与	居民参与能力
居民认知度、居民自主性、公共事务意识	群众化参与	
居民需求解决、居民需求满足、供给手段	精准提供	服务供给能力
供给主体多元、供给服务多样化及个性化	多元提供	
供给资金稳定、服务供给均等、服务供给信息开放	持续保障	

续表

概念	主范畴	维度
社区党建文化、地方特色文化、村规民约、社区公共精神	价值引领	文化引领能力
文化活动开展、社区精英及社区组织作用发挥	文化建设	
公正廉洁作风、依法处理社区事务意识、守法用法意识	法治认同	依法办事能力
社区干部与群众运用法律、执法程序与权责、执法监督	法律应用	
法律知识宣传培训、法律顾问、维权途径	法律服务	
矛盾纠纷排查、纠纷化解预案与平台	源头预防	矛盾预防化解能力
处突响应、民间调解、行政调解、司法调解	过程化解	
信息平台搭建及信息处理人员配备	基础建设	信息化应用能力
智慧治理平台、信息共享	资源整合	
精准识别需求、高效提供服务、降低治理成本	智慧应用	

资料来源：经课题组整理所得。

建立农村社区治理能力现代化的概念与范畴体系，不仅有利于分析农村社区治理中六大能力的现有呈现状态及其表现形式，同时还为后续对农村社区治理能力的现代化程度评估奠定了指标体系的基础。

第二节 问卷设计及其信效度检测

一 问卷设计

为了充分了解农村社区治理能力现代化的水平与实际情况，课题组设计了面向农村社区居民的调查问卷，问卷内容主要包括"受访者基本情况""农村社区治理能力现代化的现状评估"以及"农村社区治理能力现代化的建议"三个部分，具体内容如下：

第一部分的关键在于受访者个体的统计学特征调查。包括受教育水平、居住地、职业等基本情况。由于不同地区的农村社区治理能力现代化的水平不尽相同，问卷询问了受访者所居住的地址，以便于课题组后期根据不同地区的现状对其现代化水平进行比较研究。

第二部分的重点在受访者对本书核心概念的理解。课题组在指标体系构建的基础上，通过设置具体问题的方式展开对农村社区治理六大能力现代化的探寻。例如，通过询问受访者"对公共事务足够了解""公共事务通过村民大会等形式决策""通过村委会参与公共事务"以及"社会组织是公共事务治理的重要主体"等问题，评价农村社区居民参与能力，其他五大能力也设置了类似的具体问题进行考量。本部分共设计 55 个问题项，为了量化居民对于农村社区治理能力现状的评估，采用了李克特量表形式对各部分各项指标进行测评，并对每一陈述设有满意与否的五种回答，分别对其赋分为 1—5 分。

第三部分询问受访者对于农村社区治理能力现代化的建议。本部分以开放式问答的方式征求居民的意见，在一定程度上可以避免对于受访者产生引导，同时也能挖掘受访者对于农村社区治理能力更加真实、深刻的见地。

二　问卷样本回收情况

本次展开问卷调查的时间为 2020 年 7 月至 2021 年 3 月，从问卷发放到回收历时 9 个月。总计发放问卷 4000 份，共回收 3909 份，剔除无效问卷 749 份，经过筛选和编号之后剩余有效问卷 3160 份，有效回收率为 80.8%。其中有效问卷分布在重庆、江苏、四川、河南、甘肃、黑龙江、广东等 29 个省市，样本量在要求的范围内。

在回收的调查样本中，基础信息如表 3-3 所示。

表 3-3　　　　　　　　　基础信息统计

属性	类别	频率	百分比（%）
性别	男性	1487	47.1
	女性	1673	52.9
年龄	20 岁以下	333	10.5
	20—30 岁	847	26.8
	31—40 岁	751	23.8
	41—50 岁	734	23.2
	50 岁以上	495	15.7
民族	汉族	2924	92.5
	少数民族	236	7.5

续表

属性	类别	频率	百分比（%）
	村干部	573	18.1
职位	乡镇干部	401	12.7
	居民	2186	69.2

资料来源：经 SPSS24.0 计算所得。

三　问卷信效度检验

为保证问卷调查结果的准确性、统计分析结论的科学性，需要对问卷调查结果进行信度分析和效度分析。通过对问卷调查结果的内部一致性及其结构效度的检验，进而评价分析该问卷调查结果的科学性与可用性。

信度检测。信度检测是"检验测量工具的可靠性和稳定性的主要方法"[1]，现在通用的信度检测工具包括"克朗巴哈 α 模型（Cronbach's α）、折半信度系数模型、Guttman 模型、平行模型和严格平行模型等方法，而其中最常用的方法是克朗巴哈 α 模型"[2]。而克朗巴哈 α 信度系数的公式为：

$$\alpha = \frac{k}{k-1}\left(1 - \frac{\sum_{i=1}^{k} Var(i)}{Var}\right)$$

其中，k 为量表中评估项目的总数，Var（i）为第 i 个项目得分的表内方差，Var 为全部项目总和的方差。"克朗巴哈 α 信度系数是量表中项目得分间的一致性，属于内在一致性系数，该方法普遍适用于态度、意见式问卷（量表）的信度分析。"[3] 如表所示，克朗巴哈 α 信度系数总是处于一定的范围内，并且具有不同的代表性。

现有研究认为，在基础研究中克朗巴哈 α 信度系数至少应达到 0.8 才能接受，在探索研究中克朗巴哈 α 信度系数至少应达到 0.7 才能接受，而在实务研究中，克朗巴哈 α 信度系数只需达到 0.6 即可。通过

---

① 洪楠：《SPSS for Windows 统计分析教程》，电子工业出版社 2009 年版。
② 时立文：《SPSS19.0 统计分析——从入门到精通》，清华大学出版社 2012 年版。
③ 时立文：《SPSS19.0 统计分析——从入门到精通》，清华大学出版社 2012 年版。

SPSS24.0，对农村社区治理能力现代化评估问卷的指标进行信度分析，得到了如表3-4所示的信度结果。

表3-4　　　　　　　　　　　　　可靠性资料统计

Cronbach's Alpha	项目个数
0.991	55

资料来源：根据SPSS24.0计算得到。

根据表3-4可知，农村社区治理能力现代化的克朗巴哈α信度系数为0.991，通过了信度检测，即本书的问卷及数据具有较高的可靠性。

效度检测。效度是指测量工具或手段能够准确测出所需测量的事物的程度。效度分为三种类型：内容效度、准则效度和结构效度。由于农村社区治理能力现代化指标体系是通过文献梳理、专家咨询、政策学习等方式构建出来的，所以其内容效度和准则效度具有可行性。因此，本书以结构效度为主要聚焦点。结构效度分析所采用的方法是因子分析，即利用因子分析测量量表或整个问卷的结构效度。课题组首先利用此前回收到的有效问卷进行因子模型的适应性分析，然后再用因子模型进行效度检测，最后再计算相应的KMO（Kaiser-Meyer-Olkin），结果如表3-5所示。

表3-5　　　　　　　　　　　　　KMO检验统计量

取样足够度的 Kaiser-Meyer-Olkin 度量		0.991
Bartlett 的球形度检验	近似卡方	216248.744
	自由度	1495
	显著性	0.001

资料来源：根据SPSS24.0计算所得。

如表3-5所示，本书选定研究因素的KMO值达到0.991，因此本书的统计量非常适合进行因子分析；同时，也反映本问卷所收集的数据具有较高的效度。进而再次用SPSS24.0进行因子分析，得到如表3-6所示的结果。

表 3 - 6　　　　　农村社区治理能力现代化量表因子分析结果

成分	初始特征值			提取平方和载入			旋转平方和载入		
	合计	方差的百分比	累积百分比	合计	方差的百分比	累积百分比	合计	方差的百分比	累积百分比
1	36.754	66.825	66.825	36.754	66.825	66.825	10.318	18.759	18.759
2	1.717	3.122	69.948	1.717	3.122	69.948	8.335	15.154	33.914
3	1.261	2.292	72.240	1.261	2.292	72.240	7.622	13.858	47.772
4	0.999	1.816	74.055	0.999	1.816	74.055	6.939	12.616	60.388
5	0.954	1.735	75.790	0.954	1.735	75.790	5.047	9.176	69.565
6	0.797	1.450	77.240	0.797	1.450	77.240	4.221	7.675	77.240

提取方法：主成分分析

资料来源：根据 SPSS24.0 计算得到。

通过因子分析，采用主成分分析法，提取出 6 个公因子，与本书的问卷设计相符，且这 6 个主成分累积解释百分比达到了 77.24%，这也说明该问卷作为测量工具能够有效测算受访者的主观想法，具有较高的效度。

第三节　农村社区治理能力现代化评估方法选择及计算

本书在对农村社区治理能力现代化的现状测评中，主要运用层次分析法和模糊综合评价法。首先通过层次分析法计算出各指标和层次的权重，然后通过模糊综合评价计算出各指标和层次的得分，为我们后续的具体分析提供基础和依据。

一　研究方法选择

（一）层次分析法介绍

层次分析法是一种综合了定量研究法和定性研究法的层次权重决策分析方法，该方法最早由美国运筹学家 Thomas L. Saaty 在 20 世纪 70 年代初提出。AHP 的本质是将复杂的问题划分为简单的指标，再计算出指标的权重并将权重按照等级分配，最终在分析问题时得到一个量化的数据。相较于其他评估方法而言，层次分析法具有诸多优点，比如便捷性、实用性等，主要是从评价者对评价问题的本质和要素出发来模拟人们决策过程，利用大脑来判断各个要素的相对重要性，再简单地对权重进行计算即可。

（二）具体步骤

层次分析法的具体步骤如图 3 – 1 所示共有四个步骤。

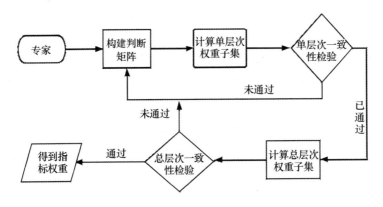

图 3 – 1　层次分析法的具体流程图

资料来源：根据层次分析法流程绘制。

建立阶梯层次结构模型。针对评价与决策的问题构建如下结构（见图 3 – 2）。其中目标层是层次结构中的最高层次，也是研究所要追求的目标或要解决的问题；中间一级为准则层，包括了为实现研究而产生的中介，也是判断具体措施的准则；最底的一级是指标层，包括为了实现研究对象而需要具体操作的指标或是作为决策考虑的每个备选方案，其中，各个准则层隶属下的指标可以为多个。

两两比较形成判断矩阵。在构建阶梯层次结构的基础上，以每个非方案层元素为准则，让计算者把与该层次相关的下级概念用来进行两两比较，并用 9 级比率标度给比较后的结果进行赋值，从而构建出判断矩阵。例如：设准则层 B 所隶属的措施层 C 的具体措施为 C_1，C_2，C_3…C_{n-1}，C_n。针对准则层 B，需要不断比较隶属于准则层 B 的各项具体措施

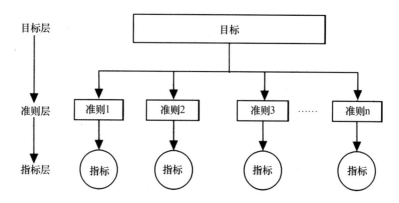

图 3 - 2 阶梯层次结构模型

资料来源：根据梯阶层次结构绘制。

相对于 B 的重要性，并且按表 1 比率标度赋予数值。其中，以 C_i 表示措施，$C_i \in C$，（i = 1，2，3…n - 1，n），C_{ij} 表示 C_i 与 C_j 相对于 B 的重要性。

若以 M 表示判断矩阵，则具体判断矩阵为：

$$M = (Cij)_{n \times n}$$

$$= \begin{bmatrix} C11 & C12 & \cdots & C1(n-1) & C1n \\ C21 & C22 & \cdots & C2(n-2) & C2n \\ \cdots & \cdots & \cdots & \cdots & \cdots \\ C(n-1)1 & C(n-1)2 & \cdots & C(n-1)(n-1) & C(n-1)n \\ Cn1 & Cn2 & \cdots & Cn(n-1) & Cnn \end{bmatrix}$$

（其中 $C_{ij} > 0$；$C_{ij} = 1/C_{ji}$）

单排序权重计算与矩阵一致性判断。权重计算是对上下两层各因素关系赋值结果的计算，通过引入一致指标 C. I 和随机性指标 R. I 来判断矩阵的一致性，二者之比即为随机一致性比率 C. R（Consistency Ratio）。

在计算 C. R 的过程中，第一步需要根据权重向量求得最大特征值 λmax，$\lambda max = \dfrac{1}{n} \sum\limits_{i=1}^{n} \dfrac{(AW)i}{Wi}$，其中 $(AW)_i$ 表示 AW 的第 i 个分量。

第二步需要计算出一致性指标 C. I（Consistency Index），C. I 的计算公式如下：

$$C.I = \frac{\lambda max - n}{n - 1}$$

其中 n 表示梯阶数。

第三步可根据之前的计算结果计算出 C.R，$C.R = \frac{C.I}{R.I}$。若 C.R 小于等于 0.1 则认为矩阵一致性较好，不需要调整该判断结果。

总排序计算和鉴定一致性。总排序的计算是判断特定层级各要素与总目标之间的相对重要性问题，只有当每个层级的排序结果得到一致性检验，才能进行下一步评价工作。总排序的权重计算公式如下：

$$c_i = \sum_{i=1}^{n} c_i b_i，其中 i = 1，2，3，\cdots，n，n - 1$$

其中 $CI_{j(k)}$ 表示 K 层中的某个指标相较于上一层中的第 j 个指标的一致性，$RI_{j(k)}$，为平均随机一致性指标，K 层的一致性比率为：

$$CR^{(k)} = \frac{\sum_{j=1}^{n_k} w_j^{(k-1)} CI_j^{(k)}}{\sum_{j=1}^{n_k} w_j^{(k-1)} RI_j^{(k)}}$$

同样当 $C.R^{(k)}$ 小于等于 0.1 时，计算出来的层次总排序结果通过一致性检验。

（三）计算权重

收集数据。层次分析法计算权重的一个重要步骤就是通过德尔菲法收集数据。因此，本书根据前面层次分析法的运行步骤设计了《农村社区治理能力现代化评估指标权重赋值》的问卷调查表。然后又分别对与本书研究问题相关、相近领域研究的学者和相关政府官员投递了问卷。截止到 2021 年 2 月 28 日，本书通过电子邮件和线下会议发放相结合的方式，向清华大学、中国人民大学、厦门大学、四川大学、西南交通大学相关学者共发放了 30 份《农村社区治理能力现代化评估指标权重赋值问卷》，回收有效问卷共 20 份；对乡镇政府官员发放了 30 份问卷，回收有效问卷 11 份。最后，本书将收集而来的 31 份问卷录入了 SPSS24.0 进行分析，对每一个赋值进行求平均数，得到了如表 3 – 7 所示的评估体系数值（结果保留小数点后三位）。

表 3 - 7 农村社区治理能力现代化赋值

目标层	数值	准则层	数值	要素层
农村社区治理能力现代化	4.833	B1 居民参与能力	4.567	C1 组织化参与
			4.700	C2 群众化参与
	4.700	B2 服务供给能力	4.600	C3 精准提供
			4.400	C4 多元提供
			4.633	C5 持续保障
	4.367	B3 文化引领能力	4.567	C6 价值引领
			4.467	C7 文化建设
	4.567	B4 依法办事能力	4.733	C8 法治认同
			3.533	C9 法律应用
			4.567	C10 法律服务
	4.500	B5 矛盾预防化解能力	4.667	C11 源头预防
			4.567	C12 过程化解
	4.333	B6 信息化应用能力	4.567	C13 基础建设
			4.467	C14 资源整合
			4.200	C15 智慧应用

数据来源：根据问卷分析统计而得。

目标层与准则层相对权重的确定。在农村社区治理能力现代化指标体系中，首先对目标层 A 与准则层 B 进行对比，并结合专家意见，依次比较居民参与（B1）、服务供给（B2）、文化引领（B3）、依法办事（B4）、矛盾预防化解（B5）、信息化应用（B6）等六大能力，依次比较两两因素相较于上一层次目标层 A 的影响大小，判断矩阵的具体赋值分数计算方法为根据专家赋值所得出的各项指标的平均数两两比值求得。得到了如表 3 - 8 所示的两两比较的判断矩阵。

表 3 - 8 "A - B" 判断矩阵

A	B1	B2	B3	B4	B5	B6
B1	1.000	1.028	1.107	1.058	1.074	1.115
B2	0.972	1.000	1.076	1.029	1.044	1.085
B3	0.903	0.929	1.000	0.956	0.970	1.008

A	B1	B2	B3	B4	B5	B6
B4	0.945	0.972	1.046	1.000	1.015	1.054
B5	0.931	0.957	1.031	0.985	1.000	1.038
B6	0.897	0.922	0.992	0.949	0.963	1.000

资料来源：根据层次分析法设计。

得到"A－B"的判断矩阵之后，接下来就需要依据和积法求得"A－B"的权重向量。其计算过程为：

第一步，将判断矩阵每一列正规化处理。

依据向量公式 $\overline{aij} = \dfrac{aij}{\sum\limits_{k=1}^{n} akj}$ ，i，j = 1，2，3…n－1，n 对原有的判断矩阵"A－B"进行计算，如表3－9所示：

表3－9　　　　　　　正规化的"A－B"判断矩阵

A	B1	B2	B3	B4	B5	B6
B1	0.177	0.177	0.177	0.177	0.177	0.177
B2	0.172	0.172	0.172	0.172	0.172	0.172
B3	0.160	0.160	0.160	0.160	0.160	0.160
B4	0.167	0.167	0.167	0.167	0.167	0.167
B5	0.165	0.165	0.165	0.165	0.165	0.165
B6	0.159	0.159	0.159	0.159	0.159	0.159

资料来源：根据层次分析法设计。

第二步，列正规化的判断矩阵按行相加。

在得到了正规化的判断矩阵"A－B"之后，本书需要进一步计算判断矩阵每一行的值，以此作为权重向量的初值。权重向量的计算公式为：

$\overline{wi} = \sum\limits_{j=1}^{n} \overline{aij}$ ，i，j = 1，2，3…n－1，n，并可得到向量 $\overline{wi}$ = （ $\overline{w1}$ 　$\overline{w2}$ 　… 　$\overline{wn-1}$ 　$\overline{wn}$ ）。

$\overline{w1} = 1.062, \overline{w2} = 1.033, \overline{w3} = 0.960, \overline{w4} = 1.004, \overline{w5} = 0.989, \overline{w6} =$

0.952。

第三步，将向量进行正规化处理。

将 $\overline{wi} = (\overline{w1} \quad \overline{w2} \quad \cdots \quad \overline{wn-1} \quad \overline{wn})^T$ 按照如上步骤进行正规化处理，其公式为：

$$wi = \frac{\overline{wi}}{\sum_{j=1}^{n} \overline{wj}} , \text{ 其中 } i, j = 1, 2, 3 \cdots n-1, n。$$

通过计算可以得到特征向量，即目标层 A – 准则层 B 相较而成的向量：

$$\sum_{j=1}^{n} \overline{wj} = 1.062 + 1.033 + 0.960 + 1.004 + 0.989 + 0.952 = 6.000$$

$$w_1 = \frac{\overline{w1}}{\sum_{j=1}^{n} \overline{wj}} = 1.062 \div 6.000 \approx 0.177$$

$$w_2 = \frac{\overline{w2}}{\sum_{j=2}^{n} \overline{wj}} = 1.033 \div 6.000 \approx 0.172$$

$$w_3 = \frac{\overline{w3}}{\sum_{j=3}^{n} \overline{wj}} = 0.960 \div 6.000 \approx 0.160$$

$$w_4 = \frac{\overline{w4}}{\sum_{j=4}^{n} \overline{wj}} = 1.004 \div 6.000 \approx 0.167$$

$$w_5 = \frac{\overline{w5}}{\sum_{j=5}^{n} \overline{wj}} = 0.989 \div 6.000 \approx 0.165$$

$$w_6 = \frac{\overline{w6}}{\sum_{j=6}^{n} \overline{wj}} = 0.952 \div 6.000 \approx 0.159$$

则得到准则层 B 相对于目标层 A 的特征向量为 W = （0.177，0.172，0.160，0.167，0.165，0.159）。

第四步，计算判断矩阵的最大特征值 λ_{max} 及一致性检验。

由之前的分析可知，在特征向量计算完成后，需要讨论最大特征值。而判断矩阵最大特征值的公式为：

$$\lambda \max = \sum_{i=1}^{n} \frac{(Aw)i}{nwi} = \frac{\sum_{i=1}^{n} \frac{(Aw)i}{nwi}}{n} \text{ 求得，其中 } i, j = 1, 2, 3 \cdots n-1, n_\circ$$

因此，

$$Aw = \begin{bmatrix} 1.000 & 1.028 & 1.107 & 1.058 & 1.074 & 1.115 \\ 0.972 & 1.000 & 1.076 & 1.029 & 1044 & 1.085 \\ 0.903 & 0.929 & 1.000 & 0.956 & 0.970 & 1.008 \\ 0.945 & 0.972 & 1.046 & 1.000 & 1.015 & 1.054 \\ 0.931 & 0.957 & 1.031 & 0.985 & 1.000 & 1.038 \\ 0.897 & 0.922 & 0.992 & 0.949 & 0.963 & 1.000 \end{bmatrix} \times \begin{bmatrix} 0.177 \\ 0.172 \\ 0.160 \\ 0.167 \\ 0.165 \\ 0.159 \end{bmatrix}$$

$$= \begin{bmatrix} 1.062 \\ 1.033 \\ 0.960 \\ 1.004 \\ 0.989 \\ 0.952 \end{bmatrix}$$

则 $\lambda \max = \sum_{i=1}^{n} \frac{(Aw)i}{nwi} = \frac{\sum_{i=1}^{n} \frac{(Aw)i}{nwi}}{n}$

$$= \left[\frac{(Aw)1}{w1} + \frac{(Aw)2}{w2} + \frac{(Aw)3}{w3} + \frac{(Aw)4}{w4} + \frac{(Aw)5}{w5} + \frac{(Aw)6}{w6} \right] \div 6$$

$$= 36 \div 6$$

$$= 6$$

因此，得到 $\lambda \max = 6$。根据之前的分析，$C.R = \frac{C.I}{R.I}$，并且 $C.I = \frac{\lambda \max - n}{n-1}$，于是 $C.I = (6-6) \div (6-1) = 0$，根据梯阶层次 $R.I = 1.24$，则 $\lambda \max = 0 \div 1.24 = 0 < 0.1$。

因此，该矩阵满足一致性要求，B1、B2、B3、B4、B5、B6 相对于 A 的排序为：

$$W = (0.177, 0.172, 0.160, 0.167, 0.165, 0.159)^T$$

同理，按照上述计算步骤可以确定准则层与要素层、要素层与指标层的相对权重，计算结果如表 3 - 10 所示。

表 3 - 10　　农村社区治理能力现代化评估指标体系权重表

目标层	准则层	权重	要素层	权重	指标层	权重
A 农村社区治理能力现代化	B1 居民参与能力	0.177	C1 组织化参与	0.493	D1	0.207
					D2	0.188
					D3	0.209
					D4	0.209
					D5	0.187
			C2 群众化参与	0.507	D6	0.343
					D7	0.333
					D8	0.324
	B2 服务供给能力	0.172	C3 精准提供	0.337	D9	0.249
					D10	0.245
					D11	0.264
					D12	0.242
			C4 多元提供	0.323	D13	0.492
					D14	0.508
			C5 持续保障	0.340	D15	0.330
					D16	0.323
					D17	0.347
	B3 文化引领能力	0.160	C6 价值引领	0.506	D18	0.260
					D19	0.250
					D20	0.246
					D21	0.244
			C7 文化建设	0.494	D22	0.331
					D23	0.319
					D24	0.350

续表

目标层	准则层	权重	要素层	权重	指标层	权重
A 农村社区治理能力现代化	B4 依法办事能力	0.167	C8 法治认同	0.342	D25	0.205
					D26	0.206
					D27	0.200
					D28	0.199
					D29	0.190
			C9 法律应用	0.328	D30	0.198
					D31	0.195
					D32	0.199
					D33	0.207
					D34	0.201
			C10 法律服务	0.330	D35	0.329
					D36	0.332
					D37	0.339
	B5 矛盾预防化解能力	0.165	C11 源头预防	0.505	D38	0.331
					D39	0.331
					D40	0.338
			C12 过程化解	0.495	D41	0.119
					D42	0.129
					D43	0.121
					D44	0.126
					D45	0.126
					D46	0.128
					D47	0.126
					D48	0.125
	B6 信息化应用能力	0.159	C13 基础建设	0.345	D49	0.510
					D50	0.490
			C14 资源整合	0.338	D51	0.491
					D52	0.509
			C15 智慧应用	0.317	D53	0.340
					D54	0.335
					D55	0.325

资料来源：根据计算结果自制。

二　评估方法选择

（一）模糊综合评价法介绍

模糊综合评价是一种基于模糊数学的综合评标方法，该方法是根据模糊数学的隶属度理论将定性的评价矩阵转化为定量评价数值，即用模糊数学对受到多种因素制约、多种条件限制的对象或性质做出一个总体的综合评价，以将本身带有模糊性、不稳定性的特质用具体数值反映。模糊综合评价法相较于其他研究方法更适用于本书研究。首先，农村社区治理能力现代化的评价指标基本为价值判断型指标，而且涉及六大能力的多个维度，模糊综合评价法的功能就在于可以通过模糊数学来处理模糊现象。其次，模糊综合评价中的权重数值属于独立参数，本身具有可调整性。模糊综合评价法根据评价者的需求的变化，可以改变评价因素的权重数值，而产生不同的评价结果。最后，模糊综合评价法的结果为模糊子集向量，较为准确地刻画了评估对象在评价因素集中所占比重，比单一数值更能形象刻画目标本身的模糊状况。通过模糊综合评价，农村社区治理能力现代化现状并不仅仅得到了一个具体的数值，还能显示出这个数值在评价因素集各个因子所占的比例，可以根据比例数值的不同而提出不同的解决措施。

（二）评估实施

模糊综合评价法需要根据研究对象的实际需要选用合适的模糊算子进行合成。在实施评估前应确定适用于本书的模糊算子模型。模糊合成算子是存在模糊数学中的一种合成方法，也就是算法。本书认为模型（ $\bullet$ +）适用于本书，其中，$\bullet$ 表示普通乘法，+ 表示普通加法。此模型考量了所有调研因素的影响和重要性，根据权重 W 的大小均衡兼顾了矩阵 R 的所有因素，W_i 应满足 $\sum_{i=1}^{n} W_i = 1$，该算法比较适合于要求总和最大的情况。

$$Bj = \sum_{i=1}^{n} (Wi \bullet Rij)，其中 i = 1, 2 \cdots n - 1, n$$

该部分的目标在于通过具体的计算得出每项指标的现状评价，同时也需要通过求总的形式反映到目标层、准则层等层面的得分。因此，本书选用模型（ $\bullet$ +）作为模糊综合评价法的模糊算子模型，即通过 B = W $\bullet$ V 的方式将向量集 W 和评语集 V 进行计算，得到目标模糊综合评价集 B。

确定评价因素集 U。评价因素集 U 是指模糊综合评价中各个评价因素所组成的集合，即准则层因素集是依据目标层与其隶属度而决定的因素所构成的；而指标层因素集是由其准则层各个因素对应的指标层因素集合而成的。根据前文所知，本书依据质性分析的扎根理论以及 Nvivo11.0 构建了如表 3-11 所示的农村社区治理能力现代化的评估体系指标。

表 3-11　　　　　　　　农村社区治理能力现代化评估指标

目标层	准则层	要素层	指标层
A 农村社区治理能力现代化	B1 居民参与能力	C1 组织化参与	D1 社区居委会组织参与
			D2 居民自组织参与
			D3 社会组织主体
			D4 社会组织权责
			D5 社会组织参与
		C2 群众化参与	D6 居民公共事务认知度
			D7 居民参与意识
			D8 居民参与自主性
	B2 服务供给能力	C3 精准提供	D9 服务获取便捷度
			D10 供给手段信息化
			D11 实际需求解决率
			D12 需求满足程度
		C4 多元提供	D13 供给服务多样化
			D14 供给主体多元化
		C5 持续保障	D15 服务场所、信息开放性
			D16 服务供给均等性
			D17 供给资金稳定性
	B3 文化引领能力	C6 价值引领	D18 社区党建文化引领
			D19 地方特色文化传承
			D20 村规民约的作用
			D21 社区公共精神培育
		C7 文化建设	D22 文化活动开展的次数
			D23 文化活动的连续性
			D24 社区精英、社区组织作用发挥程度

目标层	准则层	要素层	指标层
A 农村社区治理能力现代化	B4 依法办事能力	C8 法治认同	D25 社区工作人员依法处理社区事务意识
			D26 社区工作人员公正廉洁的作风
			D27 社区工作人员以居民需求为导向的意识
			D28 社区工作人员和居民对法律的了解程度
			D29 社区工作人员和居民的法律意识
		C9 法律应用	D30 社区干部运用法律法规的熟练程度
			D31 群众运用法律法规的熟练程度
			D32 社区治理执法程序规范
			D33 社区治理执法权责匹配
			D34 社区治理执法监督有效
		C10 法律服务	D35 社区法律知识宣传培训活动
			D36 社区为居民提供法律顾问
			D37 社区为居民提供维权途径
	B5 矛盾预防化解能力	C11 源头预防	D38 社区矛盾纠纷排查的范围与频率
			D39 社区矛盾纠纷化解预案完备
			D40 社区矛盾纠纷化解平台完善
		C12 过程化解	D41 社区年信访量
			D42 处理突发事件的响应速度
			D43 民间调解方式化解群众矛盾
			D44 行政调解方式化解群众矛盾
			D45 司法调解方式化解群众矛盾
			D46 矛盾纠纷化解机制有效运用
			D47 社区精英和社会组织参与矛盾纠纷调解的频率
			D48 群众矛盾纠纷化解的成效
	B6 信息化应用能力	C13 基础建设	D49 社区治理的信息平台处理人员数量
			D50 社区居民的信息平台运用率
		C14 资源整合	D51 社区各方主体间的信息共享程度
			D52 智慧治理平台较为完善
		C15 智慧应用	D53 精准识别社区需求
			D54 高效提供社区服务
			D55 有效降低治理成本

资料来源：根据本书设计制定。

依据此指标体系，本书构建了评价因素集 U1、U2、U3、U4、U5、U6。其中每个评价因素集的构成要素由 C 来表示，具体指标（子集）由 D 来表示。根据该表格设计内容，得出相应的评价因素集 U1、U2、U3、U4、U5、U6，如下所示：

$$U1 = \{C1\,C2\}$$
$$U2 = \{C3\,C4\,C5\}$$
$$U3 = \{C6\,C7\}$$
$$U4 = \{C8\,C9\,C10\}$$
$$U5 = \{C11\,C12\}$$
$$U6 = \{C13\,C14\,C15\}$$

确定评语集 V。评语集是运用模糊性概念来对目标对象进行评估的集合性概念。例如就本书而言，农村社区治理能力现代化的评语集即为对六大能力的评价而组成的集合，通过评语集合 V 得到模糊评价向量。评语集一般表示为：

$$V = \{V1 \quad V2 \quad \cdots \quad Vn-1 \quad Vn\}$$

本书选择李克特量表，在调研时方便受访者填写，以备选答案为"1、2、3、4、5"，并分别以具体的词汇"非常不同意，比较不同意，不一定或一般，比较同意，非常同意"来反映对于农村居民或乡镇干部等来说各能力维度的现状情况。在评估时，为了更有效的看出各维度和指标间的差距，本书在计算时采取百分制，将"1、2、3、4、5"换算为"20、40、60、80、100"，即农村社区治理能力现代化的评语集为：

$$V = \{V1 \quad V2 \quad V3 \quad V4 \quad V5\}$$
$$= \{20 \quad 40 \quad 60 \quad 80 \quad 100\}$$

构建隶属度矩阵 R。根据之前的问卷和调研，本书共得到了 3160 份有效问卷，即共 3160 名公众根据自己的真实经历对 55 项指标进行了评估。其中，每个指标的备选答案均为"1、2、3、4、5"，并分别以具体的词汇"非常不同意、不同意、一般、比较同意、非常同意"来反映。

为了构建隶属度矩阵，设第 n 个评价指标为 Cn，评价者根据指标所示问题以及备选答案选择其重要等级，每个备选答案的频次为 Mm，其中 m = 1，2，3，4，5。因此，可以得到评价指标 Cn 某个备选答案的频次为：

$$Rn = \frac{Mm}{I}$$

其中 m = 1, 2, 3, 4, 5, I 为参与评价的总人数。

首先确定填答者对每个指标的备选答案的选择频次, 然后依据公式计算每个备选答案在所有答案所占比例。根据农村社区治理能力现代化问卷的回收数据以及 SOSS 24.0 的统计, 本书得到了如表 3 - 12 所示的各要素层下具体指标的频次及所占比例。

表 3 - 12 指标层评估频数及频率

准则层	指标层		1	2	3	4	5
C1 组织化参与	D1 群众通过村委会参与公共事务	次数	43	156	597	1394	970
		百分比	0.014	0.049	0.189	0.441	0.307
	D2 公共事务通常通过村民大会等形式决策	次数	55	180	651	1306	968
		百分比	0.017	0.057	0.206	0.413	0.306
	D3 社会组织是公共事务治理的重要主体之一	次数	24	150	590	1386	1010
		百分比	0.008	0.047	0.187	0.439	0.320
	D4 参与公共事务的社会组织有明确的权责划分	次数	23	158	707	1336	936
		百分比	0.007	0.050	0.224	0.423	0.296
	D5 社会组织能够依法参与公共事务	次数	23	92	664	1378	1003
		百分比	0.007	0.029	0.210	0.436	0.317
C2 群众化参与	D6 群众对公共事务有足够的了解	次数	56	210	1055	1021	818
		百分比	0.018	0.066	0.334	0.323	0.259
	D7 群众能够依法参与到公共事务	次数	40	165	679	1294	982
		百分比	0.013	0.052	0.215	0.409	0.311
	D8 群众会积极主动参与到公共事务中	次数	36	217	918	1160	829
		百分比	0.011	0.069	0.291	0.367	0.262
C3 精准提供	D9 群众能便捷地获取公共服务	次数	24	139	779	1251	967
		百分比	0.008	0.044	0.247	0.396	0.306
	D10 政府能够依托信息技术提供公共服务	次数	30	115	639	1336	1040
		百分比	0.009	0.036	0.202	0.423	0.329
	D11 政府提供的公共服务能够高度吻合群众需求	次数	28	163	873	1172	924
		百分比	0.009	0.052	0.276	0.371	0.292
	D12 群众对公共服务的获得感较高	次数	29	178	809	1234	910
		百分比	0.009	0.056	0.256	0.391	0.288

续表

准则层	指标层		1	2	3	4	5
C4 多元提供	D13 政府能提供多样化和个性化公共服务	次数	29	126	755	1252	998
		百分比	0.009	0.040	0.239	0.396	0.316
	D14 社会组织等主体经常参与提供公共服务	次数	38	229	782	1235	876
		百分比	0.012	0.072	0.247	0.391	0.277
C5 持续保障	D15 政府公共服务信息公开、透明	次数	37	138	644	1232	1109
		百分比	0.012	0.044	0.204	0.390	0.351
	D16 政府能提供均等化的公共服务	次数	34	167	749	1232	978
		百分比	0.011	0.053	0.237	0.39	0.309
	D17 政府提供公共服务有稳定的资金来源	次数	31	158	809	1242	920
		百分比	0.01	0.05	0.256	0.393	0.291
C6 价值引领	D18 社区重视党建文化的引领作用	次数	22	127	634	1303	1074
		百分比	0.007	0.04	0.201	0.412	0.34
	D19 社区经常会组织开展特色文化宣传活动	次数	30	212	735	1183	1000
		百分比	0.009	0.067	0.233	0.374	0.316
	D20 村规民约能促进群众和睦相处	次数	18	117	615	1352	1058
		百分比	0.006	0.037	0.195	0.428	0.335
	D21 群众有高度的认同感、责任感、荣誉感等公共精神	次数	23	133	760	1262	982
		百分比	0.007	0.042	0.241	0.399	0.311
C7 文化建设	D22 社区经常开展传统文化活动	次数	48	264	831	1100	917
		百分比	0.015	0.084	0.263	0.348	0.290
	D23 社区会定期开展大型文化主题活动	次数	65	290	921	981	903
		百分比	0.021	0.092	0.291	0.310	0.286
	D24 新乡贤和意见领袖对社区文化有较大影响	次数	40	187	729	1277	927
		百分比	0.013	0.059	0.231	0.404	0.293
C8 法治认同	D25 干部和群众均具有严格依法办事的意识	次数	32	159	720	1273	976
		百分比	0.010	0.050	0.228	0.403	0.309
	D26 干部在工作过程中总是公正廉洁	次数	56	241	757	1140	966
		百分比	0.018	0.076	0.240	0.361	0.306
	D27 干部在工作过程中总是以群众需求为导向	次数	51	183	770	1173	983
		百分比	0.016	0.058	0.244	0.371	0.311

准则层	指标层		1	2	3	4	5
C8 法治认同	D28 干部和群众均了解相关的法律法规	次数	39	235	824	1165	897
		百分比	0.012	0.074	0.261	0.369	0.284
	D29 干部和群众具备运用法律的意识	次数	31	199	802	1238	890
		百分比	0.010	0.063	0.254	0.392	0.282
C9 法律应用	D30 干部能熟练运用法律法规	次数	37	199	790	1227	907
		百分比	0.012	0.063	0.250	0.388	0.287
	D31 群众能熟练运用法律法规	次数	55	336	959	1036	774
		百分比	0.017	0.106	0.303	0.328	0.245
	D32 社区能够严格按照相关程序开展社区事务	次数	26	155	772	1257	950
		百分比	0.008	0.049	0.244	0.398	0.301
	D33 干部在依法办事的过程中，能够做到权责匹配	次数	40	157	765	1257	941
		百分比	0.013	0.050	0.242	0.398	0.298
	D34 干部在依法办事的过程中，能够受到有效监督	次数	44	169	749	1192	1006
		百分比	0.014	0.053	0.237	0.377	0.318
C10 法律服务	D35 社区法律知识宣传培训活动的开展次数较多	次数	53	240	810	1175	882
		百分比	0.017	0.076	0.256	0.372	0.279
	D36 社区为群众提供了法律咨询服务	次数	56	233	736	1195	940
		百分比	0.018	0.074	0.233	0.378	0.297
	D37 社区为群众提供了有效维权途径	次数	52	192	771	1211	934
		百分比	0.016	0.061	0.244	0.383	0.296
C11 源头预防	D38 社区会定期在一定范围内开展矛盾纠纷的排查	次数	27	190	826	1226	891
		百分比	0.009	0.060	0.261	0.388	0.282
	D39 社区建立有矛盾纠纷调处预案和程序	次数	39	191	813	1186	931
		百分比	0.012	0.060	0.257	0.375	0.295
	D40 社区能够精准识别并分类化解群众矛盾纠纷	次数	23	130	835	1268	904
		百分比	0.007	0.041	0.264	0.401	0.286

准则层	指标层		1	2	3	4	5
	D41 社区的年信访数量较少	次数	17	95	636	1393	1019
		百分比	0.005	0.030	0.201	0.441	0.322
	D42 群众的利益诉求能够得到及时回应	次数	50	223	805	1133	949
		百分比	0.016	0.071	0.255	0.359	0.300
	D43 社区可以通过民间调解的方式化解群众矛盾	次数	22	118	692	1365	963
		百分比	0.007	0.037	0.219	0.432	0.305
C12 过程化解	D44 社区可以通过行政调解的方式化解群众矛盾	次数	23	148	709	1322	958
		百分比	0.007	0.047	0.224	0.418	0.303
	D45 社区可以通过司法调解的方式化解群众矛盾	次数	35	181	768	1255	921
		百分比	0.011	0.057	0.243	0.397	0.291
	D46 群众能够合理合法表达自身利益诉求	次数	29	122	795	1313	901
		百分比	0.009	0.039	0.252	0.416	0.285
	D47 社区精英和社会组织经常参与矛盾纠纷调解	次数	33	204	773	1235	915
		百分比	0.010	0.065	0.245	0.391	0.290
	D48 群众矛盾纠纷化解的成效显著	次数	26	139	851	1215	929
		百分比	0.008	0.044	0.269	0.384	0.294
C13 基础建设	D49 有足够的信息技术人员	次数	76	348	1085	938	713
		百分比	0.024	0.110	0.343	0.297	0.226
	D50 构建了完善的信息管理系统	次数	68	299	925	1075	68
		百分比	0.022	0.095	0.293	0.340	0.251
C14 资源整合	D51 依托信息平台实现了政府、居民、社会等主体间的信息共享	次数	64	237	795	1233	831
		百分比	0.020	0.075	0.252	0.390	0.263
	D52 群众经常运用信息平台加强与社区和政府的联系	次数	61	273	816	1221	789
		百分比	0.019	0.086	0.258	0.386	0.250

准则层	指标层		1	2	3	4	5
C15 智慧应用	D53 信息技术促进了公共 服务供给的精细化	次数	25	91	612	1449	983
		百分比	0.008	0.029	0.194	0.459	0.311
	D54 信息技术提升了公共 服务供给的效率	次数	19	90	609	1451	991
		百分比	0.006	0.028	0.193	0.459	0.314
	D55 信息技术降低了公共 事务治理的成本	次数	33	125	626	1458	918
		百分比	0.010	0.040	0.198	0.461	0.291

资料来源：根据回收问卷统计结果自制。

　　基于上述各指标的隶属度以及公式 Rn，得到如下所示的农村社区治理能力现代化评估指标隶属度矩阵：

$$R_{C1-D} = \begin{bmatrix} 0.014 & 0.049 & 0.189 & 0.441 & 0.307 \\ 0.017 & 0.057 & 0.206 & 0.413 & 0.306 \\ 0.008 & 0.047 & 0.187 & 0.439 & 0.320 \\ 0.007 & 0.050 & 0.224 & 0.423 & 0.296 \\ 0.007 & 0.029 & 0.210 & 0.436 & 0.317 \end{bmatrix}$$

$$R_{C2-D} = \begin{bmatrix} 0.018 & 0.066 & 0.334 & 0.323 & 0.259 \\ 0.013 & 0.052 & 0.215 & 0.409 & 0.311 \\ 0.011 & 0.069 & 0.291 & 0.367 & 0.262 \end{bmatrix}$$

$$R_{C3-D} = \begin{bmatrix} 0.008 & 0.044 & 0.247 & 0.396 & 0.306 \\ 0.009 & 0.036 & 0.202 & 0.423 & 0.329 \\ 0.009 & 0.052 & 0.276 & 0.371 & 0.292 \\ 0.009 & 0.052 & 0.276 & 0.371 & 0.292 \end{bmatrix}$$

$$R_{C4-D} = \begin{bmatrix} 0.009 & 0.040 & 0.239 & 0.396 & 0.316 \\ 0.012 & 0.072 & 0.247 & 0.391 & 0.277 \end{bmatrix}$$

$$R_{C5-D} = \begin{bmatrix} 0.012 & 0.044 & 0.204 & 0.390 & 0.351 \\ 0.011 & 0.053 & 0.237 & 0.390 & 0.309 \\ 0.010 & 0.050 & 0.256 & 0.393 & 0.291 \end{bmatrix}$$

$$R_{C6-D} = \begin{bmatrix} 0.007 & 0.040 & 0.201 & 0.412 & 0.340 \\ 0.009 & 0.067 & 0.233 & 0.374 & 0.316 \\ 0.006 & 0.037 & 0.195 & 0.428 & 0.335 \\ 0.007 & 0.042 & 0.241 & 0.399 & 0.311 \end{bmatrix}$$

$$R_{C7-D} = \begin{bmatrix} 0.015 & 0.084 & 0.263 & 0.348 & 0.290 \\ 0.021 & 0.092 & 0.291 & 0.310 & 0.286 \\ 0.013 & 0.059 & 0.231 & 0.404 & 0.293 \end{bmatrix}$$

$$R_{C8-D} = \begin{bmatrix} 0.010 & 0.050 & 0.228 & 0.430 & 0.309 \\ 0.018 & 0.076 & 0.240 & 0.361 & 0.306 \\ 0.016 & 0.058 & 0.244 & 0.371 & 0.311 \\ 0.012 & 0.074 & 0.261 & 0.369 & 0.284 \\ 0.010 & 0.063 & 0.254 & 0.392 & 0.282 \end{bmatrix}$$

$$R_{C9-D} = \begin{bmatrix} 0.012 & 0.063 & 0.250 & 0.388 & 0.287 \\ 0.017 & 0.106 & 0.303 & 0.328 & 0.245 \\ 0.008 & 0.049 & 0.244 & 0.398 & 0.301 \\ 0.013 & 0.050 & 0.242 & 0.398 & 0.298 \\ 0.014 & 0.053 & 0.237 & 0.377 & 0.318 \end{bmatrix}$$

$$R_{C10-D} = \begin{bmatrix} 0.017 & 0.076 & 0.256 & 0372 & 0.279 \\ 0.018 & 0.074 & 0.233 & 0.378 & 0.297 \\ 0.016 & 0.061 & 0.244 & 0.383 & 0.296 \end{bmatrix}$$

$$R_{C11-D} = \begin{bmatrix} 0.009 & 0.060 & 0.216 & 0.388 & 0.282 \\ 0.012 & 0.060 & 0.257 & 0.375 & 0.295 \\ 0.007 & 0.041 & 0.264 & 0.401 & 0.286 \end{bmatrix}$$

$$R_{C12-D} = \begin{bmatrix} 0.005 & 0.030 & 0.201 & 0.441 & 0.322 \\ 0.016 & 0.071 & 0.255 & 0.359 & 0.300 \\ 0.007 & 0.037 & 0.219 & 0.432 & 0.305 \\ 0.007 & 0.047 & 0.224 & 0.418 & 0.303 \\ 0.011 & 0.057 & 0.243 & 0.397 & 0.291 \\ 0.009 & 0.039 & 0.252 & 0.416 & 0.285 \\ 0.010 & 0.065 & 0.245 & 0.391 & 0.290 \\ 0.008 & 0.044 & 0.269 & 0.384 & 0.294 \end{bmatrix}$$

$$R_{C13-D} = \begin{bmatrix} 0.024 & 0.110 & 0.343 & 0.297 & 0.226 \\ 0.022 & 0.095 & 0.293 & 0.340 & 0.251 \end{bmatrix}$$

$$R_{C14-D} = \begin{bmatrix} 0.020 & 0.075 & 0.252 & 0.390 & 0.263 \\ 0.019 & 0.086 & 0.258 & 0.386 & 0.250 \end{bmatrix}$$

$$R_{C15-D} = \begin{bmatrix} 0.006 & 0.028 & 0.193 & 0.459 & 0.314 \\ 0.010 & 0.040 & 0.198 & 0.461 & 0.291 \end{bmatrix}$$

建立权重集（W）。依据前一章层次分析法的计算结果，本书得到了农村治理能力现代化评估指标体系中各层的权重，并根据该结果建立如表 3 – 13 所示的权重集 W：

表 3 – 13　　　　　　　　　　权重集 W

层次	权重	
A – B	$W_{A-B} = (0.177, 0.172, 0.160, 0.167, 0.165, 0.159)$	
B – C	$W_{B1-C} = (0.493, 0.507)$	$W_{B4-C} = (0.342, 0.328, 0.330)$
	$W_{B2-C} = (0.337, 0.323, 0.340)$	$W_{B5-C} = (0.505, 0.495)$
	$W_{B3-C} = (0.506, 0.494)$	$W_{B6-C} = (0.345, 0.338, 0.317)$

续表

层次	权重	
C - D	$W_{C1-D} = $ （0. 207，0. 188，0. 209，0. 209，0. 187）	$W_{C2-D} = $ （0. 343，0. 333，0. 324）
	$W_{C3-D} = $ （0. 249，0. 245，0. 264，0. 242）	$W_{C4-D} = $ （0. 492，0. 508）
	$W_{C5-D} = $ （0. 330，0. 323，0. 347）	$W_{C6-D} = $ （0. 260，0. 250，0. 246，0. 244）
	$W_{C7-D} = $ （0. 331，0. 319，0. 350）	$W_{C10-D} = $ （0. 329，0. 332，0. 339）
	$W_{C8-D} = $ （0. 205，0. 206，0. 200，0. 199，0. 190）	$W_{C11-D} = $ （0. 331，0. 331，0. 338）
	$W_{C9-D} = $ （0. 198，0. 195，0. 199，0. 207，0. 201）	$W_{C13-D} = $ （0. 510，0. 490）
	$W_{C14-D} = $ （0. 491，0. 509）	$W_{C15-D} = $ （0. 340，0. 335，0. 325）
	$W_{C12-D} = $ （0. 119，0. 129，0. 121，0. 126，0. 126，0. 128，0. 126，0. 125）	

资料来源：根据计算结果自制。

模糊综合评价。对于多级模糊综合评价而言，首先需要对因素集 U 中的某个单因素 U_i（i = 1，2…n - 1，n）作单因素评价，即开展一级模糊综合评价。因此，首先在得出隶属度矩阵 R_{C-D} 和权重集的基础上，依据模糊算子模型（• +），对最底层的指标层进行模糊综合评价，U = R * W，计算一级模糊综合评价结果（见表 3 - 14）。

表 3 - 14　　　　　　　　一级模糊综合评价结果

$U_{C1-D} = $ （0. 011，0. 046，0. 203，0. 431，0. 309）	$U_{C9-D} = $ （0. 013，0. 064，0. 255 ，0. 378，0. 290）
$U_{C2-D} = $ （0. 014，0. 062，0. 281，0. 366，0. 277）	$U_{C10-D} = $ （0. 017，0. 070，0. 244，0. 378，0. 291）
$U_{C3-D} = $ （0. 009，0. 047，0. 246，0. 395，0. 303）	$U_{C11-D} = $ （0. 009，0. 054，0. 261，0. 388，0. 288）
$U_{C4-D} = $ （0. 011，0. 056，0. 243，0. 393，0. 297）	$U_{C12-D} = $ （0. 009，0. 049，0. 239，0. 404，0. 299）

续表

U_{C5-D} = (0. 011, 0. 049, 0. 233, 0. 391, 0. 316)	U_{C13-D} = (0. 023, 0. 103, 0. 318, 0. 318, 0. 238)
U_{C6-D} = (0. 007, 0. 047, 0. 217, 0. 403, 0. 326)	U_{C14-D} = (0. 020, 0. 081, 0. 255, 0. 388, 0. 256)
U_{C7-D} = (0. 016, 0. 078, 0. 261, 0. 355, 0. 290)	U_{C15-D} = (0. 008, 0. 032, 0. 195, 0. 460, 0. 305)
U_{C8-D} = (0. 013, 0. 064, 0. 245, 0. 379, 0. 299)	

根据表 3 – 14 所示的 U_{C1-D} 至 U_{C15-D}，构建 B – C 的隶属度矩阵 R_{B-C}，并按照与前文相同的方法，计算二级模糊综合评价结果如表 3 – 15 所示。

表 3 – 15　　　　　　　　二级模糊综合评价结果

U_{B1-C} = (0. 013, 0. 054, 0. 242, 0. 398, 0. 293)	U_{B4-C} = (0. 014, 0. 066, 0. 248, 0. 378, 0. 294)
U_{B2-C} = (0. 010, 0. 051, 0. 241, 0. 393, 0. 305)	U_{B5-C} = (0. 009, 0. 052, 0. 250, 0. 396, 0. 293)
U_{B3-C} = (0. 011, 0. 062, 0. 239, 0. 380, 0. 308)	U_{B6-C} = (0. 017, 0. 073, 0. 258, 0. 387, 0. 265)

同理，根据如上表所示的 U_{B1-C} 至 U_{B6-C}，构建 A – B 的隶属度矩阵 R_{A-B}，计算一级模糊综合评级结果如下所示：

$$U_{B-A} = W_{B-A} \times R_{B-A} = (0. 012, 0. 060, 0. 246, 0. 389, 0. 293)$$

基于各层级所得的 U 集，本书采取模糊向量单值化方法以求得模糊矩阵的最终结果。具体而言，根据加权平均的原则，对 U 集的各项子集与评语集 V 进行计算。即评价结果 = V * U。

因此，计算农村社区治理能力现代化的各层级分数，即找到评语集 V = （20 40 60 80 100）及对应层次的 U 集相乘。

例如目标层 U_{B-A} = （0.012，0.060，0.246，0.389，0.293），其计算结果 = 20 * 0.012 + 40 * 0.060 + 60 * 0.246 + 80 * 0.389 + 100 * 0.293 = 77.82。

按照同样的计算方法，得出每个层级相应的评价分数结果如表 3 – 16 所示。

表 3 – 16　　　　　　　　　　模糊综合评价结果

目标层	准则层	得分	要素层	得分	指标层	得分
A 农村社区治理能力现代化 77.82	B1 居民参与能力	78.08	C1 组织化参与	79.62	D1	79.56
					D2	78.62
					D3	80.38
					D4	79.02
					D5	80.48
			C2 群众化参与	76.60	D6	74.78
					D7	79.06
					D8	76.00
	B2 服务供给能力	78.64	C3 精准提供	78.72	D9	79.02
					D10	80.48
					D11	77.70
					D12	77.86
			C4 多元提供	78.18	D13	79.40
					D14	76.92
			C5 持续保障	79.04	D15	80.54
					D16	78.66
					D17	78.10
	B3 文化引领能力	78.24	C6 价值引领	79.88	D18	80.76
					D19	78.36
					D20	81.04
					D21	79.30
			C7 文化建设	76.50	D22	76.28
					D23	74.96
					D24	78.10

续表

目标层	准则层	得分	要素层	得分	指标层	得分
A 农村社区治理能力现代化 77.82	B4 依法办事能力	77.41	C8 法治认同	77.74	D25	79.02
					D26	77.28
					D27	78.06
					D28	76.78
					D29	77.52
			C9 法律应用	77.36	D30	77.50
					D31	73.50
					D32	78.70
					D33	78.42
					D34	78.58
			C10 法律服务	77.12	D35	76.40
					D36	77.24
					D37	77.64
	B5 矛盾预防化解能力	78.24	C11 源头预防	77.84	D38	77.48
					D39	77.56
					D40	78.30
			C12 过程化解	78.70	D41	80.84
					D42	77.18
					D43	79.82
					D44	79.20
					D45	77.94
					D46	78.64
					D47	77.78
					D48	78.18
	B6 信息化应用能力	76.20	C13 基础建设	72.90	D49	71.82
					D50	74.12
			C14 资源整合	75.58	D51	76.02
					D52	75.18
			C15 智慧应用	80.44	D53	80.78
					D54	80.94
					D55	79.66

资料来源：根据计算结果自制。

第四节　农村社区治理能力现代化评估结果分析

一　整体情况分析

基于前文模糊综合评价计算结果，农村社区治理能力现代化整体情况得分为 77.82 分。为了更好对农村社区治理能力现代化现状评估的结果进行描述和分析，根据评价集分值"20、40、60、80、100"，本书分别将分值对应为"低水平、较低水平、一般水平、较高水平、高水平"，作为评估分值的几个分界点。如图 3-3 所示，农村社区治理能力现代化现状的整体评估得分处在"一般水平"与"较高水平"之间，且更偏向于"较高水平"。

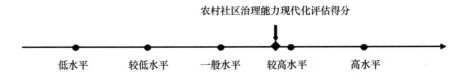

图 3-3　农村社区治理能力现代化评估得分

资料来源：根据模糊综合评价结果绘制。

该评估结果说明，目前我国农村社区治理能力现代化现状较为良好，2017 年中共中央、国务院颁布的《关于加强和完善城乡社区治理的意见》中要求增强的六大能力初显成效。且随着乡村振兴战略、社会治理和服务重心向基层下移等的提出，使农村的发展更加精细化、法治化、科学化等，均具有推动农村社区治理能力现代化的重要作用。但就现有评估得分并结合多地调研实际情况来看，我国农村社区治理能力仍然还有较大的进步空间，还需结合得分较低的指标，准确把握当前农村社区治理的现状情况，挖掘其背后的深层问题与内在机理，有针对性地创新和改善，稳步推动农村社区治理现代化，提升农村社区治理水平。

二　"目标层—准则层"评估结果分析

本书的目标层为农村社区治理能力现代化现状评估，而其准则层则分为六大能力。从前文计算的得分与专家权重得分来看，前者排序依次为服务供给能力、矛盾预防化解能力、文化引领能力、居民参与能力、依法办事能力与信息化应用能力；后者排序为居民参与能力、服务供给能力、依法办事能力、矛盾预防化解能力、文化引领能力与信息化应用能力，显然信息化应用均排在最末一位。结合两者权重与排序，结果如图 3-4 所示。

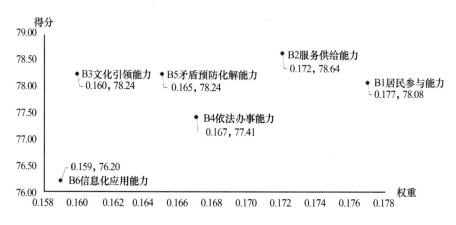

图3-4　农村社区治理能力现代化评价结果

资料来源：根据得分及权重结果绘制。

如图 3-4 可知，服务供给能力和居民参与能力被认为较为重要且现状评估得分较高。说明这两个能力相对于其他几个能力方面，既受到学术界和政界的关注，也在现状评估中得到了居民一定程度的认可。近年来，农村在教育、医疗、养老等公共服务环节较为薄弱，我国政府通过资源配置、政策扶持、制度建设等不断推进城乡基本公共服务均等化，农村的服务供给在数量和质量上都得到了显著改善，需要在良好现状的基础上，继续不断补齐农村公共服务短板，提高农村居民的获得感和幸福感。而就居民参与来看，我国非常重视居民参与，不断强调"共建共治共享""居民自治良性互动"，居民参与是现代民主的重要形式，从实际情况来看，农村社区民主化建设也在日趋成熟。

矛盾预防化解能力及依法办事能力的权重和得分均处于相对较为中间的位置，这两个能力更多的是在现代化进程中，对基层干部和治理过程法治化、规范化的要求，一方面，农村社会稳定性极为重要，乡镇干部时常需要对各种大小突发事件和危机及时响应，并具有较高的管控能力。另一方面，在农村乡镇干部依法办事、法治化的思维也能有效促进和预防矛盾、化解矛盾。

文化引领能力的得分较高，随着我国社会经济环境的发展，农村社区文化活动也不断丰富、陆续开展；党建文化引领也发挥了重要作用。但其权重相对来说较低，这可能是因为相较于其他能力层面，文化引领能力较为抽象，大多传统文化需要一定的历史底蕴或地域文化，惯常会升华到精神层面。而现在农村社区所做的文化引领大多较为"快餐式"，即不具有可持续性发展性，难以在一朝一夕快速形成或深入人心。

而信息化应用能力的权重和得分均为最低。虽然我国近年来大力推进信息化技术的发展和应用，但对于农村社区来说，需要因地制宜地考虑和建设。一是农村现阶段缺乏一定的基础体系建设，如应用人才、应用硬件等的建设；二是在智慧化应用率方面，农村人口老龄化严重，大部分老人难以适应这样的现代化改造，反而让现代化的信息化应用显得相对力不从心。

三　"准则层—指标层"评估结果分析

对各目标层进行综合情况分析后，研究发现对于每个层面的能力而言，其具体得分高低的原因还需要进一步通过指标层得分详细分析和阐释，进一步挖掘农村社区治理能力现代化现状的真实图景。

（一）居民参与能力

"居民参与能力"层得分为 78.08 分，本书主要将其分为"组织化参与"与"群众化参与"两个维度，得分分别为 79.62 分、76.60 分。并结合隶属度矩阵 R_{B1-C}，对"居民参与能力"下设的这两个维度在评语集上具有不同的响应度进行反映如图 3-5 所示。

"居民参与能力"中，"组织化参与"得分高于"群众化参与"，且差距较大。从映射情况来看，"组织化参与"主要是在"较高水平"中占比较大，为 39.8%，比群众化参与高了 0.5%。就群众化参与而言，其目前参与公共事务的自主性和积极性相较于以前有一定的改善。在现代化进程中，激活居民参与提升其成为乡村基本治理单元所应具备的基础性

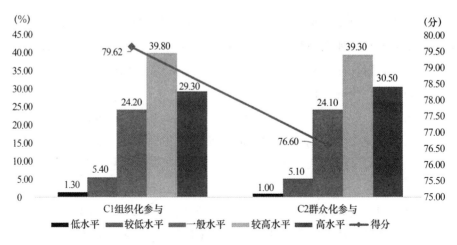

图 3 - 5 "居民参与能力"层在评语集上的得分及映射

资料来源：根据隶属度及得分结果绘制。

能力，是极为重要的环节，村民不再仅仅发挥其基层民主运作功能，而更多的通过自治组织、社会组织等组织载体参与到了公共事务的治理之中。

结合指标得分及课题组的实地访谈经验来看，一方面，这可能也是因为居民对公共事务的关心和了解不断增多，发现诸多公共事务实则与自己的切身利益密切相关，激发了其参与的动力与活力；另一方面，居民参与公共事务的效度更需要完善相关利益表达机制，让居民诉求能够及时表达或采纳，那么他们的参与积极性也会更高。因此，居民的公共事务治理意识、治理行为的组织化程度都在一定程度上反映着农村社区居民参与能力的现代化现状。在一定的群众化参与基础上，以组织形式为载体对居民进行规范化、组织化的吸纳，更有助于其积极有效参与，达成居民自治良性互动的美好愿景。

（二）服务供给能力

"服务供给能力"层得分为 78.64 分，本书主要将其分为"精准提供""多元提供"以及"持续保障"三个维度，得分分别为 78.72 分、78.18 分、79.04 分。并结合隶属度矩阵 R_{B2-C}，对"服务供给能力"下设的这三个维度在评语集上具有不同的响应度进行反映如图 3 - 6 所示。

"服务供给能力"中，"精准提供""多元提供"以及"持续保障"

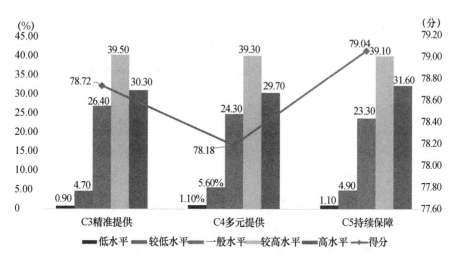

图 3 - 6　"服务供给能力"层在评语集上的得分及映射

资料来源：根据隶属度及得分结果绘制。

这三个维度差距不大，其中最高的是"持续保障"。《国家乡村振兴战略规划（2018—2022 年）》中第三十章增加农村公共服务供给内容，同时历年的政府工作报告中多次指出优质公共教育资源向农村倾斜、公共医疗卫生资源向农村扩散、社会保障向农村全覆盖等内容。2021 年中央一号文件再次提出要提升农村基本公共服务水平。反映出我国政府对农村公共服务提供的重视，政策倾斜与资金投入等都为农村服务供给提供了持续保障的动力。再者，治理能力现代化的内涵对服务供给提出了多元化、精细化、精准化等新要求，服务供给不再是政府大包大揽、广撒网，而更多的是社会组织、企业等主体参与其中，并借助信息技术等平台，精准识别居民需求，使其服务能够与居民所需高度吻合，增强居民对公共服务的获得感。

但从映射情况上来看，在"多元提供"方面，"较低水平"相对于其他两个维度的占比较高，为 5.60%。因此，在农村服务供给能力方面，我国仍然需要在保证资金、政策等持续保障的基础上，着力多元供给、探索创新有效的多元供给模式，充分发挥多元主体的作用，提高服务供给的质量与效益，并依托信息化技术为居民精准化提供服务。

（三）文化引领能力

"文化引领能力"层得分为 78.24 分，本书主要将其分为"价值引领"与"文化建设"两个维度，并结合隶属度矩阵 R_{B3-C}，对"文化引领能力"下设的这两个维度在评语集上具有不同的响应度进行反映如图 3 - 7 所示。

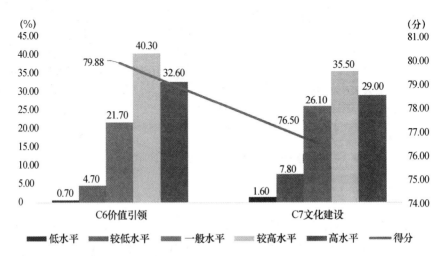

图 3 - 7 "文化引领能力"层在评语集上的得分及映射

资料来源：根据隶属度及得分结果绘制。

"文化引领能力"中，"价值引领"的分数与"文化建设"的分数有较为明显的差距，得分分别为 79.88 分、76.50 分。结合映射情况分析，其得分差距主要是由于相对来说"价值引领"维度的"较高水平"以及"高水平"占比较大，且"文化建设"维度中"较低水平"远高于"价值引领"维度中的较低水平。

2021 年中央一号文件指出加强新时代农村精神文明建设，其主要内容与本书的两个维度相呼应。在价值引领方面，目前我国各地农村均非常注重党建文化的引领作用，在农村多次深入开展"听党话、感恩党、跟党走"等宣讲活动。还需要继续加大力度"弘扬和践行社会主义核心价值观，以农民群众喜闻乐见的方式，深入开展习近平新时代中国特色社会主义思想学习教育"。

而在文化建设方面，文化的氛围营造更为重要，相对来说也非常需要有基础和载体加以推进。从实际情况来看，目前农村居民对经济发展关注更多，而对农村社区文化建设的关注度不够、认同度不高，不论对居民还是对政府来说，这种重经济轻文化的现象较为普遍。因此，正如2021 年中央一号文件中提到的，农村社区需要"拓展新时代文明实践中心建设，深化群众性精神文明创建活动"。"深入挖掘、继承创新优秀传统乡土文化，把保护传承和开发利用结合起来，赋予中华农耕文明新的时代内涵。"

（四）依法办事能力

"依法办事能力"层得分为 77.41 分，本书主要将其分为"法治认同""法律应用"以及"法律服务"三个维度，得分分别为 77.74 分、77.36 分、77.12 分。并结合隶属度矩阵 R_{B4-C}，对"依法办事能力"下设的这三个维度在评语集上具有不同的响应度进行反映如图 3-8 所示。

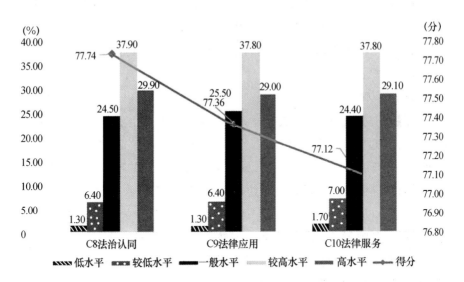

图 3-8　"依法办事能力"层在评语集上的得分及映射

资料来源：根据隶属度及得分结果绘制。

"依法办事能力"中，这几个维度的分数有微弱的差距。其中得分最高的为"法治认同"，而最低的为"法律服务"。从映射情况来看，这三个维度的各水平占比差距亦不明显，"法律服务"得分较低的原因在于其"较低水平"占比相对较大。

在我国依法治国和法治乡村建设的背景下，"法治认同"和"法律应用"都得到了较高的认可，农村社区工作人员的法治意识、廉洁作风以及工作人员和居民对法律的了解程度等均处于"一般水平"到"较高水平"之间，相较于以往农村对法治的漠视和无知情况有了较大的改善。且在法律应用方面，农村居民也逐渐学会运用法律知识和法律途径合法维护自身权益、村两委以及乡镇干部也开始依法办事、解决问题，形成了一定的法治精神。这些变化也得益于我国"七五普法"的开展，对我国法律体系、法律法规、法治文化建设等进行了充分的宣传教育。据调研，四川省某地科长在接受访谈时说道："每个村社均设有至少一个辅警、一个法律顾问，每户一个法律明白人，每村有一个法律宣传队。"但由于现实情况中，村社人数众多，在开展法律宣传讲座活动时通常是以乡镇为主，对每个村的法律宣传普及度依然有所欠缺，建设的法律服务工作站离村社较远或宣传力度不够，导致仍然有许多农民由于传统固化的观念，遇事就找政府，此时仍然需要政府或村社通过法治化解理念，规范服务内容，为村民提供有效便捷的法律服务，引导其通过法律的途径和方式解决问题。

（五）矛盾预防化解能力

"矛盾预防化解能力"层得分为 78.24 分，本书主要将其分为"源头预防"与"过程化解"两个维度，得分分别为 77.84 分、78.70 分。并结合隶属度矩阵 R_{B5-C}，对"矛盾预防化解能力"下设的这两个维度在评语集上具有不同的响应度进行反映如图 3-9 所示。

"矛盾预防化解能力"中，"源头预防"略低于"过程化解"的得分。因此，其映射的百分比程度也无较大差距。对于农村来说，矛盾预防化解是影响农村社会稳定极其重要的方面。积极充分的源头预防和及时有效的过程化解有助于创造良好的社会环境。在现代化建设中，该能力层面也应当具有法治化、规范化等要求。

《关于加强法治乡村建设的意见》中也提到，农村社会治理要做到"小事不出村、大事不出乡"。根据实际情况来看，农村社区的矛盾源头预防多是由各地的网格员在日常工作过程中进行范围内的多频次排查，且会将异样具体情况上报至相关 App，在一定程度上从源头发现并有效抑制了矛盾。而在"过程化解"层面，矛盾纠纷化解的渠道包括民间调解、行政调解、

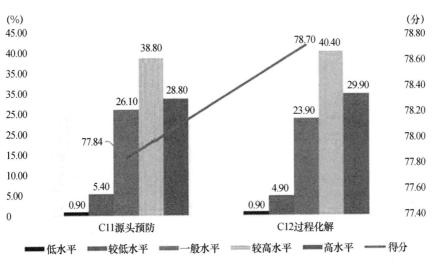

图3-9　"矛盾预防化解能力"层在评语集上的得分及映射

资料来源：根据隶属度及得分结果绘制。

司法调解等多种方式，充分整合了矛盾预防化解的资源力量，为群众有效化解矛盾。需要注意的是，在农村社区治理能力现代化的建设中，更应建立健全和创新对群众内部矛盾经常化、规范化、制度化的调处机制。

（六）信息化应用能力

"信息化应用能力"层得分为76.20分，本书主要将其分为"基础建设""资料整合""智慧应用"三个维度，并结合隶属度矩阵 R_{B6-C}，对"信息化应用能力"下设的这三个维度在评语集上具有不同的响应度进行反映如图3-10所示。

"信息化应用能力"中，"基础建设""资源整合""智慧应用"得分相差较大，分别为72.90分、75.58分、80.44分。根据映射的百分比来看，"智慧应用"得分最高的原因在于其在"较高水平"的占比高达46.00%，而"基础建设"得分较低的原因在于其在"一般水平"和"较低水平"的占比相对较大。

农村社区治理现代化需要信息化的融入和推动，以在精细化治理、群众信息反馈和分析等方面发挥了重要作用。而对于农村来说，信息化的基础设施较为薄弱，加之人才流失严重，缺乏一定的信息技术人才。因此在信息化的基础建设方面得分较低。而对于已有的信息化建设来说，

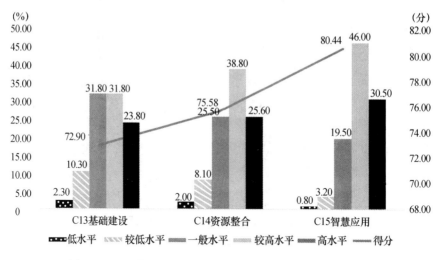

图 3-10　"信息化应用能力"层在评语集上的得分及映射

资料来源：根据隶属度及得分结果绘制。

其信息化平台的建设实现了信息共享和数据整合，通过平台上移整合资源，实现有效衔接。在智慧应用方面，本书的指标层中多是从已有的信息技术带来的结果进行现状测评，该维度的得分也反映了公众对信息化技术在社区治理应用中效果的认可，为农村社区治理提供信息化、智能化支撑。结合实际情况来看，如今多地已建立农村社区的智慧治理体系，通过新媒体将农村社区居民有效串联。通过不断创新，加快乡镇网上政务便民服务体系的建设，既提高了治理的效率，也降低了过程成本，更拓展了居民参与自治、办理事项的渠道。

四　区域及省际对比分析

在整体分析的基础上，需对各个区域和个别个体进行进一步的具体分析，以充分体现各个区域和个体在农村社区治理能力现代化水平方面的整体情况和具体差异。在区域对比的板块，主要根据常用地理位置划分，将全国分为东、中、西三个地区，并在此基础上对其进行分析；在个体对比板块，根据模糊综合评价结果，选择四川省、河南省、江苏省、浙江省、内蒙古自治区、云南省、广东省、江西省、甘肃省这九个较为典型的省份进行对比分析。

（一）东、中、西部地区农村社区治理能力现代化水平对比分析

东、中、西部地区之间的对比分析，主要是依据层次分析法，通过对"目标层—准则层"评估结果和"准则层—指标层"评估结果两个方面来具体分析这三个区域农村社区治理能力现代化水平的整体情况和具体差异。"目标层—准则层"侧重于从层次分析法中的"总目标"来判断各个区域农村社区治理能力现代化水平的整体情况；"准则层—指标层"则是在对"总目标"进行分析之后，再从"目标层"下的六个"准则层"具体对这三个区域农村社区治理能力现代化水平进行对比分析。

1．"目标层—准则层"评估结果分析

通过模糊综合评价法对东、中、西部地区农村社区治理能力现代化水平进行评估后如图 3 - 11 所示：从对目标层的评估结果来看，东部农村社区治理能力现代化水平最高，得分 74.84 分；其次是西部地区，得分 70.10 分；中部地区排在最后，其得分最低，仅有 68.56 分。从得分的差距来看，东部地区与中部地区的分差最大，相差 6.28 分；中部地区与西部地区之间的分差最小，相差 1.54 分。三个区域农村社区治理能力现代化水平的排序从高到低依次为：东部、中部、西部。这表明，从总体上讲，东部地区农村社区治理能力现代化水平相对高于中部和西部地区；其次是西部地区，中部地区农村社区治理能力现代化水平最低，中部和西部地区相较于东部地区而言还有较大提升空间。

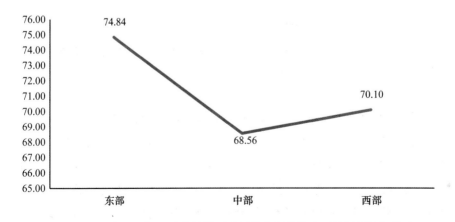

图 3 - 11　东、中、西部地区农村社区治理能力现代化水平目标层评价值对比

资料来源：根据模糊综合评价结果绘制。

从准则层来看（如图3-12），东部地区农村社区六大治理能力明显均高于中部和西部地区且这六大能力相对较为均衡，因此可以得出，东部地区农村社区治理能力现代化水平整体发展较高，无明显短板。西部地区农村社区在"居民参与能力""服务供给能力""依法办事能力""矛盾预防化解能力"这四个方面明显低于东部地区，但是均高于中部地区，"文化引领能力""信息化应用能力"均低于东部地区，与中部地区测量结果相仿，但略微高于中部地区，由此得出，西部农村社区治理能力现代化水平居于东部和中部之间。中部各项测量结果均比东部和西部低，且在"依法办事能力"上明显不足，其法治水平有待进一步提升。因此，东部地区农村社区治理能力现代化水平最高，其次是西部地区，最后是中部地区。

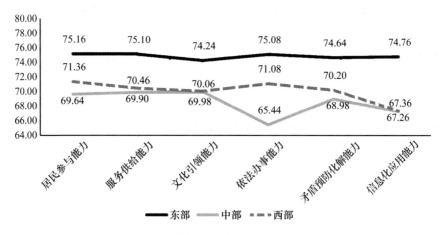

图3-12　东、中、西部地区农村社区治理能力现代化水平准则层评价值对比

资料来源：根据模糊综合评价结果绘制。

东部地区农村社区治理能力现代化水平较中西部强的原因在于其对基层治理能力的重视。在"居民参与能力"方面，东部以浙江省为例，2019年农业农村部公布了首批20个全国乡村治理典型案例，其中浙江有3个乡村入围。浙江省象山县泗洲头镇墩岙村建立了"村民说事制度"，自该制度建立以来一年就举行了6000多场"村民说事会议"，办理村民事项9700多件。西部以四川省为例，四川省农村居民自治主要集中在成都市，成都市被列为以农村社区、村民小组为单位的村民自治建设试点。

中部以河南省为例，河南省人民政府在 2009 年就出台了有关村民自治的工作方案，但仍存在自治流于形式、村规民约不健全等问题。

在公共服务方面，2020 年浙江省出台了《关于高质量推进乡村振兴确保农村同步高水平全面建成小康社会的意见》，该意见指出要逐步补齐农村基础设施和公共服务短板，加强公共服务供给能力。而河南省虽也出台了一系列相关文件，但在农村公共服务供给方面仍然存在总量不足、均等化未落实的情况。在矛盾预防化解方面，浙江省政府网站中有关"矛盾预防化解"的政策文件共 171 条，且在浙江省湖州还在不断探索社会矛盾纠纷多元预防调处化解机制，坚持"群众有事跑一次，群众有气跑一地"的理念给群众交满意的答卷。而在四川省和河南省政府网站中，并未公示任何有关矛盾预防化解的相关政策文件。在信息化应用方面，在 2016 年中国电子信息产业发展研究院发布的《中国信息化发展水平评估报告》显示，浙江省信息化发展指数为 95.89，位居上海、北京之后，已连续多年排名全国第 3 位、各省区第 1 位。

2. "准则层—指标层"评估结果分析

在目标层的分析基础上，为进一步了解东、中、西这三个区域农村社区治理能力现代化水平的具体差异，需在模糊综合评价的结果的基础上，对东、中、西部三个区域在居民参与能力、服务供给能力、文化引领能力、依法办事能力、矛盾预防化解能力、信息化应用能力这六个"准则层"上对评估结果进行对比分析。

居民参与能力。 "居民参与能力"准则层隶属"组织化参与""群众化参与"两个要素层，根据对这两个要素层的测量和比较可以得出各个区域在"居民参与能力"方面的相关结果。从图 3 – 13 的数据对比图来看，东、中、西部地区农村社区的"组织化参与"均明显高于"群众化参与"，表明东、中、西部地区农村居民参与依然以"组织化参与"为主。东部的"组织化参与"和"群众化参与"程度都较中西部地区高，中部地区的"组织化参与"和"群众化参与"都较东部和西部地区低，且其群众参与程度最低，中部地区居民的参与渠道有待拓宽。总体而言，东部居民参与能力最高，中部最低，西部居中。

通过东、中、西部地区各自的隶属度矩阵 R_{B1-C} 对比，如图 3 – 14 所示，东、中、西部地区"居民参与能力"下设的两个指标在评语集上具

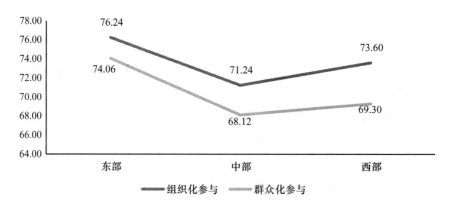

图 3 - 13 东、中、西部地区农村社区"居民参与能力"层评价值对比

资料来源：根据模糊综合评价结果绘制。

有不同的响应度。东部地区"组织化参与"在"较高水平"一项所占比例达到了 67.00%，远高于中部地区的 38.40% 和西部地区的 42.20%。同样的，东部地区"群众化参与"在"较高水平"一项所占比例达到了 61.00%，远高于中部地区的 31.60% 和西部地区的 33.00%。

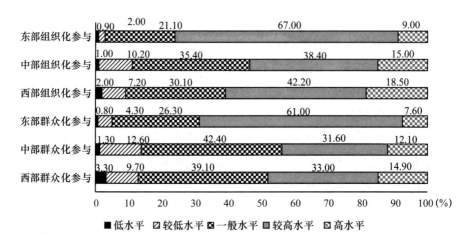

图 3 - 14 东、中、西部地区农村社区"居民参与能力"层在评语集上的映射

资料来源：根据隶属度矩阵 R_{B1-C} 绘制。

东、中、西部地区在"居民参与能力"方面呈现出明显的不同，其原因有如下几个方面：从"组织化参与"角度来看，东部以江苏省为例，截至 2020 年三季度末，江苏各级民政部门共登记社会组织 97284 家，占全国总量的 11%，位居全国第一。中部以河南省为例，在河南省出台的《洛阳市全面推进"三社联动"工作实施方案》中提出"争取到 2018 年年底，全市登记或备案的社区社会组织在 500 个以上，每个县（市）区培育 1 个以上枢纽型社会组织，每个城市社区至少有 2 个社区社会组织，农村社区逐步推进社区社会组织发展"，由此可以看出，到 2018 年底，河南省社会组织数量少，且农村社区没有社会组织。西部地区以云南省为例，到 2015 年底，云南省有 21085 个社会组织，与河南省相比其社会组织发展时间更早，数量更多，但远没有达到江苏省的水平。从群众参与治理的便捷性来看，江苏省充分利用现代互联网技术，在农村人居环境整治方面通过"随手拍"平台，畅通问题线索征集反映渠道，发动农民群众和社会各界广泛参与。贵州省"让农民参与身边的工程"也仅仅是从政府层面去引导农村居民参与基层治理，而对于其参与的便捷性则没有提及。中部和西部地区由于经济发展程度和技术普及程度等原因，造成农村地区居民参与便捷性较东部发达地区更低。

服务供给能力。对"服务供给能力"的考察主要从"精准提供""多元提供""持续保障"三个要素层进行测量。如图 3－15 所示：从东部区域来看，东部地区在这三方面的能力都较为接近，没有太大差异，其"服务供给能力"总体没有明显缺陷。中部地区两者的持续保障能力要高于"精准提供"能力和"多元提供"能力，其"多元提供"能力相对最差，服务供给主体缺乏多元性。就西部地区而言，其"持续保障"和"精准提供"能力较为接近，多元提供方面较为劣势。从总体来看，东部地区"服务供给能力"下的三个指标测量结果均高于中部和西部地区，中部地区"服务供给能力"相对最差，有待进一步提升。因此，东、中、西部地区在"服务供给能力"方面的排序由高到低依次为：东部、中部、西部。

通过东、中、西部地区各自的隶属度矩阵 R_{B2-C} 对比，如图 3－16 所示，东、中、西部地区"服务供给能力"下设的三个指标在评语集上具有不同的响应度。东部地区"精准提供""多元提供""持续保障"在"较高水平"一项所占比例分别达到了 61.50%、63.20%、60.30%。中部地区"精准提供""多元提供""持续保障"在"较高水平"一项所占

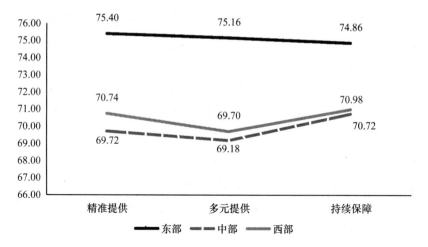

图 3-15 东、中、西部地区农村社区"服务供给能力"层评价值对比

资料来源：根据模糊综合评价结果绘制。

比例分别是 36.10%、33.40%、35.20%。西部地区"精准提供""多元提供""持续保障"在"较高水平"一项所占比例分别是 37.10%、36.90%、37.50%。从"较高水平"一项来看，东部地区明显要高于中部和西部地区。

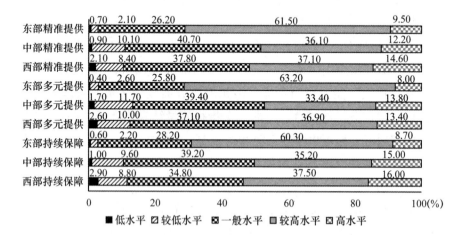

图 3-16 东、中、西部地区农村社区"服务供给能力"层评价值对比

资料来源：根据隶属度矩阵 R_{B2-C} 绘制。

东部地区在"服务供给能力"方面远高于中部和西部地区。究其原因有以下几方面：一方面，从提供主体的多元化方面来看，东部区域江苏省的社会组织数量居全国第一，在"十三五"时期，而河南省和云南省的社会组织数量却略显不足，供给主体过于单一化。另一方面，从供给手段的信息化程度来看，江苏省出台的《推动形成优势互补高质量发展的区域经济布局》中指出"进一步加强信息化建设，利用信息化手段提升基本公共服务水平，充分利用'互联网＋'、大数据以及云服务等现代信息技术，实现信息共享、互联互通和业务协同"，这些措施充分利用现代互联网技术，进一步提升了公共服务供给的便捷程度。广东省发布了《广东省"数字政府"建设总体规划（2018—2020 年）》，"数字广东"的建设，不仅创新了公共服务供给模式，还对接了民众对公共服务的需求。中部的湖南省教育厅出台的《湖南省教育信息化"十三五"规划（2016—2020 年）》中，仅仅对教育相关的公共服务供给提出了要加快现代化信息技术的应用。湖北经济和信息化厅出台的《改变传统服务模式增加有效服务供给》中也仅提出"利用'互联网＋服务'形式，为企业提供政策信息、融资对接、云课堂、在线培训等服务，助力中小微企业复工复产"，但这仅针对于企业，对于农村社区则没有提及。西部的贵阳市也提出"打造数字政府 做优公共服务营造一流环境，大力发展'互联网＋'等，促进农村社区中的本地和流动人口都享有均等化的基本公共服务，让市民群众共享大数据发展红利"。但信息化的公共服务供给仅限于城市居民。

文化引领能力。测量"文化引领能力"主要从"价值引领""文化建设"两个维度展开。如图 3－17 所示：从整体而言，各个区域的"价值引领"能力都强于"文化建设"。从具体区域来看，东部的"价值引领"强于中部和西部，中部和西部的"价值引领"能力相当，西部略高。东部的"文化建设"强于中部和西部地区，西部地区的"文化建设"较差，需进一步加强相关文化建设。在对这两个维度进行测量的基础上可以得出，东部的"文化引领能力"强于中部和西部地区，相比之下中部稍显不足。

通过东、中、西部地区各自的隶属度矩阵 R_{B3-C} 对比，如图 3－18 所示，东、中、西部地区"文化引领能力"下设的两个指标在评语集上具

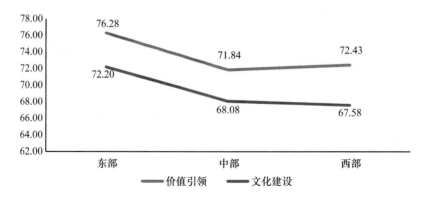

图3-17 东、中、西部地区农村社区"文化引领能力"层评价值对比

资料来源：根据模糊综合评价结果绘制。

有不同的响应度。东部地区"价值引领"在"较高水平"一项所占比例达到了62.70%，远高于中部地区的40.70%和西部地区的39.30%。同样的，东部地区"文化建设"在"较高水平"一项所占比例达到了49.50%，远高于中部地区的33.80%和西部地区的33.80%。

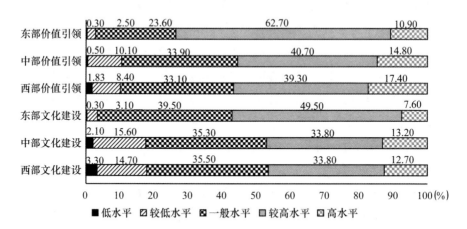

图3-18 东、中、西部地区农村社区"文化引领能力"层评价值对比

资料来源：根据隶属度矩阵 R_{B3-C} 绘制。

东部地区"文化引领能力"最强。以浙江省为例，截至2021年底，浙江省人民政府网站中关于"党建引领"词条的公开信息有6064条，相关政策文件有46项，最早提出党建引领的政策文件在2014年的《关于在全市新经济与新社会组织中开展以"担当、行动、引领"为主题的"青春党建"工作实施意见》中。而关于"文化引领"的新闻和政策文件共有 6010 条。在北京市的政府网站中，有关"党建引领"的新闻共22186 条，相关政策文件共 97 项。关于"文化引领"的新闻和政策文件分别有 26558 条、445 项。

中部和西部地区在"文化引领能力"方面较为接近。中部地区以河南省为例，截至 2021 年底，河南省人民政府网站关于"党建引领"词条的公开信息有 1230 条，相关政策文件 0 项。关于"文化引领"的要闻共12904，相关政策文件共 47 条，这些文件更加注重于弘扬传统文化。湖北省人民政府网站关于"党建引领"词条的公开信息有 1066 条，相关政策文件 17 项。西部地区的贵州省人民政府网站关于"党建引领"词条的公开信息有 1212 条，相关政策文件 12 项；关于"文化引领"的要闻共3306 条。云南省出台的《关于全面提高农村基层干部群众综合素质增强农村发展动力和发展能力的意见》中指出"实施农村精神文明创建行动，不断推进农村公民道德建设工程、乡村文化繁荣发展工程、开展'除陋习、树新风'主题实践活动"。在云南省人民政府网站上关于"党建引领"词条的公开信息有 469 条，关于"文化引领"的要闻共 290 条。

依法办事能力。"依法办事能力"准则层下有三个要素层，根据对这三个要素层的测量可以判断出各个区域依法办事能力的高低排序。如图3－19所示：从"法律服务要素"来看，西部地区的法律服务测量结果与东部地区相当，均高于中部地区，中部地区在法律服务方面有待提升。从"法律应用"要素上来看，东部的法律应用程度最高，其次是西部，最后是中部，且中部和东部的差距较大。从"法治认同"方面来看，东部地区依旧排在前列，中部地区法治认同较低。从总体来看，东部地区在这三方面得分都较高，且相差不大，发展较为均衡；中部地区的法律应用和法治认同要高于法律服务，西部地区的法律服务远高于法律应用和法治认同。根据这三个要素可以得出，东、中、西部地区在依法办事能力方面的排序由高到低为：东部、中部、西部。

结合东、中、西部地区各自的隶属度矩阵 R_{B4-C} 而言，如图 3－20 所示，东中西部地区"依法办事"下设的三个指标在评语集上具有不同的响应度。东部地区"法治认同""法律应用""法律服务"在"较高水

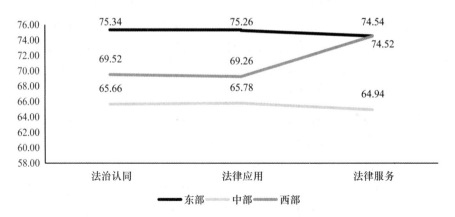

图 3 - 19 东、中、西部地区农村社区"依法办事能力"层评价值对比

资料来源：根据模糊综合评价结果绘制。

平"一项所占比例分别达到了 65.50%、64.10%、65.50%。中部地区"法治认同""法律应用""法律服务"在"较高水平"一项所占比例分别是 28.80%、29.90%、30.10%。西部地区"法治认同""法律应用""法律服务"在"较高水平"一项所占比例分别是 36.60%、36.50%、36.60%。从"较高水平"一项来看，东部地区明显要高于中部和西部地区。

总体上讲，东部的"依法办事能力"强于中部和西部地区。例如：江苏省在《关于深入推进依法行政 加快建设法治政府的意见》提出"县级以上人民政府及其部门通过设立法律顾问委员会等形式，组织法律顾问围绕重大行政决策、政府立法和规范性文件制定、疑难行政复议诉讼案件、重要协议、重大突发性事件等开展咨询论证和法律服务，促进依法办事，防范法律风险。乡镇（街道）要从实际出发聘请法律顾问"。浙江省绍兴市越城区推荐遴选 38 位律师和法律服务工作者组成"农村法律顾问团队"，以"一村一法律顾问"推进依法治村。北京市相关部门提出"要构建农村公益法律服务体系，不断满足农村日益增长的法律服务需要"。北京市延庆区推行"法律门诊——我来选"，开诊 1 年来，85 名"出诊"律师为 18 个街乡居民，提供法律意见和建议 1399 条，法律咨询796 次，接听咨询电话 10996 次，延庆全区受益市民达 4.5 万余人次。

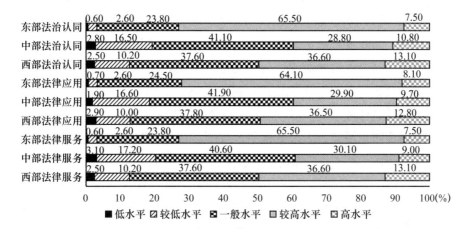

图 3 - 20　东、中、西部地区农村社区"依法办事能力"层评价值对比

资料来源：根据隶属度矩阵 R_{B4-C} 绘制。

中部地区较东部"依法办事能力"较弱，在法律服务方面略显不足。以河南省为例，河南省农村法律服务起步较晚，2021 年才出台《河南省加快推进公共法律服务体系建设实施方案》，该方案提出"统筹城市、乡村法律服务资源分布，逐步解决农村地区公共法律服务资源不足问题。推进村（居）法律顾问全面、有效覆盖，支持有条件的地方打造标准化村（居）公共法律服务工作室，加强与村（格）警务室的有效对接"。而内蒙古地区基本没有与农村法律服务相关的政策文件。该地区的牧民对法律的认识程度也不高，据调查显示"20.6% 的人认为法律对自己的生活有影响，对法律发挥的作用表现出积极的肯定；40.2% 的人认为法律对自己的权益和生活有影响，但是影响不大，39.2% 的人认为法律对自己的生活没有影响"[①]。

西部地区依法办事能力居于中部和东部之间，其法律服务与东部接近。云南省印发的《关于加快推进公共法律服务体系建设的实施意见》中指出"实现全省公共法律服务实体平台州（市）、县（市、区）、乡镇（街道）、村（社区）四级全覆盖，建立健全村（社区）法律顾问制度，

推进村（社区）法律顾问全覆盖"。贵州省出台的《贵州省法治乡村建设实施意见》明确了"完善涉农领域立法、规范涉农行政执法、加强乡村司法保障、加强乡村法治宣传教育、推进乡村依法治理、完善乡村公共法律服务、健全乡村矛盾纠纷化解与平安贵州建设机制、加快'数字法治·智慧司法'建设、深化法治乡村示范创建活动、加大法治扶贫工作力度十项主要任务"。

矛盾预防化解能力。根据东中西部地区模糊向量单值化的运算结果（如图3－21）可知，东部地区"矛盾预防化解能力"层的值最高，为74.64，略低于东部地区总体治理能力现代化的评价值，接近"较高水平"。西部地区"矛盾预防化解能力"层的值为70.2，略高于西部地区总体治理能力现代化的评价值，处于"一般水平"和"较高水平"之间。中部地区"矛盾预防化解能力"层的值为68.98，略高于中部地区总体治理能力现代化的评价值，接近"一般水平"。三个区域"矛盾预防化解能力"的评价值排序从高到低依次为：东部、西部、中部。

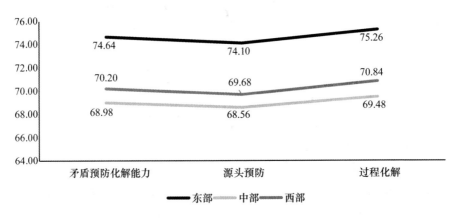

图3－21 东、中、西部地区"矛盾预防化解能力"层评价值对比图

资料来源：根据模糊综合评价结果绘制。

结合东、中、西部地区各自的隶属度矩阵 R_{B5-C} 而言，如图3－22所示，东中西部地区"矛盾预防化解能力"下设的两个指标在评语集上具有不同的响应度。东部地区"源头预防"在"较高水平"一项所占比例达到了59.30%，远高于中部地区的31.90%和西部地区的36.50%。同样的，东部地区"过程化解"在"较高水平"一项所占比例达到了

63.40%，远高于中部地区的36.10%和西部地区的38.80%。

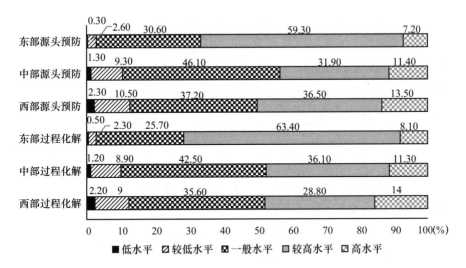

图3-22　东、中、西部地区"矛盾预防化解能力"层在评语集上的映射

资料来源：根据隶属度矩阵 R_{B5-C} 绘制。

目前我国正处于快速变化的社会转型期，各种社会矛盾随着社会的发展接连出现。社区作为社会的组成细胞，许多社会矛盾都发源于基层社区，而农村社区因其居民文化水平相对较低，熟人社会易出现破坏规则等社会不公的情况，容易导致农村社区居民发生矛盾纠纷。因此，处理好基层社区矛盾，尤其是农村社区的矛盾纠纷对于推进农村社区治理能力现代化是非常关键的。

究其原因，东部地区矛盾预防化解能力较高得益于东部各省市建立了相对完善的社区矛盾纠纷化解平台，制定了相应的矛盾纠纷化解预案。在浙江省2017年、2018年、2019年、2020年的《法治政府建设情况》中，都将"依法化解社会矛盾纠纷"列为一个大点，尤其在2018年的报告中，提出"深化推行村级小微权力清单制度，深入实施民主法治村（社区）建设三年行动计划，全面推进'三治融合'善治村建设。推进村（社区）法律顾问实现全覆盖"。广东省在《广东省人民政府关于2017年法治政府建设情况的报告》中提出"以推进'一村（社区）一法律顾问'工作为重点，加强人民调解工作"。

中部地区矛盾预防化解能力较低,其原因在于中部各省市推动矛盾纠纷化解机制制定的时间较晚,力度较小。例如,内蒙古自治区于2017年构建矛盾纠纷化解"大调解体系",且着重于建设实体公共法律服务大厅的层面,并未涉及基层社区矛盾纠纷化解层面。江西省委政法委、省综治委于2015年发布《关于开展社会矛盾大排查大调解集中行动的通知》,但其工作重点在于农村土地征用租用纠纷、城市拆迁纠纷、环境污染纠纷、安全生产纠纷、权属纠纷等,几乎不涉及农村社区矛盾纠纷化解问题,并且是一次运动式的集中行动,不具有长期适用性。2018年,江西省发布《关于加强和完善城乡社区治理的实施意见》,其中提出"要解决矛盾化解机制不健全的问题,切实营造良好的社区环境"。2017年,安徽省人大将矛盾纠纷化解纳入立法调研,全省推广"一村(社区)一法律顾问"制度,安徽省阜阳市也创新基层多元化矛盾纠纷化解机制,但其仍存在基层干部重视程度不够、人民调解基础薄弱、调解队伍综合素质不高、调解能力不强等问题。①

西部地区矛盾预防化解能力较中部略强,虽然西部地区开展矛盾预防化解工作的时间较晚,但是其力度更强。例如四川省2015年就建立了省"大调解"办,由省委政法委巡视员等相关领导兼任负责人,进一步探索由"大调解"到"矛盾纠纷多元预防调处化解综合机制",并于2019年出台了四川省纠纷多元化解条例,将矛盾预防化解上升到了地方法律法规层面,要求"整合乡镇(街道)、村(社区)等各类基层力量开展纠纷化解","建立完善纠纷多元化解综合协调工作平台"。此外,2016年,贵州省委办公厅、省政府办公厅印发了《关于完善矛盾纠纷多元化解机制的实施意见》,要求建立有机衔接、协调联动、高效便捷的矛盾纠纷多元化解机制,贵州省余庆县还创造了"小事不出村、大事不出镇、难事不出县、矛盾不上交"的矛盾化解在基层的"余庆经验"。

信息化应用能力。 根据东中西部地区模糊向量单值化的运算结果(如图3-23)可知,东部地区"信息化应用能力"层的值最高,为74.76,略低于东部地区总体治理能力现代化的评价值,接近"较高水

---

① 李莉莉、李金龙:《创新基层多元化矛盾纠纷化解机制——以安徽省阜阳市为例》,《中共郑州市委党校学报》2018年第5期。

平"。西部地区"信息化应用能力"层的值为 67.36，略低于西部地区总体治理能力现代化的评价值，接近"一般水平"。中部地区"信息化应用能力"层的值为 67.26，低于中部地区总体治理能力现代化的评价值，接近"一般水平"。总的来看，东部地区"信息化应用能力"的评价值明显高于中部和西部地区，中部和西部地区二者的评价值几乎持平。三个区域"信息化应用能力"的评价值排序从高到低依次为：东部、西部、中部。

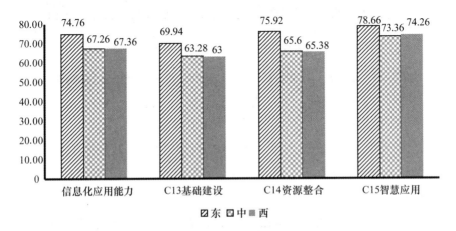

图 3 - 23　东、中、西部地区"信息化应用能力"层评价值对比
资料来源：根据模糊综合评价结果绘制。

结合东、中、西部地区各自的隶属度矩阵 R_{B6-C} 而言，如图 3 - 24 所示，东、中、西部地区"信息化应用能力"下设的三个指标在评语集上具有不同的响应度。东部地区"智慧应用"在"较高水平"一项所占比例达到了 65.40%，远高于中部地区的 43.90% 和西部地区的 48.50%。同样的，东部地区"资源整合"在"较高水平"一项所占比例达到了 69.00%，远高于中部地区的 29.40% 和西部地区的 31.90%。东部地区"基础建设"在"较高水平"一项所占比例达到了 41.90%，远高于中部地区的 24.60% 和西部地区的 27.40%。

20 世纪 90 年代，国务院国家信息化工作领导小组的成立推动我国掀起了一股信息化建设的浪潮，信息化建设也为我国的基层治理提供了有力的手段支撑。农村社区信息化也是社区信息化建设的重要部分，现代

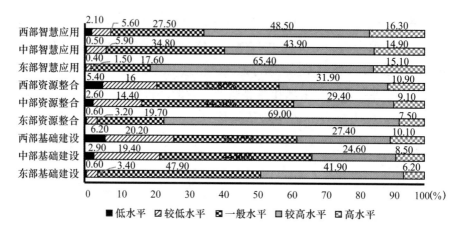

图 3-24 东、中、西部地区"信息化应用能力"层在评语集上的映射

资料来源：根据隶属度矩阵 R_{B6-C} 绘制。

农村社区治理仍面临多重困境，随着农村社区信息化基础的不断夯实，农村社区治理智能化水平也有所提升，但东中西部地区的信息化应用能力仍然存在明显差异。

究其原因，东部地区信息化应用能力较高得益于东部各省市建立了相对完善的信息化平台，在信息高度共享的情况下，社区可以精准识别，实现精细化治理。例如，2020 年浙江省有 6.1 万个网格，33 万名网格员。江苏省有 12 万个网格，近 30 万名网格员。山东省有 16.8 万个网格，27.5 万名网格员。此外，2009 年开始，浙江省舟山市农村社区信息化建设工作就在持续推进中，舟山借助物联网、云计算、大数据等信息化技术，开创了信息化服务模式，如推进智慧健康社区建设，深入推广以掌上医疗为代表的智能便捷医疗服务，提升农村社区居民生活的信息化水平和便捷程度。

中、西部地区信息化应用能力均较弱，与其地处内陆，互联网行业相比东部较不发达有一定关系，且中、西部地区农村居民的文化水平和对信息化应用的接受能力都相对较弱。中西部地区的政府对农村社区的信息化应用推进时间也相对较晚，中部地区如河南省人民政府办公厅 2020 年才出台《关于加快推进农业信息化和数字乡村建设的实施意见》，提出"用3—5年时间，推动全省农业信息化和数字乡村建设取得重要进展，农业农村数据资源实现有效整合和开放共享，农业农村数字经济占农业农村整体经济比重进一步加大，乡村治理体系和治理能力现代化水平显著提升"。西部地区如贵州省虽然在信息化基础建设、信息服务体系和能力、信息化应用等方面取得了一定的进步，但仍存在信息化对农村综合信息服务的效果不够明显、发展环境亟待改善等问题。但也有区域在信息化应用方面取得了较好的成效，如被民政部确认为"全国农村社区治理试验区"的安徽省怀宁县就倾力打造社区服务管理信息化平台，并已全部延伸到村（社区），为群众提供方便快捷的信息化服务。

（二）各省市自治区农村社区治理能力现代化水平的对比分析

为了印证前一步骤对东中西部区域进行比较的结果，以及在对农村社区治理能力现代化水平进行总体评价分析时受制于篇幅影响无法穷尽所有案例省份，因而选取了四川省、河南省、江苏省、浙江省、内蒙古自治区、云南省、广东省、江西省和甘肃省九个具有代表性的省区做进一步的评估结果分析。

1. "目标层—准则层"评估结果分析

根据对四川省、河南省、江苏省等九省区农村社区治理能力现代化水平进行多级模糊综合评估的结果（如图3-25），首先从目标层来看，江苏省农村社区治理能力现代化水平在九省区中最高，得分为76.34分，水平最低的是江西省为64.71分。数据显示，江苏省与浙江省、云南省与内蒙古自治区得分差距较小，而河南省与江苏省、江西省与甘肃省得分差距较大，呈陡坡状态，且两个极端得分为江苏省与江西省，最大差值为11.63分。如图3-25所示，四川省、江苏省、浙江省、云南省和甘肃省5个省份得分均在70分以上，在九省区当中得分较为理想。

总的来说，九省区农村社区治理能力现代化处于中等偏上的水平，所取得的成绩是值得肯定的，但必须承认的却是这个水平只是差强人意，这与我们所处的发展阶段是相对应的，用发展的眼光来看就还有巨大的提升空间，农村社区的治理现代化任重而道远。

具体来看，首先，江苏、浙江等东部发达省份，在各方面优势的加持下有着得天独厚的"发展基因"，高度发达的经济必然会反哺社会，因而农村社区治理能力现代化水平理所当然会处于全国前列。河南省、江

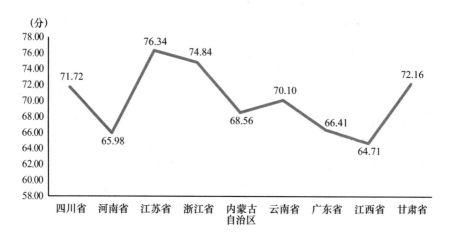

图3-25　九省区农村社区治理能力现代化水平目标层评估结果对比

资料来源：根据模糊综合评价结果绘制。

西省等中部省份，一方面没有东部省份强大的竞争力和发展力，另一方面国家层面出台的"中部崛起"战略对比"西部大开发"战略晚了许多年，这说明国家对中部地区发展的认识明显滞后于东、西部，加之其他因素的影响也就造成了夹在中间的这些省份发展乏力状态，农村社区治理能力现代化水平自然而然会被连带反应。

其次，从准则层评估结果（如图3-26）来看，九省区农村社区治理能力现代化水平六大准则层得分整体向好，绝大多数都超过60分。九省区在"服务供给能力""文化引领能力"和"矛盾预防化解能力"三大方面的得分较为稳定，整体相差不大，而在"居民参与能力""依法办事能力"和"信息化应用能力"三个方面则波动较大呈现非趋同状态。江苏省、浙江省、四川省与甘肃省在六大方面的表现均明显好于其他省区且各项准则层得分均很稳定。特别是江西省的"信息化应用能力"大大滞后于其他省区，这说明江西省农村社区的信息化建设与应用存在更为突出的问题。

服务型政府建设、机构改革与职能调整、纪检监察体制改革等诸多措施让各级政府逐步回归到为人民、为社会、为市场服务的本质属性中，因而反映在准则层上"服务供给能力"得分较为一致。与此同时，进入

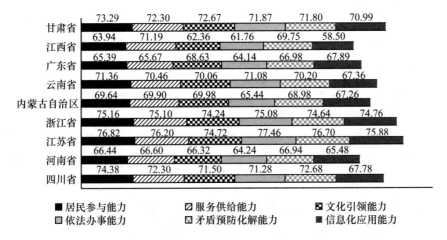

图 3－26　九省区农村社区治理能力现代化水平准则层评估结果对比

资料来源：根据模糊综合评价结果绘制。

"两个一百年"奋斗阶段，面对百年未有之大变革大调整时期，党和政府将防范和化解重大风险作为"三大攻坚战"之首，用大力气花大成本营造良好的社会环境，因而"矛盾预防化解能力"得分也趋向一致。多源流大众传媒时代，中国特色社会主义文化以其优良的品质站在制高点上为全国各族人民竖起风向标、提供坚强的文化后盾，中国特色社会主义文化的引领能力在全国遍地开花。

　　然而，受制于我们的发展阶段和发展实力，总体而言"居民参与能力"各地区水平参差不齐，"信息化应用能力"更是受制于各地的发展水平而表现出多级分化的状态。依法治国虽然成为治国理念和原则，但是实际中对各项法律规章制度的执行力却是"因地而异"，因而"依法办事能力"得分有高有低，尤其是江西省、河南省需要在六大方面花大功夫才能实现追赶。

　　2. "准则层—指标层"评估结果分析

　　在目标层分析的基础上，为了进一步研究四川省、河南省、江苏省等九省区在农村社区治理能力现代化水平上的差异，因而需要对目标层下各准则层以及准则层所各自隶属的指标层进行分析。根据一、二级模糊综合评价结果，具体分析如下。

居民参与能力。根据模糊向量单值化的运算结果（图3－27）可知，九省区"居民参与能力"准则层得分极不均衡，最高分为江苏省76.82分，属"较高水平"，最低分为江西省63.94分，属"一般水平"，差值达12.88分，与九省区农村社区治理现代化能力水平目标层得分表现状态一致。而从"居民参与能力"准则层下属的两个要素层"组织化参与"和"群众化参与"得分表现来看，九省区"组织化参与"明显优于"群众化参与"。广东省两要素层得分差距悬殊，四川省、河南省、浙江省、云南省、江西省和甘肃省得分差值则比较稳定大体相当，江苏省两要素层得分几乎一致，差值仅为0.26分。同时，江苏省"居民参与能力"层得分最高，为76.82分，接近"较高水平"，最低为江西省63.94分。接近"一般水平"，内蒙古自治区大致处于九省区中间，为69.64分，处于"一般水平"和"较高水平"中间。

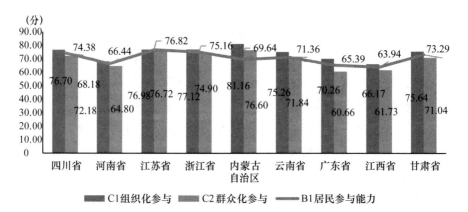

图3－27　九省区"居民参与能力"层评估结果对比

资料来源：根据模糊综合评价结果绘制。

三省区"居民参与能力"层在评语集上的映射如图3－28所示。江苏省"组织化参与"层在"较高水平"一项占比76.50%，在"群众化参与"层"较高水平"占比76.10%，远高于内蒙古自治区的52.80%、43.20%和江西省的31.36%、30.73%。

江苏省作为具有创新活力的发达省份，在诸多方面均走在全国前列。其对人民群众主体地位的认识和以人民为中心的发展思想贯穿于社会发

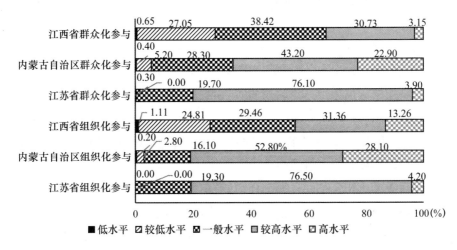

图 3 - 28　三省区"居民参与能力"层在评语集上的映射

资料来源：根据隶属度矩阵 R_{B1-C} 绘制。

展各环节，最终使得其居民参与能力排在全国前位。江苏省人民政府在
2007 年就出台《加强社区服务促进和谐社区建设的意见》，旨在推进社区
自助互助服务，积极培育各类社区民间组织，使社区居民在参与活动中
实现自我服务、自我完善和自我提高，深化居民自治水平。2016 年江苏
省人民政府办公厅发布《关于推进众创社区建设的实施意见》，聚焦"双
创"战略目标，完善社区功能以形成新型"双创"空间平台，打造了一
个宜商宜居宜业的社区环境，环境的品质提升助推居民参与意愿的增加。
2018 年江苏省人民政府办公厅下发《关于印发智慧江苏建设三年行动计
划（2018—2020 年）》的通知，借助大数据、"互联网＋"等新兴技术打
造智慧江苏城市，着力提升民生服务的水平，使城乡居民共享智慧建设
成果，最终智慧的城市和先进的理念滋养出高参与水平的社区居民。
2020 年出台《江苏省城乡网格化服务管理办法》，强调网格化管理的服务
功能，通过规范性建设使得基层治理体系和能力逐步迈向现代化，逐步
打造共建共治共享的社会治理格局。

　　内蒙古自治区委区政府历来重视少数民族地区的居民参与能力建设，
如将该方面的指导意见写进"十三五"规划形成战略总体导向。内蒙古
各级党委、政府把加强社区建设纳入重要议事日程，逐步理顺政府与社

区自治组织以及社区内部各种组织关系，完善城乡社区管理服务体制和运行机制。鼓励在街道（乡镇）助推社区社会组织培育和发展，采取试点推动的方式，探索建立社区基金会，探索制定各类社会组织参与街道（乡镇）社会治理目录清单，建立和通畅社会组织参与创新社会治理和维护社会稳定的制度渠道，让居民的参与能力逐步提升。

江西省虽然在"居民参与能力"上表现不佳，但也做出了诸多尝试进行改变。2017 年，江西省坚持问题导向，通过搭建城乡协商平台，健全规范协商制度，有序有效引导居民参与社区治理，用协商这道"良方"实现了城乡社区治理理念、方法和结果的"三大转变"。2018 年江西省委省政府出台《关于加强和完善城乡社区治理的实施意见》，要求形成"江西方案"为社区减负，改变社区治理参与不足、社区服务设施薄弱、社区服务能力水平不高的现状。

服务供给能力。九省区模糊向量单值化的运算结果（如图 3 - 29）表明，江苏省"服务供给能力"层得分最高为 76.20 分，接近"较高水平"，广东省"服务供给能力"层得分最低为 65.67 分，接近"一般水平"，而云南省大致处于中间，得分为 70.46 分，接近"较高水平"。江苏和云南两省"服务供给能力"层得分均略低于各自总体评价值，广东省则略高于总体评价值。

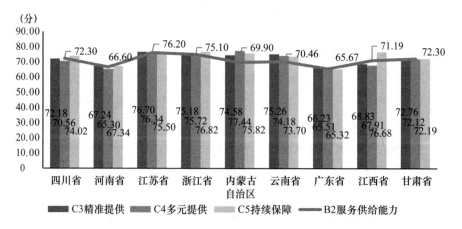

图 3 - 29　九省份自治区"服务供给能力"层评估结果对比

资料来源：根据模糊综合评价结果绘制。

江苏省、云南省和广东省"服务供给能力"层在评语集上的映射如图 3 - 30 所示。江苏省"精准提供"层、"多元提供"层和"持续保障"层在"较高水平"上所占比例达 72.80%、73.20% 和 68.10%，而云南、广东两省占比分别为 40.30%、38.00%、42.80% 和 30.24%、31.40%、32.04%。云南、广东两省在"一般水平"上所占比重较大，说明其"服务供给能力"还需提升水平。

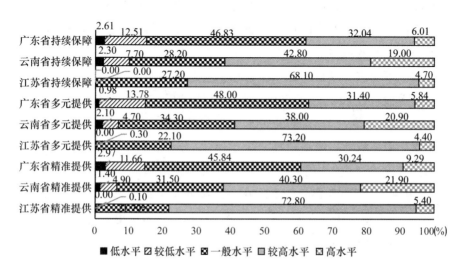

图 3 - 30　三省份"服务供给能力"层在评语集上的映射

资料来源：根据隶属度矩阵 R_{B2-C} 绘制。

江苏省《关于加强新型农村社区治理与服务的意见》中指出，要完善社区服务功能，基于江苏一体化政务服务平台，健全省市县乡村五级基本服务网络，推进党建、综治、公安、民政、人力资源和社会保障、司法、卫生健康等信息资源互动共享；加强新型农村社区婴幼儿照护、家政服务和卫生健康等社区生活服务以及就业创业服务，因地制宜建设社区嵌入式公共服务设施；推行"一门受理、一站式服务、全科社工"，健全村级公共服务事项帮办代办机制。大力发展"互联网＋居民自治"，完善居家养老、家政服务、电子商务等各类信息化服务，促进居民需求与服务供给深度匹配，不断提高新型农村社区服务效能。2021 年江苏省委省政府办公厅联合发布《关于加强新型农村社区治理与服务的意见》，提出关于农村社区治理服务的 12 项政策措施，通过 12 条新政引领江苏的新型农村社区打造。可以看到，江苏省在公共服务的"精准提供""多元提供"和"持续保障"上花了大力气。

广东省自 2000 年全面推进社区建设以来，各地、各有关部门积极拓展社区服务的范围和内容，明确社区服务的主体，加大社区服务设施建设力度，创新社区服务的方式和手段，较好地推动了广东省社区建设工作，取得了明显的成效，为广东省进一步加强和改进社区服务工作积累了成功经验。但必须认识到，目前广东省的社区服务工作还存在诸如社区服务缺乏发展规划，社区服务场所建设滞后，社区服务主体职责不明确、服务不到位，专职社会工作者和社会志愿者服务制度没有建立，社区服务手段还比较落后等突出问题。这些结果与我们评价结果也是一致的。

文化引领能力。根据模糊向量单值化的运算结果（如图 3 − 31）可知，九省区"文化引领能力层"中，江苏省得分最高为 74.72 分，接近"较高水平"，江西省得分为 62.36 分，接近"一般水平"，广东省得分 68.63 分，大致位于九省区中间。江苏、江西两省该层得分均低于总体层得分，而广东省则高于总体层得分。

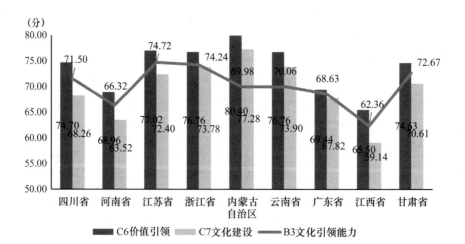

图 3 − 31　九省区"文化引领能力"层评估结果对比

资料来源：根据模糊综合评价结果绘制。

　　江苏省、广东省和江西省"服务文化引领能力"层在评语集上的映射如图 3－32 所示。江苏省"价值引领"层、"文化建设"层在"较高水平"上所占比例分别为 71.60% 和 54.50%，远高于广东省、江西省的33.34%、32.90% 和 32.10%、14.20%。广东、江西两省在"一般水平"上所占比重较大。

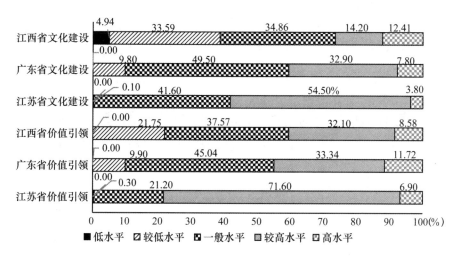

图 3－32　三省份"文化引领能力"层在评语集上的映射

资料来源：根据隶属度矩阵 R_{B3-C} 绘制。

　　江苏省在《关于加强新型农村社区治理与服务的意见》中明确要求，推进社区文化、教育、体育服务。要贴近社区实际和居民需求，打造特色文化、特色教育、特色体育社区，倡导社区资源共享，满足居民多样化需求。发展面向基层的公益性文化事业，加强社区文化场所建设管理。每个社区要配有居民课堂、综合文体站（室）、图书阅览室、公共信息栏，有条件的地方要普及社区电子阅览室、科普画廊。促进社区社会主义精神文明建设，开展"八荣八耻"社会主义荣辱观教育，在社区居民中倡导社会公德、职业道德和家庭美德，发挥出"价值引领"的作用。要根据社区居民的兴趣爱好和特长，组织居民开展丰富多彩、健康有益的文化体育、科普教育、娱乐休闲等活动，倡导科学文明、健康向上的生活方式，不断增强居民对社区的归属感、认同感和荣誉感。

　　广东省城乡社区服务体系建设"十三五"规划指出，要推动社区大学、社区学院指导和参与社区教育进社区网络在线教育建设，支持兴办老年电视（互联网）大学开展家庭教育，营造文明家风。加快社区体育公园场地建设，推动公共体育场馆免费、低收费向社会开放，加强群众体育组织和社会体育指导员队伍建设。加强城乡社区公共教育文体设施建设，推进功能整合，开展文体惠民活动、课后托管服务及第二课堂活动，其在文化建设上做了大量尝试。

江西省虽然总体表现不佳，但也做出许多不错的努力，如 2019 年江西省文化和旅游厅下发《江西省村（社区）综合性文化服务中心服务规范（试行）》，该省的农村社区文化建设有了新标准。在标准的指导下，其"文化引领能力"势必会有极大改观。

依法办事能力。通过模糊向量单值化计算，本书得到了"依法办事能力"层的评价结果（如图 3 – 33）。九省区中，最高为江苏省 77.46 分，接近"较高水平"，其次是云南省 71.08 分，接近"较高水平"，最低为江西省 61.76 分，接近"一般水平"。

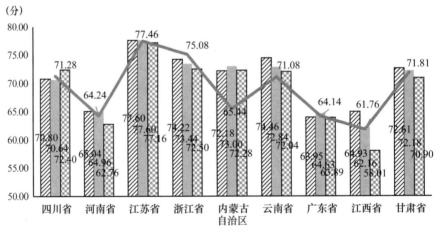

图 3 – 33 九省区"依法办事能力"层评估结果对比

资料来源：根据模糊综合评价结果绘制。

就其所隶属的要素层评估结果来看，九省区"法治认同"层得分较高于"法律应用"和"法律服务"层。则说明"依法治国"理念深入人心，但我们的法治建设却还没有跟上观念的步伐，不过由于呈现的差距较小，通过努力是可以突破此种状态使其趋向一致的。

　　具体到"依法办事能力"的三个要素层来看（如图3-34），江苏省"法治认同"层、"法律应用层"和"法律服务"层在"较高水平"上所占比例为79.80%、77.10%和72.80%，远高于云南、江西两省所占的比例44.30%、42.40%、43.90%和29.42%、25.06、21.40%。因此，各省在"依法办事能力"上的状态极不稳定，需要进一步的关注。

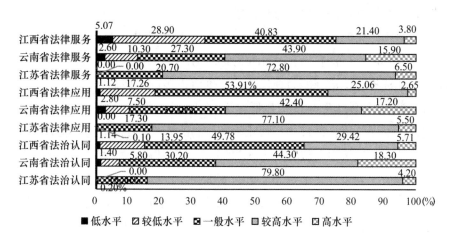

图3-34　三省份"依法办事能力"层在评语集上的映射

资料来源：根据隶属度矩阵 R_{B4-c} 绘制。

　　尝试对以上数据结果背后的产生机理进行分析。江苏省司法厅出台《关于进一步规范村（社区）法律顾问工作的意见》，进一步就加强村（社区）法律顾问配备建设提出选优配强法律顾问、统筹配置服务资源和加强政治素养和业务能力培训要求，提升法律服务的品质和拓宽法律应用范围。云南省委省政府办公厅也于2021年出台了相关政策文件，指出从强化基层公共法律服务资源配置、加强欠发达地区公共法律服务建设、推进特殊群体公共法律服务工作三大方面大力推进公共法律服务均衡发展，尽管时间上晚于江苏省，但是其提出的意见更加精准明确，对法律建设的作用也将更大。

　　江西省"法治认同""法律应用"和"法律服务"评价结果几乎都不如其他省区，为了克服这一不良状态，事实上江西省也进行了大量努力：江西省委省政府办公厅2018年出台的相关政策文件中强调要以点带面提高农村社区的法治认同感，明显可以看出其方案的提出早于江苏省；江西省司法厅于同年发布《关于加快推进全省公共法律服务实体平台建设的通知》，要求2018年底全省1000个乡镇（街道）建成公共法律服务工作站，全省20%的村（社区）建立公共法律服务工作室，2019年底全省50%的村（社区）建立公共法律服务工作室，2020年底，实现全省村（社区）公共法律服务工作室（即"一村（居）一法律顾问室"）全覆盖。以阶段性推进法律建设进程谋求改变。

矛盾预防化解能力。根据九省区模糊向量单值化的运算结果（如图3-35）可知，江苏省"矛盾预防化解能力"层的值最高，为76.70分，略高于江苏省总体治理能力现代化的评价值，接近"较高水平"。河南省"矛盾预防化解能力"层的值最低，为66.94分，低于河南省总体治理能力现代化的评价值，接近"一般水平"。甘肃省"矛盾预防化解能力"层的值居于九个省区中间位置，为71.8分，低于甘肃省总体治理能力现代化的评价值，处于"一般水平"和"较高水平"之间。九省区"矛盾预防化解能力"的评价值排序从高到低依次为：江苏省、浙江省、四川省、甘肃省、云南省、江西省、内蒙古自治区、广东省和河南省。图3-36是江苏省、河南省、甘肃省"矛盾预防化解能力"层在评语集上的映射。

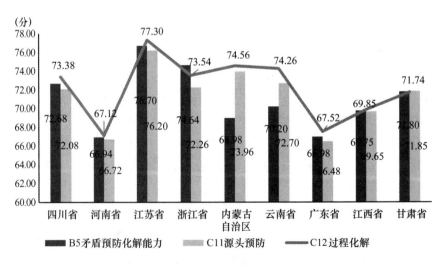

图3-35 九省区"矛盾预防化解能力"层评价值对比图

资料来源：根据模糊综合评价结果绘制。

结合江苏省、河南省、甘肃省各自的隶属度矩阵 R_{B5-C} 而言，如图 3-36所示，江苏省、河南省、甘肃省"矛盾预防化解能力"下设的两个指标在评语集上具有不同的响应度。江苏省"源头预防"在"较高水平"一项所占比例达到了 71.4%，远高于河南省的 27.8% 和甘肃省的 47.2%。同样的，江苏省"过程化解"在"较高水平"一项所占比例达到了 74，5%，远高于河南省的 30.1% 和甘肃省的 4.7%。

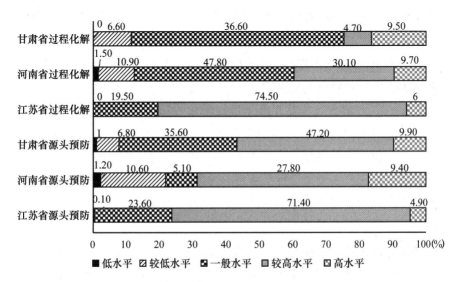

图3-36 三省份"矛盾预防化解能力"层在评语集上的映射
资料来源：根据隶属度矩阵 R_{B5-C} 绘制。

究其原因，江苏省"矛盾预防化解能力"评价值较高得益于其建立了相对完善的社区矛盾纠纷化解平台，制定了相应的矛盾纠纷化解预案。江苏省早在 2004 年就出台了《关于进一步加强社会矛盾纠纷调解工作的意见》（苏办发〔2004〕14 号），推动了"大调解"机制的建设。2006年，江苏省司法厅、江苏省社会治安综合江苏省社会矛盾纠纷治理委员会办公室、调解工作联席会议办公室出台《关于加强乡镇（街道）社会矛盾纠纷调解工作的意见》，就建立乡镇（街道）社会矛盾纠纷调解工作网络、大力加强乡镇（街道）调解队伍建设、完善乡镇（街道）"大调解"运行机制提出进一步工作方法。2009 年江苏省社会矛盾纠纷大调解机制的成功率达到96.74%。但江苏省在矛盾纠纷调解方面的工作仍旧没有止步,《江苏省2019年度法治政府建设情况报告》中提出要完善多元化矛盾纠纷解决机制,大力推行群众合理诉求"最多访一次"机制。

虽然河南省矛盾预防化解能力评价值较低,但其在近几年来已经大力开展相关工作,也取得了一定的成效。河南省委省政府办公厅在2015年印发《关于完善基层矛盾纠纷预防化解机制的指导意见》。如河南省焦作市自2015年以来一直着力打造市、县、乡、村四级矛盾纠纷调处化解工作平台,一年内调解各类矛盾纠纷4.5万余件次,95%以上的矛盾纠纷在基层得到及时化解。但其提出完善矛盾纠纷预防化解机制的时间较晚,也未在全省范围内广泛建立社区矛盾纠纷化解平台,和开展相关工作较早的江苏省等省份仍有明显差距。

2019年,甘肃省政府对开展矛盾纠纷排查化解工作进行了一次专题部署会,会议要求"要进一步加强自治、法治、德治相结合的乡村社会治理体系建设,发挥基层党组织的核心作用,厘清自治组织职责,完善村民大会、村民代表大会、村民委员会等基层组织及议事规则"。但仍存在农村人民调解委员会运行效率不高、调解员培养不足、调解手段单一等问题。

信息化应用能力。根据九省区模糊向量单值化的运算结果(如图3-37)可知,江苏省"信息化应用能力"层的值最高,为75.88分,略低于江苏省总体治理能力现代化的评价值,接近"较高水平"。江西省"信息化应用能力"层的值为58.8分,低于江西省总体治理能力现代化的评价值,接近"一般水平"。四川省"信息化应用能力"层的值为67.78分,位于九省区评价值排序中的中间位置,低于四川省总体治理能力现代化的评价值,接近"一般水平"。九省区"矛盾预防化解能力"的评价值排序从高到低依次为:江苏省、浙江省、甘肃省、广东省、四川省、云南省、内蒙古自治区、河南省和江西省。

结合江苏省、江西省、四川省各自的隶属度矩阵 R_{B6-C} 而言,如图3-38所示,江苏省、江西省、四川省"信息化应用能力"下设的三个指标在评语集上具有不同的响应度。江苏省"基础建设"在"较高水平"一项所占比例达到了42.00%,远高于江西省的6.60%和四川省的25.20%。同样的,江苏省"资源整合"在"较高水平"一项所占比例达

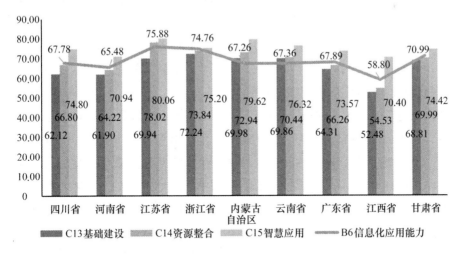

图3－37　九省区"信息化应用能力"层评价值对比

资料来源：根据模糊综合评价结果绘制。

到了82.70%，远高于江西省的7.50%和四川省的33.60%。江苏省"智慧应用"在"较高水平"一项所占比例达到了73.30%，远高于江西省的38.30%和四川省的43.80%。

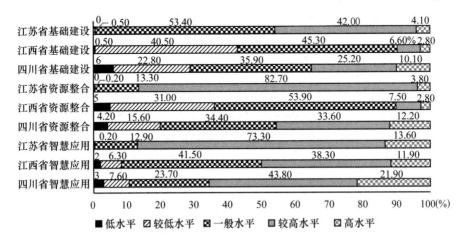

图3－38　三省份"信息化应用能力"层在评语集上的映射

资料来源：根据隶属度矩阵R_{B6-C}绘制。

究其原因，江苏省信息化应用能力评价值较高得益于其高度重视社区信息化建设。2012 年，江苏省政府办公厅印发《关于加快推进城乡社区信息化的意见》，要求"到 2015 年，基本建成覆盖全省城乡社区，集行政管理、社区事务与便民服务为一体，纵向贯通省、市、县（市、区）、街道（乡镇）、社区的社区综合信息平台"。此外，江苏省广泛推行网格化管理，力图实现精细化治理。到 2020 年，江苏全省共有 12 万个网格，近 30 万名网格员，为农村社区信息化应用奠定了基础。就江西省而言，早在 2008 年，江西省就建立了农村综合信息服务平台，但是，江西省作为中部地区一个经济发展相对落后的农业大省，农民信息化意识相对滞后，且江西省农村信息化资源分散，难以及时有效地利用相关信息。就四川省而言，四川省从 2016 年起在 1000 个村进行试点农村社区建设，其中一个关键方面就是要促进农村社区信息化建设，其实施效果如何还没形成官方统计数据，但成都市温江区在撤县设区后就大力开展农村信息化建设，形成了信息化统筹城乡经济社会发展的"温江模式"。

五　农村社区治理能力现代化的评估结论

现代化是一个光谱性的概念，其背立面并不是非现代化，而是现代化的强弱程度，是逐渐积累和获得现代性的过程。农村社区治理能力现代化同样如此，需要在积累现代性中趋向现代化的实现。从国家治理现代化概念提出以来涉及农村社区治理能力现代化的政策文本中可以发现，农村社区治理能力现代化遵循了以乡村振兴为内核的能力现代化理念、以制度为导向的多维度发展结构、以"三共"为价值指引的行动实践，通过前文的评估也能发现各地现代化实践中的基础条件、约束条件，同时还发现了农村社区治理能力现代化中的"公共性"与"自主性"、"传统性"与"现代性"的双重困境等，这些都说明农村社区治理能力现代化是逐步累积现代性，进而实现现代化的过程。

（一）农村社区治理能力现代化有行动框架

理念是行为的先导。只有农村社区治理具备了现代化治理的意识，才能建构起与之匹配的能力结构，通过持续性的乡村振兴目标和共建共治共享的以居民为中心的治理理念，才能促进以制度为导向的农村社区治理能力结构的多维变革，进而执行正确的现代化策略。农村社区治理现代化评估结果显示，以乡村振兴目标的现代化价值引领方面的评估值最高，文化引领能力最强，这表明近年来开展社会主义核心价值观宣传使得现代化的价值内化于人民内心，极大地提升了社区干部治理理念的现代化程度。从六大能力的评估结果来看，评估值差距在1.5分以内，这表明农村社区治理中制度供给的均衡性、社会资本的充足性、智慧治理技术的广泛应用性等提升了六大能力的现代化程度；地方政府从倾向于行政主导型路径向党建引领、行政主导与多元共治相结合的路径转变，促进了六大能力现代化的均衡性。从要素层测度结果来看，农村社区治理能力现代化水平从高到低依次为东、西、中部，这表明西部地区比中部地区具有更强的习得性行为，在借鉴东部地区经验基础上加大了创新性实践，从而缩小了现代化差距。显然，各地农村社区在积累现代性进程中，不自觉地构建了"理念—结构—行为"的现代化实现路径，提升了农村社区治理能力的现代化程度。

（二）农村社区治理能力现代化有实现条件

由于农村社会事业发展滞后、发展利益分配有矛盾导致农村社区党建引领较为弱化、本地人才流失、外来精英无权参与，农村社区简约治理在很长一段时间内已然是主流，极大地影响了国家治理现代化和农村社区治理现代化两步走战略。因此，要提升农村社区治理能力的现代化水平，首要任务在于明确多元治理主体的真实需求与偏好、现代化的预期福利等，进而解决发展矛盾和利益分配问题。四川省彭州市通过集体经济全员化模式，促使村民由利益共同体向组织共同体和生活共同体的转变，社区治理满意度居成都首位。显然，集体经济的发展实现了乡村振兴，改变了乡村治理结构，提升了居民的组织化程度和法治意识。因而，乡村振兴是农村社区治理能力现代化的基础性条件。集体经济的发展不仅提升农业现代化水平，改善农村生产生活生态环境，关键在于提升了农民和社区干部六大能力现代化的意识，促使他们自觉加入现代化潮流。

按照《中华人民共和国村民委员会组织法》等法律法规，农村社区为居民自治；中央多个文件均强调市场在资源配置中的决定性作用，但是鉴于农村空心化现状，农村社区治理需要党建引领、行政主导与居民自治相结合，因地制宜地建立起村两委与集体经济组织同构的组织体系，通过理性选择机制和合法化机制解决不同基层组织的功能冲突问题，通过经济组织与党政组织的互嵌，进而解决农村社区治理能力现代化中的资金、技术瓶颈。实证结果显示，农村社区治理体系很可能成为制约治理能力现代化的约束性条件。农村社区中不仅有村两委、集体经济组织、社会组织和各种自组织，还有类似"三会""三共"的临时性自组织参与社区治理，导致居民对社区发展治理的供给主体产生错觉，更倾向于传统手段解决社区问题的实用性，导致法治化、组织化和智慧化治理社区的能力局限于传统性，难以适应新型农村社会发展需要。

从东、中、西部三大区域的对比分析可以看出，东、西部农村社区中的居民参与能力与依法办事能力分值远远高于其他能力的评估值，这表明，居民积极主动并依法参与社区治理同社区治理现代化水平呈正比，这也间接表明，居民参与法治水平是社区治理能力现代化的重要保障。东部地区发达的经济水平和西部地区的奋起直追，使得两个区域的农村居民更加关注分配的公平正义和自身权益保护，居民大多通过"三会"、自组织或社会组织广泛参与社区建设、发展、治理全过程，其中江苏省的居民参与能力排全国第一，这与其占全国总量11%的社会组织（97284家）有很大关系；地方政府出台的关于推进依法行政、加快建设法治政府的政策文件，强化了律师和法律服务工作者组成"农村法律顾问团队"，以"一村一法律顾问"的"法律门诊"形式满足农村日益增长的法律服务需要，同时也促使居民与村两委干部自觉增强法治意识和法律应用能力，同时带动德治、自治与法治的融合，辅以信息化手段推动居民矛盾纠纷的预防化解，进而提升其他能力的现代化水平。

（三）农村社区治理能力现代化有双重困境

有学者认为传统性在现代化的冲击下成为"异端"，现代性却因社会观念和制度结构等而成为空中楼阁；有学者认为，农民天生缺乏公共性，而自主性在空心化等背景下又面临诸多风险。前文研究显示，传统性与现代性、公共性与自主性并非独立演进，反而相互交织影响，尤其是通过要素层15个指标的分析，发现农村社区治理能力陷入了传统性与现代性、公共性与自主性的双重困境中。一方面，农村传统文化在社区治理中强调合理性，比如居民少数服从多数的投票机制，合理却不一定合法；但现代化的终极目标是获得现代性，而现代性则是时空分离和脱域的，强调科学、法治、平等、民主，这就导致了中西部地区的"一村一法律顾问"流于形式；另一方面，农村社区治理主体单一，行政主导模式较为普遍，"三治融合"难，导致"管"与"治"的理念冲突、"礼"与"法"的制度摩擦、"拙"与"智"的工具碰撞。与此同时，在对15个三级指标进行公共性与自主性分类后发现，"公共性"和"自主性"通过主成分分析后的正向得分都没有过半，而且社区层面体现为公共空间与公共设施积极构建的强公共性，居民层面体现为公共意识淡漠的弱公共性；社区因承担过多公共事务和公共责任而呈现较弱自主性，居民因流动缺乏社区归属感而呈现较强的个体自主性，这就导致遵循公共性而妨碍社区自治、保证居民个体自主性而影响社区公共意识形成的双重困境。

第五节　农村社区治理能力现代化双重困境及其形成机理[①]

一　农村社区治理能力现代化双重困境的形成背景

新中国成立以来，农村社会发展呈现诸多新特征。一段时期内，传统依照血缘、地缘关系建立起来的乡土社会被完全重塑，政治、经济、社会高度重合；随着城镇化、市场化和工业化进程的推进，农村呈现出去传统化、去村落化与城乡一体化的悖论，农民市民化、农业商业化与乡村振兴的悖论等，农村居民的社区认同逐渐从地方社会秩序中"脱嵌"，而基层治理仍然采用的是半行政化路径。与此同时，60.60%的城镇化率在推动农民变市民、释放巨大的内需潜力、缩小城乡二元分化和地区割裂的同时，也使得农村劳动力尤其是精英劳动力大量外流，导致农村空心化、老龄化现象突出，进而出现农村社区治理的脱域。一方面，农村社区治理主体知识结构老化，针对一老一小的治理更倾向于传统路径，排斥法治理念和法治思维，形成传统性与现代性的冲突；另一方面，老龄化的治理主体更倾向于不顾集体利益而极力维护"自己认为的"权益，放弃法律制度赋予的"四个自我"等方面的权益，形成公共性与自

① 本节内容节选自衡霞《农村社区治理能力现代化的双重困境研究》，《理论探索》2021年第6期。

主性的矛盾。尽管许多基层政府通过制度化渠道增强了治理能力的公共性、自主性与现代性，但无论是社区还是居民参与社区治理的能力均不同程度地呈现为弱公共性和弱自主性的特征。

在农村社区治理能力现代化进程中所表现出来的公共性与自主性、传统性与现代性的关系是否有冲突，不同的学者有不同的研究结论。范益民等人认为在乡村治理变迁中，传统伦理道德遭遇现代性后面临被中断的挑战；① 张晓琴认为乡村治理的现代转型中，传统文化出现了外在繁荣和内在凋敝现象，使得乡村治理陷入治理错位境地；② 张良认为，针对城市化对农民的影响，国家权力的介入程度与介入方式一定程度上能够促进当前村庄公共性合理性生长；③ 张振波、金太军认为传统性价值在现代化冲击下遭到质疑，使得家长性、权力性价值成为异端，而现代性价值例如自由、平等则因为缺乏相应的社会观念、制度结构支撑而成为空中楼阁，传统型价值与现代性价值的抗争使得治理主体在组织建构、政策目标设定上摇摆不定，从而降低治理能力；④ 刘杰等人认为农村社区治理面临乡村社区过疏化、原子化和反贫困政策带来的双重困境，社会主体缺位致使公共性生产失去了前提，需要多途径培育；⑤ 许宝君首次将公共性与自主性这一相对概念引入到社区公共事务的治理中，从政府、社区、居民三元视角切入，通过实地调研和文献研究发现，自主性和公共性的弱化是社区公共事务治理的双重困境，带来的后果是农村社区治理的整体性脱域。⑥

综上所述，学界要么单独对传统性、现代性、公共性和自主性进行系统研究，甚至把它们作为中介变量和调剂变量进行研究；要么从冲突

---

① 范益民、艾兵有：《传统伦理道德传承与现代性的遭遇——以西双版纳勐海县打洛镇曼芽村布朗族为例》，《云南民族大学学报》2016 年第 3 期。

② 张晓琴：《乡村文化生态的历史变迁及现代治理转型》，《河海大学学报》2016 年第 12 期。

③ 张良：《乡村社会的个体化与公共性建构》，博士学位论文，华中师范大学，2014 年。

④ 张振波、金太军：《论国家治理能力的社会建构》，《社会科学研究》2017 年第 11 期。

⑤ 刘杰、袁际泰：《后扶贫时代农村社区公共性困境及其重构》，《江汉大学学报》2021 年第 6 期。

⑥ 许宝君：《自主性与公共性的弱化：社区公共事务治理的双重困境》，博士毕业论文，华中师范大学，2016 年。

和对立性视角探讨其对社会治理能力带来的负面影响；要么从此强彼弱视角切入，分析多元主体治理能力呈现强弱分化的原因。事实上，正如部分学者所研究那样，在后现代秩序中，传统性、自主性并未完全消失，它们是有价值的，甚至与公共性和现代性同生共长。社区的重要性在于锻炼公民参与治理的技能，养成公民能力，然而社区在现代化进程中，却因此引起不稳定，"农村作用是一个变数，它不是稳定的根源，就是革命的根源"。① 因此，农村社区治理能力现代化的加速推进过程中，可能出现传统性、现代性、公共性和自主性的强弱分化与交织，甚至出现与城市社区治理中完全不同的现代化困境。笔者在对农村社区治理能力现代化进行测度时发现，传统性与现代性、公共性与自主性②更容易构成一对矛盾体，在某些时候有强弱之分、同向成长、互为对立的关系，那么测度结果与现实情况到底怎么样呢？农村社区治理能力是否会陷入双重困境，其影响机理怎样？等等，这些均是接下来要回答的问题。

二　农村社区治理能力现代化双重困境的识别结果

农村社区治理由于多种原因，导致政府和社区层面体现为公共空间与公共设施积极构建的强公共性，居民层面体现为公共意识淡漠的弱公共性；社区因承担过多公共事务和公共责任而呈现较弱自主性，居民因流动缺乏社区归属感而呈现较强的个体自主性，这就导致遵循公共性而妨碍社区自治、保证居民个体自主性而影响社区公共意识形成等困境。本书依据许宝君等人对社区特性的研究，将 55 个三级指标的特征归类为现代性、传统性、公共性与自主性属性四类。从现代性与传统性内涵、公共性与自主性内涵来看，均有可能在社区治理能力现代化提升进程中形成矛盾和冲突等困境，进而影响社区治理诸主体的能力提升。为了鉴

---

① ［美］塞缪尔·亨廷顿：《变动社会的政治秩序》，上海译文出版社 1989 年版，第 36 页。

② 传统性是指个体在传统文化的要求下所具有的认知态度与行为模式；现代性是指科学、人文与法治精神，以及自由、平等、民主的理念；公共性是指农村社区治理主体在现行社会治理体制之下，以社区共同利益为目标，采取集体行动以制约公共权力并保障社区公共物品有效供给的行政治理过程的公平正义，以及社区居民人际交往、公共安全的空间正义，进而形成与私人性相对的社区公共生活的共同认识和组织准则；自主性是指行动主体力图摆脱各种束缚与限制而作出事实行为的价值选择和决断能力。

别四大特性对社区治理能力现代化的影响程度及可能的矛盾冲突，笔者通过前面的层次分析法和模糊综合评价法得出的结论，将客观评价指标的归纳到四性中，进而分析其形成困境的逻辑机理及影响因素。

从模糊综合评价结果来看，得分最高的是传统性78.88分，现代性分值为77.92分，自主性得分为四个维度中的最低分77.77分。由于统性与现代性偏重于场域中背景或整体情况的描述，是一种较为宏观的状态和一系列特征的集合，难以聚焦于各主体对象分析，因此在本书的分析中分别对其进行整体比较分析；根据公共性与自主性的内涵，本书从政府、社区、居民三个主体进行考察，评估值也体现了三大主体公共性与自主性的得分，由于三个主体间相互比较时平均分只能表示其得分高低，而难以直观体现出其在该层面得分的相对强弱，因此本书分别在公共性层面与自主性层面对各主体得分进行了标准化处理，得到如表3-16所示的结果。

表3-16　　　　　　　　　　"四性"平均分得分

特征		平均分	标准化得分	特征		平均分	标准化得分
传统性		78.88	—	现代性		77.92	—
公共性	政府公共性	79.06	1.15467	自主性	政府自主性	78.10	0.39537
	社区公共性	77.87	-0.58464		社区自主性	78.36	0.74187
	居民公共性	77.88	-0.57003		居民自主性	76.95	-1.13724

从表3-16可以看出，农村社区治理能力现代化的传统性得分高于现代性，明显区别于原子化程度较高的城市社区治理能力现代化的实际情况。究其原因，一方面是由于农村社区治理能力现代化的理念、结构、行动呈现的封闭、内向和差序格局所致；另一方面，由于政府长期注重于现代化基础设施建设而导致农村社区信息化应用能力与依法办事能力水平较低有关，进而使得法治化、科学化、规范化等软性治理特征体现的较少。虽然不能据此判断农村社区治理能力现代化陷入传统性与现代性冲突之中，但是调研表明，传统性与现代性的表征在"管""治"、"礼""法"、"拙""智"等层面常常使社区治理陷入现代化困境之中。

公共性强调治理主体以公共领域、公共空间、公共规则、公共交往、公共舆论、公共组织等为载体，以公平正义为实现目标，为同一公共空间的其他主体提供公共服务，因此它关注公共利益，注重公共精神和公共意识的培育。然而，农村熟人社会的陌生化和工具性差序格局的出现，使得农村社区内部的组织力与凝聚力逐步弱化，大量"无公德个人"更加关注"自己的利益"，导致政府的强公共性和社区的强自主性与居民的弱公共性、弱自主性成为常态（如图 3 - 39），这种现状与模糊综合评价结果的标准化值基本一致。那么，各主体公共性与自主性的强弱差异具体有何表征？它们是否与传统性和现代性冲突共同构成了农村社区治理能力现代化的双重困境？影响着农村社区治理能力现代化的内在机理是什么？这些问题将在后面一一解释。

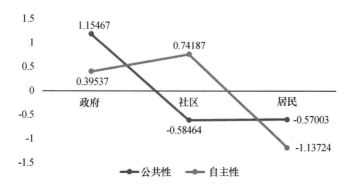

图 3 - 39　公共性与自主性差异

三　农村社区治理能力现代化双重困境的形成机理

当前的乡村社会经历"政党下乡""政策下乡"和"宣传下乡"的现代化改造后，虽然现代化元素与设施设备不断"侵蚀"乡村的"历史感"和"当地感"，却未能从根本上动摇农民对"道德正当性"的信念，对"礼俗秩序"的遵从，但是，随着农村社会"机械团结"土壤的分化与消失，社区认同的结构性与先赋性因素逐步瓦解，"弱关系"和"有限责任"在强化村民自主性意识的同时又消解着村民的公共性意识，时间和空间上的双重断裂仍然不可避免地使农村社区治理能力现代化进程陷入传统性与现代性困境。

（一）农村社区治理能力现代化的传统性与现代性困境

新中国成立以来，我国农村地区广泛建立起了政治、经济、社会"三位一体"的管理体制，形成了适合于当时复杂社会关系的治理范式，行政权威逐渐取代民间权威并形塑了乡村治理规范。但是，随着改革开放的深入和市场经济体制的建立，以及工具性差序格局逐渐形成，成员的工具性价值逐级递减，[①] 传统文化的教化功能逐步弱化，长期孕育积淀的具有乡村专属特性的传统性元素偏居一隅。与此同时，因为农民的流动性增强、互联网普及、法治宣传力度较大等，法治、科学、民主等现代性元素对农村因血缘、地缘关系和自然伦理习性而形成的礼俗规范和"无为而治"策略产生冲击，常常使得基层组织与治理主体陷入是依法而智慧管理乡村社会还是依礼"无为而治"的困境。

1."管""治"的理念冲突

从词源来看，"管理"强调自上而下强制性约束，其权力来源于国家权力机关的授权；"治理"强调多元主体平等协商对话，其权力由人民直接行使，通过自治、共治的方式实现。党的十八届三中全会正式提出了社会治理命题，标志着党政与社会的关系由政府包揽向政府负责、社会共同治理转变，更加注重法治保障和多种手段的综合使用。各级地方政府也陆续出台了一系列的政策法规，建立了"农村法律顾问团队"，通过公益法律服务体系的健全来满足农村的法律服务需要。浙江省县级矛盾调解中心在 2020 年至 2013 年初共接待群众 134.9 万人次，受理矛盾纠纷 66.2 万件，化解成功率达到 94.9%；群众来信、走访的总量较上一年同期下降 28.6%；[②] 贵州省余庆县创造了"小事不出村、大事不出镇、难事不出县、矛盾不上交"的矛盾化解在基层的"余庆经验"。由此可见，地方政府对农村地区的治理已经从科层制管理向"依法治理"转变，并取得了较好的治理效果。

然而，农村社区面临的治理问题远非抽象的理论研究对象，既有农村社区老龄化、空心化现状，也有农民诉求多元化、非理性化特征；既

---

① 李沛良：《论中国式社会学研究的关联概念与命题》，北京大学出版社 1993 年版，第 71 页。

② 《打造浙江"信访超市"全链条解纷成功率达 94.9%》，《法治日报》2021 年 3 月 15 日。

有"民不告官"的传统，也有低成本诉讼维权的期待；既有基层官员不折不扣执行上级命令和政策法规与简单粗暴处理较多基层事务的冲突，也有体制性困境与个人发展愿意的不协调。因此，地方政府在面对中央一再强调还权赋能的战略设计时却苦于社区干部与居民无能力承接的尴尬局面。尽管许多乡镇（街道）借鉴枫桥经验，努力"找回群众"、探索"新妇女运动"、成立"共建共治委员会"等，大力培育社区居民自治意识，提升农村社区治理能力现代化水平，但是社区"无人"和居民自主性的缺失，使得农村社区治理习惯于依赖行政性命令，"四个自我"与"四个民主"① 难以落实。于是，基层政府为了完成上级任务，以"行政决策"代替"民主协商"迅速推进农村社区治理，创新性地设计了"五步工作法""六步议事法""'12345＋N'治理机制"等，以此对外显示农村社区治理能力的进步，出现了农村社区治理的居民参与能力现代化评估值高达80分的虚高现象②，而依法办事、矛盾化解、信息化运用等能力的现代化程度与居民参与能力的分值相差5分之多，部分三级指标更是相差10分左右。显然，居民一方面需要社区治理的"四民"权益，却又因职业流动和传统观念而放弃，"自愿"接受管治，另一方面又因"权利意识觉醒"而主张自治、抗争基层政府主导的创新性治理路径；乡镇（街道）和社区囿于资源约束而选择成本较低的便捷性管制路径。正是"管""治"的理念冲突和实践冲突，促使农村社区治理能力现代化的公共选择倾向于寻求传统性与现代性的平衡。

　　2. "礼""法"的制度摩擦

　　传统礼治秩序是实现农村社区长治久安的主要方式。传统农村社区的乡土性使得其运行具有高度的稳定性，通过血缘、地缘结合共同居住在同一社区的农村居民按照约定俗成的村规民约、礼节风尚等共同构建起传统农村社区治理的礼治秩序，形成一种礼治社会。礼治秩序虽系约定俗成的非正式化制度，但其在维系整个乡土社会的秩序、回应群众对

---

　　① "四个自我"是指村民委员会组织法赋予的自我管理、自我服务、自我教育、自我监督权利；"四个民主"是指村民委员会组织法赋予的民主选举、民主决策、民主管理、民主监督权利。

　　② 该分值来源于笔者对农村社区治理能力现代化评估的结果。

于公正的诉求上始终扮演着"软法"的角色。随着社会整体性的变迁与发展，农村的社会结构也日益分化，从封闭、内向的社会关系朝向开放、流动演变，农村社区现代化成为必然趋势。虽然，农村社区的生产生活、人员关系和思想观念方面相较于以往都产生了较大改变，但合理的村规民约与合乎"礼俗"的基本诉求并没有太大变化，"礼治"仍在乡村社会中处于重要地位，具备较高的权威。访谈中部分农民认为，农村干部的法律意识、规范运用法律的技术还有待提高，在此之前，由民间自我调解矛盾纠纷和村规民约发挥约束功能是最优选择。

调查显示，合理却不合法的村规民约与刚性的法律条文有冲突（比如村民有邻里纠纷，将取消村庄福利分房与集体分红等），这是制约农村社区治理能力现代化的制度性因素。对此，国家以"七五普法"和乡村振兴为契机，将农村社区治理全过程纳入法治化轨道，后来以枫桥经验为基础在全社会推行自治、法治、德治相融合的乡村治理体系，认可约定成俗的风俗、文化或是权威的社区精英作为维持农村社区治理秩序有效工具所发挥的正向作用，以及村规民约作为"软法"的积极意义，避免农村社区传统治理制度瓦解、现代治理秩序尚未形成而带来的农村社区法治权威不足、法律规范不适应等突出问题。吉登斯认为，现代性在消解传统性的同时重构了传统本身，但是"在乡土社会蜕变的过程中，原有对诉讼的观念还是很坚固地存留在广大民间，也因之使现代的司法不能彻底推行"，① 在这种"有法无治"状态下，农村社会停留在物质文明的现代性上，思想观念、认知态度、价值取向、行为模式仍然是非理性的，农村社区治理的载体与文化内涵是分裂的。因此，如何在"礼""法"的制度摩擦中实现道德共识与专业法律、便捷性与程序性、情感性与制度性等不同维度的平衡，通过礼治与法治的融合来破解传统性与现代性困境成为提升农村社区治理能力现代化的重要路径。

3. "拙""智"的工具碰撞

社区治理的"拙"是相对"智"而言，"拙"在于治理主体的互动行为依赖熟人社会的关系网络，通过差序格局构建治理网格，越是格局的边缘，治理效能越差；在于治理主体凭借民间权威地位而不系统整合

---

① 费孝通：《乡土中国》，生活·读书·新知三联书店2013年版，第89页。

的治理信息以随机应变处理社区事务。"智"是基于互联网、物联网、云计算等信息技术形成的大数据平台整合的信息网络对社区进行源头治理、系统治理、依法治理、综合治理。前者依靠群众路线可以有效整合农村社区的治理资源，将传统文化制度的优势转化为治理效能；后者则可以提升治理效率、降低治理成本，两者的整合可能给社区的治理带来根本性变革。但是农村社区的治理主体更倾向于依靠经验、关系网络频繁地走访群众、深入了解群众的需求，拉近社区与居民之间的距离，从而以朴素且富有温度的方式汇聚人心，赢得农村社区居民的认可与支持。因而，出现农村社区智慧建设程度偏高，但信息资源整合程度偏低的两极化现象，影响了治理效能。

"治理有效"作为乡村振兴的关键突破口，在《中共中央、国务院关于加强和完善城乡社区治理的意见》和《数字乡村发展战略纲要》均强调"依托信息化的治理技术来提高农村社区治理水平"，通过信息技术创新的扩散效应、信息和知识的溢出效应、数字技术释放的普惠效应来提升农村社区治理能力的现代化水平。因而，多数基层政府强化了基础设施建设，增加了人脸识别系统和信息系统的身份验证功能，却在农村社区面临更多公共信息安全和个人隐私权限方面的质疑与挑战。为此，农村社区居民更倾向于传统的"入户通知"和宣传栏公开等方式知晓公共事务与信息，从而形成面对面的情感交流与及时沟通，这就直接导致信息化基础设施建设逐年递增，但信息资源整合与智慧应用能力未能同步提升。另外，在治理实践中，部分社区干部轻视甚至拒绝智慧治理，认为智慧治理增加了技能学习与更新时间，增加了做台账的重复劳动，"便政府"却不便社区及时了解与回应居民诉求，进而弃"智"用"拙"。显然，现代化治理理念的缺失导致了"拙""智"之争，加剧了农村社区治理的传统性与现代性困境。

（二）农村社区治理能力现代化的公共性与自主性困境

公共性是分析社会现象的一个概念性工具，它扬弃私人利益与公共利益的对立，同时也强调人们在广泛的交往实践中实现自由而全面的发展，但现代社会是一个"脱域的共同体"，由于脱域机制的存在，人们的社会关系逐渐脱离原来的生活单位。① 农村社会在此背景下，以公共服务、公共交往、公共精神等为核心的农村社会公共性日渐衰微，公共性的彰显与公共性问题构成了农村社会发展的矛盾与张力，这一悖论成为新时代人与社会发展的焦点问题。② 农村社区"公共性消解"与"公共性空心化"的同时，农民的个体意识越来越强，既疏离社区公共事务，又反感"村官自治"，这就为基层党建引领、政府主导的农村社区治理提供了强自主性空间，却又使得基层减负降压成为形式。

1. 政府强自主性与社区弱公共性

埃里克·A. 诺德林格认为国家（政府）具有很强的自主性，其能按照自己的利益偏好进行决断。③ 长期以来，乡镇（街道）政府根据自身的利益取向，把村两委看成其下属组织，纳入行政框架，承担大量公共事务与公共责任，比如治安维稳、居民经济数据采集、安抚上访人员等，基本不需要征得村社同意就可以实现，具有很强的自主性，尤其是取消农业税以来，基层政府通过确立各类责任清单，以及与部分村社签订目标管理任务书的形式将公共责任转移，使其日益远离政府公共性的本质属性，而作为公共事务与公共责任承接的村社却并不能同时拥有与之匹配的经费与权利。由于基层政府远离权力中心，法律制度的约束效力较弱，这种长期的强自主性往往因异化后的常态特征而被村社与居民看作是合理的，导致基层政府因其强大的行政力量而轻松脱域。

社区作为基层治理的基本单元，是居民守望相助的共同体。社区两委作为治理的核心主体和基层行政末梢，需要上传下达和应付各级检查、评比、拉练，无暇顾及居民关心的村集体"资产、资金、资源的管理使用与处置""村级公共服务""村庄治理"等事务，大大降低了社区公共性。从社区公共空间的供给与使用情况来看，党群活动中心、幼儿园、农贸市场、停车位等公共空间存在供给不足与供给过剩并存现象，大部

---

① ［英］安东尼·吉登斯：《现代性的后果》，田禾译，南京译林出版社2011年版，第18—26页。

② 张晓、王让新：《习近平总书记对马克思公共性思想的继承与创新》，《毛泽东思想研究》2019年第5期。

③ ［美］埃里克·A. 诺德林格：《民主国家的自主性》，孙荣飞等译，南京：江苏人民出版社2010年版，第5—8页。

分居民不清楚社区公共资源分布与产权拥有情况，使其无法发挥出应有的社区凝聚功能；从居民参与情况来看，社区工作人员倾向于"多一事不如少一事"的行为逻辑，尤其是农村社区空心化以后，能大包大揽"替民做主"的坚决不"麻烦"居民，这样还可以节约电话和各类 App 沟通所发生的交易费用。再加上人们对农民天生就不具备集体行动理性的认知，更不愿意将有限的时间和精力放到群众路线中，间接扼杀了居民参与社区治理的通道，导致社区脱域和政府强自主性与社区弱公共性的冲突。

2. 社区强自主性与居民弱公共性

调研显示，农村社区居民对于"参与社区议事活动""清楚每次投票目的""了解社区工程"等问题的给分普遍偏低，这种现象至少表明社区包揽大小公共事务和居民漠不关心社区发展导致治理悬浮。根据村（居）民委员会组织法，村（居）民委员会承担"社区服务"和"社区管理"两项基本职能，协助公共卫生、计划生育、优抚救济等相关工作。但是，社区在行政化导向下，几乎包揽了社区所有的行政事务、公共事务，以致大多数居民在访谈时均不了解社区工作的内容、意义与目的，以及自己参与的价值何在，这就使得农村社区居民日益原子化，社区治理成为基层组织的"独角戏"，并表现出越来越强的社区自主性。

当今社会里，农民流动性增强，生活方式与价值选择多元，原来从村社等地域性团体中寻找个体存在的价值与心理认同逐渐被公平分配的社会资源和社会机会的权利诉求所取代，工具性差序格局中心的成员日益成为实现个体利益的关键目标。在市场经济洗礼下，农民也是理性经济人，自我中心主义泛滥，导致传统公共道德力量日趋式微，新型公共文化不被居民认同和接纳，公共利益无人守护。尽管基层政府和社区都具有较强的自主性，但缺少了居民参与公共治理的平台，缺乏对居民公共意识和公共精神的培育，进而丧失了公共精神成长的社会土壤，以致村庄道路修建涉及的树木、农作物移栽均成为农民与基层政府讨价还价的对象。农村社区居民个人主义和理性主义的强化抑制了社区公共性的成长，使得公共政策的推行和公共问题的解决困难重重。

3. 政府强公共性与居民弱自主性

在公共管理视域下，政府是公共价值的天然代表者和维护者，有义务遵循"底线共识、权责对等、合乎法律"原则，通过"制度、教育、文化整合"来促成现代公共意识的构建，实现社会的公平正义和善治良序。[①] 21 世纪以来，我国各级政府着力于市场经济秩序等维护性公共服务和教育医疗等社会性公共服务质量改善，从政治民主、社会平等、以人为本来构筑国家（政府）软实力。然而，对于发展型政府来讲，对行政效率的追逐往往大于传统公共性的公益性核心，各级政府往往在保证行政高效率与基本公平性中产生悖论。为此，国家逐步深入推进"放管服"改革，向基层还权赋能，允许多元主体参与社区治理，通过不同主体之间优势互补，向群众提供多层次、全方位的公共服务，满足居民的现实需要，进而实现整个社会的良性发展与动态平衡的治理目标，彰显出政府强大的公共性价值。

然而，随着现代化和农民市民化进程的快速推进，民主、平等、理性等价值观越来越被农村居民广泛接受，以强制性为特征的政府公共性对部分居民来说变得无足轻重，尤其是农民权利意识苏醒后带来诸多破坏性后果，农村各类集群行为频频发生就是明证。尽管居民对"四民""四自"权利产生高度关注，却未能体现在行动上。笔者在调研时发现，很多农村社区如果不给居民发钱的话，参与者寥寥无几。一方面，由于农村社区的年轻人几乎外出务工，在地缘与业缘上脱离了原有社区，邻里关系越来越淡漠；社区活动多为选举、娱乐性活动，较少涉及居民切身利益的公共活动，"我为什么要参与"成为居民思考较多的话题；农民对于政府主导社区的刻板印象使其主动退出社区治理，形成"我不参与，我不失落"的心理现象；另一方面，由于繁重的生产生活负担和对闲暇时光的追求，使农民没有时间和精力参与社区事务，每个人都无法与外界形成一种较为密切的人际关系。更为重要的是，农民即使愿意参与社区事务，但涣散的基层组织无法组织有效的活动和搭建有效的平台，社区的认同感、归属感弱化，凝聚力和向心力消解，居民脱域成为必然。显然，面对政府的强公共性行为，居民既要求政府广泛放权，却又不愿意履行主体责任，在农村社区治理能力现代化中呈现弱自主性特征，甚至与居民的弱公共性之间也存在多种冲突，使得农村社区治理能力现代

---

① 王水平、熊涛：《论我国公共意识的现代重构》，《福建论坛》2009 年第 3 期。

化陷入困境。

　　根据多个政策文件中提到的社区治理现代化总体目标，"到 2020 年，基本形成基层党组织领导、基层政府主导的多方参与、共同治理的城乡社区治理体系，城乡社区治理体制更加完善，城乡社区治理能力显著提升，城乡社区公共服务、公共管理、公共安全得到有效保障；再用 5—10 年，治理体制、治理体系、治理能力都要基本达到现代化水平"。因此，检视农村社区治理能力现代化水平，并从评估要素中识别出可能存在的诸多困境，以及困境之间的冲突性，对于实现治理现代化总体目标的第二步至关重要。笔者在评估现代化现状基础上，进步运用层次分析法和模糊综合评价法识别出农村社区治理能力现代化可能存在传统性与现代性、公共性与自主性的双重困境，为及时扫除现代化障碍，有必要健全"三治"融合的农村社区治理体系，以提升社区文化引领、依法办事、矛盾预防化解等能力；构建信息共享的农村社区管理服务平台，以提升社区居民参与、服务供给、信息化应用等能力，进而破解双重困境给农村社区治理能力现代化带来的迟滞性障碍。

第四章

农村社区治理能力现代化
双重困境的影响因素研究

农村社区治理能力现代化评估结果显示，公共性与自主性、传统性与现代性构成了农村社区治理能力现代化的双重困境，从理论与现实层面的分析结果来看，政府、社区和居民等不同主体对社区公共事务的关注焦点不同导致各自表现出公共性与自主性的强弱不同，甚至在某些时候形成了不同主体在公共性与自主性上的困境；"管""治理"的理念冲突、"礼""法"的制度摩擦和"拙""智"的工具碰撞更是成为农村社区治理能力现代化的传统性与现代性困境。虽然，前面识别出了农村社区治理能力现代化的双重困境，也从理论层面分析了形成机理，但是仍然不足以支撑起对双重困境的破解证据。因此，本章重点在于从多维视角切入，探寻哪些因素可能会影响农村社区治理能力现代化的传统性与现代性、公共性与自主性；哪些因素又会同时影响传统性与现代性、公共性与自主性，甚至加剧两者的冲突，扩大农村社区治理能力现代化的困境，阻碍现代化水平的提升，从而系统性地寻找双重困境的化解方案。

第一节　农村社区治理能力现代化双重困境的
影响因素测度工具选择

本书在大量文献研究和全国大规模问卷调研的基础上，采用结构方程模型法（SEM）对农村社区治理能力现代化双重困境的影响因素进行分析研究。

一　研究工具的选择及适用性分析

（一）结构方程模型概述

结构方程模型（Structural Equation Modeling，简称 SEM,）也被学者称为协方差结构模型，于 20 世纪 70 年代由瑞士知名学者约雷斯科格（Joreskog）和索博姆（Sorbom）提出，其原理是验证变量之间的因果关系和交互关系，后被广泛运用于多个研究领域。该模型如此被推崇，主要在于其有以下几方面的优点：不必对多个因变量——进行处理，可以同时处理多个因变量；不仅可以估计指标变量的测量误差，还可以对多个变量的信度与效度进行测量；容许自变量和因变量均含测量误差。在结构方程模型中（见图 4－1），可用矩形框表示观察变量（X1－X9，Y1－Y3）；用椭圆表示潜在变量（S1－S3 为外生潜在变量，A 为内生潜在变量）；e1－e12 为测量残差，e13 为结构残差（均为模型中未能被解释的变量）。

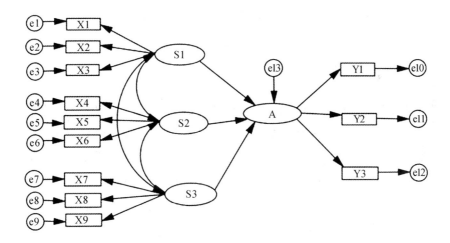

图 4－1　结构方程模型要素

资料来源：根据结构方程模型要素绘制。

（二）结构方程模型的过程分析

该模型主要包括：理论假设、模型设定、模型识别；估计与评价阶段包括：模型评估、模型拟合评鉴、模型修正。结构方程模型的具体分析过程如图 4－2 所示。

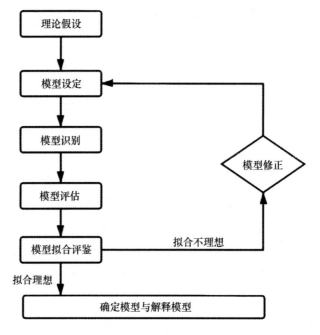

图 4 - 2　结构方程模型流程

资料来源：根据结构方程模型流程绘制。

　　模型设定是基于理论和文献来假定的各变量之间的相关性，进而确定假设模型；然后通过样本数据的引入来判定模型能否拟合成功，反之就要修正模型。另外，在分析过程还需要对计算结果中的各种符号和参数值进行估计，以判断其是否在可接受的范围内，否则就不能对模型进行拟合。结构方程模型总体拟合程度的测量标准如表 4 - 1 所示。

表 4 - 1　　　　　　　　**结构方程模型总体拟合度测量标准**[①]

	绝对适配度指数				增值适配度指数			简约适配度指数		
	GFI	AGFI	RMR	RMSEA	NFI	RFI	CFI	PGFI	PNFI	χ^2/df
适配标准	>0.9	>0.9	<0.05	<0.08	>0.9	>0.9	>0.9	>0.5	>0.5	<3

---

　　① 吴明隆：《结构方程模型：AMOS 的操作与应用》，重庆大学出版社 2010 年版，第 56 页。

二　结构方程模型构建

建构农村社区治理能力现代化双重困境的影响因素模型，既需要全方位的把握农村社区治理能力现代化双重困境的构成要素和作用机理，也需要明确影响农村社区治理能力现代化双重困境形成的潜在因素。本书从乡村振兴推进农村社区治理能力现代化双重困境的研究，跳出了国家与社会的二元窠臼之争，从"理念—结构—行动"视角切入，因此，影响因素模型的设计需要在考虑农村实践的基础上，充分借鉴学界优秀研究成果。

（一）因变量选取

我国的农村社区是在一定地域范围内由生活方式、价值观和行为规范大体相同的村民所形成的相对完整的区域社会共同体。对一个历史悠久的农业大国而言，农村在中国社会治理当中的根基性作用不容置疑，而农村社区的治理在国家治理、社会治理与基层治理中亦有异曲同工之妙。在"管理"迈向"治理"的时代轨道上，探讨农村社区治理能力现代化水平的影响因素，实质上就是探讨农村社区治理能力水平的现状以求查漏补缺，从而为后续农村社区治理的优化与提升提供具体思路。

然而，作为一个典型的"潜变量"，由于"农村社区治理能力现代化水平"的高低无法进行直接且有效的测量，因此在研究的开展过程中，需要对这一关键指标进行"降维"设计，即对这一指标进行科学、充分的拆解，明确其具体构成内容或者具体呈现的维度，从而实现对目标区域内农村社区治理现代化实际水平的有效测量，进而为下一步探究农村社区治理能力现代化水平的具体影响因素奠定必要的基础。

"农村社区治理能力现代化水平"作为一个复合性概念，实质上是多种类能力相互叠加、共同驱动的结果。农村社区作为正式权力运作体系的最终发力场，在进行"治理"现代化的过程中，其核心就是要通过正式与非正式的治理方式实现农村社区的总体"治理有效"，总体目标是位于整个能力体系内各个具体能力水平高低的完整聚合。在本书中，通过对前半部分"农村社区治理能力现代化水平"现状的考察，认为其总体上可以分为两大维度四个方面进行解构，分别是：公共性与自主性、传统性与现代性。在此基础上，我们融合了政府、社区与居民这三大主体进行综合研究，即实现主体与要素的匹配便于进一步研究。

首先，"公共性"是农村社区治理能力现代化的先决因素。在对农村社区治理能力进行考察时，其实质就是探究农村社区三大主体的公共意识、公共责任和公共能力的表现状态。农村社区治理能力现代化水平的提升需要聚合三大主体的公共性，让社区治理多元力量走向合作共治，因此农村社区的公共性问题是治理能力现代化必须关注的重大问题。

其次，"自主性"是农村社区治理能力现代化的核心要素。"治理"之所以更能体现时代感，在于它将农村社区管理的责任和权力分配给了多元化的主体，不再仅仅寄希望于行政主体身上，但很显然要实现这个目标其所内涵的要求比"管理"高得多，其中最为关键的就是如何激发出不同主体的自主性意识，使其愿意、能够参与到农村社区治理能力现代化当中。

再次，"传统性"是农村社区治理能力现代化的必要因素。中华民族文化有着极其强大的历史惯性，包括我们的行政体制、机制、方式，乡土社会的维系更替都有着明显的历史和民族特性，这些特性的存在对我们诸多方面的治理产生着双重影响。一方面，作为积极因素能为我们推动农村社区治理能力现代化水平提升提供驱动力；另一方面，其消极因素又会成为能力水平提升的障碍。在现代技术、信息的冲击下，农村社区正在经历一场前所未有的巨变，一些传统性的因素在农村社区治理中起起伏伏不断挣扎，如何发掘出"传统性"因素当中的积极力量是值得思考的议题。

最后，"现代性"是农村社区治理能力现代化的指向因素。在新的时代环境下，农村社区的治理方向必然会以现代性为指引，实现为人服务这一终极目标，即用科学、人文与法治精神，以及自由、平等、民主的理念促进社会质的转变。

综上所述，本书认为对于农村社区治理能力现代化水平的测量，可以从公共性与自主性、传统性与现代性这两对范畴入手加以细化和补充。前面通过现代化现状的评估发现，传统性与现代性往往由于"管与治""礼与法""拙与智"之争，以及基层政府较强的公共性与自主性和居民的弱公共性与弱自性，使得农村社区能力现代化进程陷入治理困境。虽然前面分析了两对困境的现实形成机理，但为了更加客观和科学地发现农村社区治理能力现代化的真实阻碍，本书把两对困境视为两组因变量，通过测量以找到与现实大体一致或完全不同的影响因素，为最终的破解方案提供系统性依据。

（二）自变量选取

农村社区治理能力现代化的双重困境通过评估发现有公共性与自主性、传统性与现代性两对范畴，因此本书在对自变量的筛选上，基于"理念—结构—行为"的思维框架对影响因素进行筛选，以保证自变量选取的合理性与可靠性。由于相关研究较为缺乏，本书将在已有文献研究的基础上，进一步结合实地调研情况，筛选出相关的影响因素。

从理念维度来看，在传统农村社会中，受封建礼教、血缘亲属关系的影响，共同构建起熟人社会中传统性的礼治秩序。张振波、金太军认为传统性价值在现代化冲击下遭到质疑，使得家长性、权力性价值成为异端，而现代性价值例如自由、平等则因为缺乏相应的社会观念、制度结构支撑而成为空中楼阁。① 在此背景下，施雪华、禄琼提出社区在整个社会价值体系中担任的是承上启下的功能，对于我国社区的现代化建设来说，并不是要去产生或移植一门宗教来解决这个问题，而是从我们本来的文化中寻找一种信仰的张力，来重新形成我们价值层面的凝聚力。② 因此，现代化进程中需注重社区先进文化的孕育与内化，发挥其对农村社区治理能力现代化的引领作用。为推进乡村治理现代化，需构建自治、德治与法治有机结合的乡村治理体系，其中法治与德治的互动融合是重要内容。孙绍勇、陈锡喜提出法治文化能够避免法制缺失而带来的法治尴尬，同时克服德治自身的"肌无力"窘态，从而发挥其在治理体系中的良法善治和社会秩序维护的实化作用。③ 同时，陈东辉认为基层

---

① 张振波、金太军：《风险社会视域中的国家治理模式转型》，《江海学刊》2017 年第 2 期。

② 施雪华、禄琼：《我国社区文化治理的新探索——以保定美地社区为例》，《理论探索》2017 年第 3 期。

③ 孙绍勇、陈锡喜：《法治文化的动态生成及其在国家治理现代化中的作用》，《河南社会科学》2017 年第 6 期。

社会治理从行政管制走向多元合作治理理念的转换，其中基层党组织是新形势下做好群众工作、维护群众利益的最根本、最直接、最有效的力量。① 那么，在基层党建引领社区治理过程中，党建文化则是对农村社区治理能力现代化双重困境的理念体现。综上，本书将上述要素归纳识别为"文化意识"，意图考察文化意识对农村社区治理能力现代化双重困境的影响情况。

从结构维度来看，随着国家治理现代化的推进，治理结构、制度体系等成为学界探讨治理能力现代化困境的重点。唐皇风认为，当多元化和分化的速度远远高于社会同化与整合的速度，而在现代国家制度体系、市场规范机制和契约性社会纽带发育尚不成熟的现实条件下，国家保持充沛的权威合法性、强化政令的有效贯彻，理应是维护社会政治稳定的基本途径。由此可见，结构层面的制度在治理能力现代化过程中是不可或缺的重要要素，尤其是在农村社会治理过程中，制度体系的规范化、法治化与否决定了其治理效能的高低。② 陈荣卓、唐鸣则认为随着城乡一体化的推进，以基层党组织为主体、以行政权力和资源垄断为依托、依靠自上而下的动员和命令来开展活动的传统基层治理方式遇到发展瓶颈。③ 李敬煊、陈瑞婷认为由于广大乡村地区正处于社会转型升级时期，需推进基层现代化基层治理体制的制度化、规范化和程序化。④ 综上，本书将上述要素归纳总结为"治理体系"，进而考察治理体系对农村社区治理能力现代化双重困境的影响程度。

从资源环境维度来看，农村社区治理能力现代化的公共性与自主性、传统性与现代性的发挥必然需要相关的支撑与保障，诸如物力、财力、人力等资源的供给，这也决定了对公共性与自主性、传统性与现代性的发挥程度。从农村社区自身的资源环境来看，随着工业化、城市化进程

---

① 陈东辉：《基层党建引领社会治理创新的探索与路径》，《理论与改革》2019 年第 3期。

② 唐皇风：《"中国式"维稳：困境与超越》，《武汉大学学报》（哲学社会科学版）2012年第 5 期。

③ 陈荣卓、唐鸣：《农村基层治理能力与农村民主管理》，《华中师范大学学报》（人文社会科学版）2014 年第 2 期。

④ 李敬煊、陈瑞婷：《国家治理视域下中国城乡基层治理现代化的困境与路径探析》，《兰州学刊》2020 年第 7 期。

的推进，置于农村社区这一特殊的治理环境中，任中平认为农村空心化
严重，村民自治制度处于空转状态；精英人才流失严重，导致农村治理
主体严重弱化等问题日益突出。① 那么，在碎片化、空心化以及农村内核
荒芜化的现实背景下，常明杰认为整体性、集聚性的农村社区建设能够
将村落的整合、土地的整合、基础设施的整合与人的整合结合起来，形
成空间集聚下的新型乡村社区，进而解决当前农村的治理困境，提升农
村治理能力的基本路径。② 同时，在农村社区治理过程中农民的主体性地
位与作用的发挥成为关键环节。倪咸林、汪家焰认为乡贤作为传统时期
乡村治理的内生主体基础，促进了乡土社会的有效治理。步入新时代，
随着传统乡贤的消逝与落寞有必要培育新乡贤，积极发挥其在乡村治理
中的示范、引领和组织作用。③ 可见，农村社区的居民结构、集聚属性以
及内生主体是农村社区治理能力开展的重要基础，本书将上述要素归纳
总结为"资源环境"，进而考察资源环境对农村社区治理能力现代化双重
困境的影响。

从经济资源来看，产业兴旺是乡村振兴的重要内容，同时也是农村
基层治理的重要支撑。张彬提出在乡村地区治理导向不断强化和发展自
主权相对弱化的普遍趋势下，乡村振兴战略的提出凸显了治理和发展之
间关系的不协调性。④ 李年俊认为，改革开放后，农村村级集体经济在重
"分"的思维下日趋被"边缘化"，通常出现承包户逐渐"富起来"、村集
体日益"穷下去"的现象。然而，农村环卫保洁、治安联防、基础设施
建设维护等公共服务都依赖村集体。"薄弱化""空壳化"的村集体一定
程度上抑制了农村基层党组织和"村民自治"的生机活力。⑤ 不能否认的
是，村集体经济在农村社区治理过程中的基础与财源。同时，伴随着农

---

① 任中平：《村民自治遭遇的现实困境及化解路径》，《河南社会科学》2017 年第 9 期。

② 常明杰：《由碎片到整体：农村社区化治理的现实困境与路径构建》，《农村经济》2016
年第 8 期。

③ 倪咸林、汪家焰：《"新乡贤治村"：乡村社区治理创新的路径选择与优化策略》，《南京
社会科学》2021 年第 5 期。

④ 张彬：《乡村治理与发展的协调路径》，《云南大学学报》（社会科学版）2020 年第
1 期。

⑤ 李年俊：《边远贫困地区村级集体经济对基层治理的影响——以云南省怒江州为例》，
《云南行政学院学报》2018 年第 4 期。

村社区化治理过程中，社区精英能人的作用同样不可忽视。李祖佩，梁琦认为富人治村更多采用短期性利益化手段或者援引社会势力摆平矛盾和村民的不满，弥补了基层政府治理能力和治理手段不足，使得大量治理任务能够在短期内得以完成。① 本书将这一要素归纳为"经济发展"，考察经济发展对农村社区治理能力现代化双重困境的影响。

从人才要素来看，农村社区治理能力现代化中无论是公共性与自主性、传统性与现代性的产生，最终都需要通过社区基层干部等加以呈现。王清提出在压力型体制下，基层干部需要不断地应付持续增加的行政事务，使得基层超负荷运转成为常态。② 而在现代化治理背景下，社区基层干部由于受到过度的行政挤压，在社区治理事务的及时处理与社区服务的有效供给方面，难以发挥其效用。其中，尚虎平提出在治理能力现代化过程中，尤其是对干部队伍的能力提升尤为关键，具体表现为干部队伍的高素质与专业化的充分结合。③ 因此，本书将上述要素归纳总结为"干部队伍"，考察干部队伍对农村社区治理能力现代化双重困境的影响。

综上所述，本书结合学界已有研究成果和农村社区治理能力现代化过程中的实际情况，基于整个公共性与自主性、传统性与现代性的发挥过程，如表4-2所示：共筛选出文化意识、资源环境、经济发展、干部队伍、治理体系五个潜在的影响因素作为模型的自变量。

（三）农村社区治理能力现代化的双重困境影响因素模型

通过前文的理论探讨，本书在识别出研究所需的因变量以及自变量后，初步构建起农村社区治理能力现代化的双重困境影响因素模型，如图4-3所示，并将在后文中分别对模型内变量间的相互关系进行阐释，从而提出可供实证验证的，涉及自变量与农村社区治理能力现代化双重困境间影响关系的假设。

---

① 李祖佩、梁琦：《资源形态、精英类型与农村基层治理现代化》，《南京农业大学学报》（社会科学版）2020年第2期。

② 王清：《基层干部负荷沉重的治理机制》，《人民论坛》2019年第34期。

③ 尚虎平：《建设高素质专业化干部队伍难点在哪》，《人民论坛》2020年第30期。

表 4 - 2　　　　　　　　　　　　　自变量汇总

目标项	变量	来源
农村社区治理能力现代化双重困境的影响因素	文化意识	张振波、金太军（2017）
		施雪华、禄琼（2017）
		孙绍勇、陈锡喜（2017）
		陈东辉（2019）
	资源环境	常明杰（2016）
		任中平（2017）
		龚丽兰、郑永君（2019）
	经济发展	张彬（2020）
		李祖佩、梁琦（2020）
		李年俊（2018）
	干部队伍	陈胜婷（2006）
		王清（2019）
		尚虎平（2020）
	治理体系	唐皇凤（2012）
		陈荣卓、唐鸣（2014）
		燕继荣（2014）
		李敬煊、陈瑞婷（2020）

资料来源：经课题组整理所得。

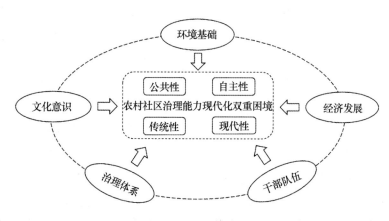

图 4 - 3　影响因素模型

资料来源：经课题组整理所得。

第二节 农村社区治理能力现代化双重困境影响因素的研究假设

研究假设是研究者在对经验事实和科学理论充分掌握的基础上做出的有待验证的推断性论断，它是研究者在进行正式研究之前的预想。本书聚焦农村社区治理能力现代化双重困境的影响因素，从而提炼出影响农村社区治理能力现代化双重困境的因素类型及其作用机理，并构建出农村社区治理能力现代化双重困境的影响因素的理论模型。结合我国农村社区在治理能力现代化中的工作实践和学界探讨，本书将分别对该模型中的内在变量及其关系进行阐释，并提出可供实证验证的涉及变量间及其与农村社区治理能力现代化双重困境间影响关系的假设。

一 文化意识与"四性"的关系

文化意识是群体共同形成的意识，村民们如何看待农村社区治理能力现代化与双重困境的形成在很大程度上相关。中国传统农村属于典型的乡土社会，村落的形成与血缘、地缘关系密切相关，不同的村落之间因血缘关系的分化也形成了一定的内在联系。有一定血缘、地缘关系的农民相隔不远，自然形成了一个个村落、社区，社区内部的成员也彼此守望相助，成员对村落的归属感和认同度较强。因此，乡土社会稳定性较高，村里大小事务主要由村里具有较高德行、声望的人来实施管理，依礼而治，并由此形成了"无讼"社会。乡土社会的治理也不仅依靠乡绅评判，还依靠在人们长期社会交往过程中形成的非正式制度——村规民约的作用。村规民约产生于传统的基层乡村社会，深深植根于村民日常生产生活之中，是稳定乡村社会秩序、促进乡村社会善治的一种重要的治理手段。

随着现代社会的建立，科学、人文、法治的精神和自由、平等、民主的理念逐步渗入社会治理，农村社区治理也不例外。2018 年修订的《中华人民共和国村民委员会组织法》二十七条规定，"村民会议可以制定和修改村民自治章程、村规民约，并报乡、民族乡、镇的人民政府备案"，村规民约"软法"地位和作用在乡村社会治理中更加凸显。农村社区治理走上制度化、规范化、程序化、法治化轨道。但是，现实表明，广大农村社区空心化、精英人才流失，老龄化的社区干部不擅长于现代性治理工具的使用，习惯于传统技术治理，叠加其他因素后进一步加剧了传统性与现代性困境。与此同时，农村社区人口的大量流失，城乡流动生产、生活、居住，对农村有限权益和公共事务的关注度呈现间歇性特征，甚至漠不关心。显然，农村社区多元治理主体的文化意识并未因为文化程度的提升而更好地发挥传统性与现代性功能，以及培育良好的公共性与自主性意识。基于以上研究分析，本书提出如下假设：

　　H1：文化意识对农村社区治理能力现代化的传统性具有负向影响；

　　H2：文化意识对农村社区治理能力现代化的现代性具有正向影响；

　　H3：文化意识对农村社区治理能力现代化的公共性具有正向影响；

　　H4：文化意识对农村社区治理能力现代化自主性的具有负向影响。

二　资源环境与"四性"的关系

资源环境在本书中包括农村居民聚居形式、人口构成情况等与治理能力现代化相关的因素。研究表明，居住地域越小、人口规模越少、居民关系越密切，村民自治越有效；散居村落比集居村落的自治更有效。[①]我国目前的乡村居住形态的主要特征是大量脱离农业生产的人口分散在村庄居住，在新一轮合村并镇改革后，村庄规模通常在 2000 人左右，村庄和农田夹杂在一起，国家能力想要快速直达乡村并不容易，[②] 这也直接导致村委会成为政府的延伸机构，承接大量行政事务；使得基层政府与农民在公共性与自主性上的强弱边界分明。

在推行乡村振兴战略的过程中，农村人口是战略实施的重要参与者和保障者。虽然政策环境较好，但我国农村青壮年劳动力外流，一方面使得农村社区治理人才匮乏且结构不合理，削弱了乡村振兴的人口结构基础，阻碍了乡村振兴目标的实现；[③] 另一方面，老龄劳动力对新技术持

---

　　① 侣传振：《集居与散居：村民自治有效实现的居住条件》，《东南学术》2016 年第 2 期。

　　② 陈明：《国家能力、居住形态与治理现代化——基于新冠肺炎事件的反思》，《学术探索》2020 年第 4 期。

　　③ 茆长宝、熊化忠：《乡村振兴战略下农村人口两化问题与风险前瞻》，《西南民族大学学报》（人文社科版）2019 年第 8 期。

保守态度，不利于农业产业振兴和农业农村现代化。基于以上研究分析，本书提出如下假设：

H5：资源环境对农村社区治理能力现代化的传统性具有负向影响；

H6：资源环境对农村社区治理能力现代化的现代性具有正向影响；

H7：资源环境对农村社区治理能力现代化的公共性具有正向影响；

H8：资源环境对农村社区治理能力现代化的自主性具有正向影响。

三　经济发展与"四性"的关系

现代性是现代化结果，现代化是社会进步的一种重要表现形式，而经济基础是衡量一个国家是否能真正实现社会进步的重要基石，经济发达程度决定了农村社区治理的资金、资源、人才等要素的充分供给程度。"三农"作为我国社会发展过程中的一大短板，现代化程度低的原因就在于经济发展程度较低，从而跟城市的差距越来越大。党的十八大以来，集体经济的强劲发展势头在一定程度上提升了农业现代化水平，提高了农村居民收入，农村自治程度有所提高，也有许多发家致富的能人通过多种渠道致力于家乡公共事务治理。

但是，农村社区治理的传统性特征仍然明显。一方面，农村能人的工作地可能在农村或城市，但他的固定资产却在城市，除了生产再投入以外的资源基本流向城市，即使有可能成为农村致富带头人，但小农理性也会迫使其不愿意过多牺牲个人利益来推动社区公共事务治理绩效的提升。因此，这部分群体的经济自主性与社区治理的自主性和公共性是矛盾的。另一方面，国家反哺乡村治理的诸多战略促使大量的政府资源和社会资本向农村倾斜，却因农村的空心化和老龄化使得现代性治理手段难以实现，传统治理成为农村社区治理常态，这又导致农村社区治理能力陷入传统性与现代性困境。从长远发展趋势来看，只有农村经济实力增强，人均收入不断提高，农民才会从"温饱问题"中解脱出来，才会有更多精力注重自己的权利和义务，才会更加积极主动参与乡村治理，才会不断促进农村实现现代性。基于以上研究分析，本书提出如下假设：

H9：经济发展对农村社区治理能力现代化的传统性具有负向影响；

H10：经济发展对农村社区治理能力现代化的现代性具有正向影响；

H11：经济发展对农村社区治理能力现代化的公共性具有正向影响；

H12：经济发展对农村社区治理能力现代化的自主性具有负向影响。

四　干部队伍与"四性"的关系

农村作为国家对整个社会进行有序管理的"最后一公里"，其管理绩效显著影响着国家的整体绩效。我国是个农业大国，农村人口众多、幅员辽阔，国家对农村的管理在很大程度上依赖于基层干部发挥桥梁作用，既要准确传达和严格执行各级政策，充当好"代理人"角色，又要代表农民向上反映各类诉求，发挥"连心人"角色。然而，随着城市化进程的不断加快，农村人口流失严重，村社干部老龄化现象较为突出，这就使得农村社区无论是散居还是集中，在一群受教育程度不高、管理和专业技能也较为匮乏、对现代信息技术的学习能力较弱、对于先进社区管理理念的接受度也偏低的专兼职工作者治理下，传统性与现代性冲突尤其明显。另外，老龄化的村社干部并不因为世界的变化而迅速改变"小农理性"，甚至因为农村空心化而挤占其他居民权益，比如村社干部选举、农村公共事务决策等，加剧了公共性与自主性的矛盾。

对于上述现象，乡镇政府并非不清楚，若要大力提升村社干部治理水平，又会受限于资金和这部分群体的主动排斥而放任不管；若要约束村社干部的越矩行为，又会担心他们的撂挑子行为影响了行政事务的执行效率。令人欣喜的是，随着近年来法治社会的大力推进和基层公务员队伍素质的广泛提升，乡镇政府开始整治村社干部社区治理中的不规范行为，加大了法治培训力度和致富能人与乡贤的培育工作，一大批返乡精英开始有计划地取代老龄化的社区专职工作者，以此提升干部队伍的公共性治理意识和培育社区居民的自主性意识。基于以上研究分析，本书提出如下假设：

H13：干部队伍对农村社区治理能力现代化的传统性具有负向影响；

H14：干部队伍对农村社区治理能力现代化的现代性具有正向影响；

H15：干部队伍对农村社区治理能力现代化的公共性具有负向影响；

H16：干部队伍对农村社区治理能力现代化的自主性具有正向影响。

五　治理体系与"四性"的关系

治理现代化是党的十八大以来的高频词汇，包括治理体系现代化和治理能力现代化两部分内容。① 从 2021 年 4 月 28 日出台的《中共中央、国务院关于加强基层治理体系和治理能力现代化建设的意见》来看，基层的治理体系与此前出台的《中共中央、国务院关于加强和完善城乡社区治理的意见》基本相同，均强调党的组织建设和领导体制、简约高效的乡镇（街道）管理体制、社会参与制度、群众自治和法治德治建设，其核心在于通过治理体系的现代化来提升基层政权五大治理能力、村社组织动员能力和智慧治理能力的建设。显然，中央顶层设计的核心在于以制度建设为重点，以能力建设为抓手，提升基层治理社会化、法治化、智能化和专业化水平。

目前，农村社区治理体系呈现多种类型或模式，比如，村两委最大化程度融合、村两委与集体经济组织同构的组织结构，"三会"与"三共"成为农村社区最为重要的治理力量，诸多自组织和社会组织广泛介入，综上可见，农村社区治理体系呈现复杂化、多样化趋势，甚至有的地方将上述模式合并使用（见图 4-4）。

复杂的治理体系对治理能力现代化提出了更高要求，包括治理能力能够促进社区治理的公共性、自主性、现代性提升，以及传统性正向作用的发挥。基于此，本书提出如下假设：

H17：治理体系对农村社区治理能力现代化传统性具有负向影响；

H18：治理体系对农村社区治理能力现代化现代性具有正向影响；

H19：治理体系对农村社区治理能力现代化公共性具有正向影响；

H20：治理体系对农村社区治理能力现代化自主性具有正向影响。

六　自主性与公共性的关系

中国传统社会具有极大的稳定性，这种稳定性主要是指在两千多年的封建专制制度下，尽管朝代在不断更迭，然而其体制却没有本质性的变化，这种"束紧"机制传递给社会的作用就是生活在其中的人的自主性被极大地湮灭，加之各种思想学说尤其是儒家思想对人的主体性的约束，因而最终大多数普通人对"庙堂之事"敬而远之。新中国成立后，

---

① 王绍光：《国家治理与基础性国家能力》，《华中科技大学学报》（社会科学版）2014 年第 3 期。

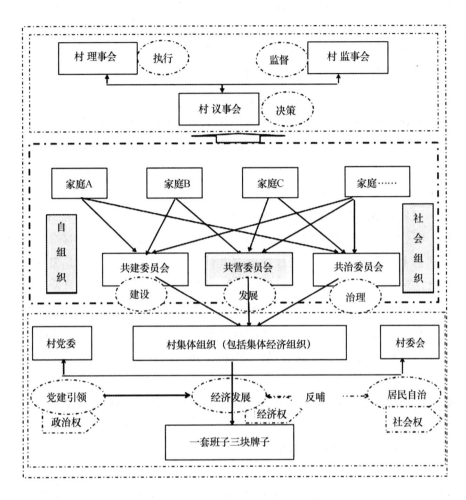

图 4 - 4 农村社区治理体系现状

资料来源：经课题组整理所得。

在对国家与社会进行重构之后，原本作为"末民"的普通人翻身成为国家的主人，这意味着普通人对于国家和社会事务有了参与的机会。也正是在这样的背景下，通过以人民代表大会制度为代表的参与机制的加持作用，普通人开始通过各种渠道和方式去参与公共事务，实现"主人翁"身份和作用的转变。

但如前所言，社会的巨大稳定性传递到人身上就形成了普通人对"参与"的漠视，当然这其中也掺杂着个人能力和意愿的影响。传统社会中，乡村、农民的政治与社会地位是极其低下的，即使是新中国成立后这种状况也并不能在短时间内有所变化。然而必须承认的是，在体制、制度不断建立并完善，尤其是改革开放后经济跨越式发展的背景下，中国农民的参与意识和参与能力与日俱增，这背后也离不开国家层面对乡村与农民地位的重视，尤其是当行政模式和方式从"管理"迈向"治理"后，普通人的参与既是必然的也是必须的，对社会治理与基层治理而言，农民参与的积极性不断增强、参与的能力不断提升，对于农村社会的建设、矛盾的化解、国家的稳定等都大有裨益。也就是说，当农民能够有机会、有能力又有意愿参与农村建设，既是对个人主体性增强的一种助推，也是对维护农村社会公共利益的一种助推。

在前面对双重困境的形成机理分析中，我们认为，政府的强公共性和强自主性会导致社区和居民的弱公共性与弱自主性，该结论是基于农村社区治理的现实状况得出的。但是，从法理层面来看，农村社会属于自我管理、自我教育、自我服务和自我监督的自我治理社会，根据村民委员会组织法，基层政府在村庄治理中的主要职能是指导、支持和帮助等，村民依法自治范围内的事项不得被干预，因此，这里的假设没有涉及公共性对自主性的影响，仅提出如下假设：

H21：农村社区治理能力现代化的自主性对公共性具有正向影响。

七　传统性与现代性的关系

中国传统社会极大的稳定性不只是表现在对政治体制的影响上，更为重要的一个方面是对文化意识观念层次的一种极强的保持力，也就是所谓的"传统性"。这种传统性产生在漫长的历史征程中，又在漫长的历史过程中发展演化，最终形成了它的双重作用力。对这一方面的描绘，以费孝通先生的"乡土中国"最为精准，如"乡土本色""男女有别""无讼""礼治秩序"等，时至今日在中国农村社会中还有着广阔的生存空间。如前所言，这种传统性有着双重作用力，在保证传统乡土社会稳定性的同时，却增加了新时代农村社区治理现代化征程的不和谐因素。虽然，农民文化程度得到极大提升，在各级普法宣传和城市文化浸润下，农民的法律意识也有所增强，能够运用法律知识保护自己，但是囿于诉讼成本、个人利益最大化选择、传统观念等的影响，他们往往更愿意采取信访、网络曝光等形式维护自己的权益，再加上基层政府常常采取"花钱买平安"的行为，又进一步强化其抛弃法治维权路径，农民的这种现实选择显示出农村社区的传统性对现代性的强烈阻滞。

但是，现代化的衡量标准之一就是法治化。党的十八届三中全会提出国家治理现代化战略，那么依法治理就是重要的应有之义。从《中共中央国务院关于加强和完善城乡社区治理的意见》《中共中央、国务院关于加强基层治理体系和治理现代化建设的意见》等多个文本来看，依法治理成为农村社区治理必然的公共选择，也得到了各级政府的高度重视和认真贯彻落实。从对农村社区治理能力现代化的评估结果来看，依法治理能力在六大能力中排在第四位，为了实现城乡社区治理和国家治理现代化的战略目标，未来还需要提高法律、法规和政策等"物"的生命力、执行力，更加强化依法治理能力的提升，通过法治革新传统性要素中的消极影响因素，实现农村社区治理能力的现代化。因此，本书着重从现代性对传统性的影响方面提出以下假设：

H22：农村社区治理能力现代化的现代性对传统性具有负向影响。

第三节　农村社区治理能力现代化影响因素的实证分析

一　问卷设计

问卷设计在整个问卷调查中起到基础性作用，问卷质量的水平影响着后续研究数据处理、结果分析的科学性、准确性。因此，一份有效、合理的调查问卷需要严格遵循问卷设计的流程与原则，在此基础上结合文献与实地调研，梳理相关观测指标，从而展开对具体问卷问题项的设计，通过对问卷的信度与效度检验，保障问卷的合理性、有效性，最终展开正式的问卷调查，为后续研究提供可依据的数据基础。问卷调查中最为重要的工具是一份精心设计的问题表格，用来收集数据和测量相关变量，以及后期数据处理与分析，为整个研究过程提供数据支撑。由于问卷设计是否合理、有效对于整个问卷调查的质量高低起到关键作用，有必要严格遵循以下问卷设计的流程与原则，从而保证问卷整体的质量。

（一）问卷设计流程

调查问卷是社会科学研究中收集数据、反映问题的重要工具，由于问卷设计的质量将直接影响最终收集到的数据的质量，进而影响该项课题研究的科学性、准确性，因此问卷设计是整个课题研究过程中的关键环节。为设计出一个尽可能收集到较为完整资料、更接近研究主题的调查问卷，本书将严格遵循以下流程开展调查问卷的设计工作，如图4－5所示。

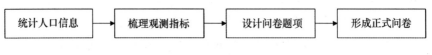

图4－5　问卷设计流程

资料来源：经课题组整理所得。

首先是进行人口学变量的测量，明确调研对象的基本信息与群体划分，为后续研究提供分类分析的准备；其次是根据前文所构建的指标体系，梳理出用于测量包括自变量和因变量在内的潜变量的具体观测指标；再次分别就不同维度的潜变量的指标进行对应的问题项设计；最后是通过对问卷问题项的梳理与排序，形成逻辑合理的正式问卷。按照上述步骤依次展开问卷设计工作，能够保障问卷设计的逻辑连贯性与科学性。

（二）问卷设计原则

问卷是问卷调查活动中一种重要的中介物，其质量的好坏直接影响到整个调查的成败。为保证调查问卷的质量，在问卷设计的过程中同样需要遵循以下几方面的原则，从而通过问卷能够收集必要数据、反映真实情况。

一是明确研究问题。本书研究围绕农村社区治理能力现代化的双重困境及其影响因素展开，在明确此研究问题的基础上进一步提出研究假设，并根据研究假设在问卷中设计相应的问卷题项，以达到最终验证假设是否成立的目的。因此，凡是与研究问题无关的问题项均属于无关项，不应设计到正式问卷中，影响整体问卷的质量与水平。

二是选取恰当题项。设置问题项的目的在于测量难以通过直接观察或统计得出的潜变量，从而为后续的数据分析提供必要的基础。因此，关于问题项的设置要围绕研究假设展开，保证测量的相关性与有效性。

除此之外，考虑到问卷的调查对象包括村社干部、居民群众等，应尽量做到问卷语言的通俗易懂，在语句表述中尽可能地简短、精炼，避免出现明显带有价值判断或者情绪色彩的词汇，从而误导调研对象的问卷填写。与此同时，要合理设置问题项的数量，不宜过少或过多。问卷题项数量过少容易导致观测变量难以有效测量指标项，而数量过多容易导致调研对象失去耐心，从而影响问卷最终的质量。

三是确保逻辑连贯。在设置不同维度的问题项时，要特别注意上下问题项之间内容的逻辑性，因此在问题项的排序方面应该严格按照研究假设的顺序设置。一方面，有利于提升问卷整体的信度与效度；另一方面能够方便后续数据的处理与分析。因此，在问卷设计的过程中需要注重内容设置上的逻辑性与不同问题项之间的连贯性，从而提升问卷整体的质量。

（三）问卷题项设计

农村社区治理能力现代化双重困境影响因素的测量包括被调查对象的基本信息和影响因素，尤其是通过扎根理论和学界研究成果所归纳出的公共性与自主性、传统性与现代性的基础上，立足于农村社区治理中的实际工作情况，构建了农村社区治理中文化意识、资源环境、经济发展、干部队伍以及治理体系五个潜变量真实情况的测量题项。

1. 调查对象基本信息

该部分主要测量人口学变量，题项涵盖了调查对象的性别、年龄、民族、学历、居住所在地、职位以及开始第一份工作的年龄，以上信息作为本次问卷调查的基础性信息，为后续研究分析提供基础性数据。

2. 农村社区治理能力现代化双重困境的影响因素测量

基于前文对农村社区治理能力现代化的公共性与自主性、传统性与现代性两对范畴测量的基础上，根据前文的理论梳理与研究假设，本书结合相关文献研究认为文化意识、资源环境、经济发展、干部队伍、治理体系可作为农村社区治理能力现代化双重困境的影响因素。因此，通过测量上述五项影响因素与农村社区治理能力现代化双重困境之间的关系，是探究困境产生诱因、提升治理能力的关键。此外，为提升研究的可行性与可操作性，本部分将采用李克特五点式量表对观测变量进行问题项设计，其具体指标、问题项设置详见表4-3。

表 4 - 3　　　　　　　**农村社区治理能力现代化双重困境影响**
因素测量指标及问题项设计

指标	问题项	选项
文化意识	W1 农村社区社会主义核心价值观的宣传更有利于提升农村社区治理效果	
	W2 农村社区中的法治文化氛围更有利于解决农村矛盾纠纷	
资源环境	W3 农村社区党建文化的引领较多	
	H1 农村治理人才的培育与引入较多	
经济发展	H2 农村年龄结构中的中青年人群占比较多	
	H3 农村以较为集中居住的新型社区为主	
	J1 农村具有足够的资金开展社会治理	
	J2 农村有致富能人的带领，社区治理成效就更显著	
干部队伍	J3 农村经济发达程度与农村社区治理成效正相关	非常不同意→
	J4 集体经济发展的越好，农村社会越和谐	非常同意
	G1 基层干部文化程度与农村社区治理成效正相关	
治理体系	G2 基层工作人员分工明确、专业化程度高	
	G3 社区干部具备充足的时间与精力开展社区治理	
	Z1 社区治理的规章制度规范，设计合理	
	Z2 社区多元参与机制规范，设计合理	
	Z3 社区服务供给机制稳定长效	
	Z4 社区潜在隐患应急保障机制完善	
	Z5 政府简政放权落到实处	
	Z6 目前农村法治体系健全	
	Z7 村委会自治程度越高，农村矛盾纠纷越少	

资料来源：经课题组整理所得。

　　问题项 W1—W3 主要用于测量社会环境对农村社区治理能力现代化的双重困境的影响，即"文化意识"。在农村社区治理过程中，由于农村社区处于较为特殊的文化环境，从传统治理结构到现代社会治理结构的转变过程中，社区先进文化对农村社区治理能力现代化的两对范畴起到理念引导的作用。以社会主义核心价值观引领的农村社区治理，将成为测量文化意识的主要依据。同时，社区内化形成的法治文化、党建文化也是受文化意识影响形成的产物，并能对社区治理过程起到自主地文化引领的作用。因此，通过上述问题项的设置进而判断文化意识对农村社区治理能力现代化的双重困境的影响关系。

问题项 H1—H3 主要用于测量自然环境对农村社区治理能力现代化双重困境的影响，即"资源环境"。资源环境是农村社区治理能力现代化的双重困境产生作用的空间域与能量场。农村社区治理人才的流失是导致农村社区治理能力提升受阻的关键资源要素。此外，农村社区自身资源环境的好坏，例如空心化、老龄化以及分散式居住形态等必然涉及农村社区治理过程中公共服务供给形式的不同与居民参与自主性的高低，从而全面分析资源环境与农村社区治理能力现代化的双重困境之间是否存在影响关系。

问题项 J1—J4 主要用于测量经济保障对农村社区治理能力现代化的双重困境的影响，即"经济发展"。经济发展是农村社区治理能力现代化中公共性与自主性、传统性与现代性产生较大差异的基础。农村社区的经济发展主要体现为：个体经济发展或是集体经济发展。经济发展与社会治理的关系应是相辅相成的，在治理中发展，由发展带动治理。通过致富能人来带动居民参与，在实际引导居民自主参与治理的过程中起到不可忽视的关键作用。此外，社区经济发展水平影响其对社会治理资源的更新与投入，也是测量的主要依据。需要注意的是经济发展不仅为农村社区治理带来动力、资源，同时也要考虑到其对农村社会的和谐程度的促进作用，进而判断其与农村社区治理能力现代化的双重困境之间是否存在影响关系。

问题项 G1—G3 主要用于测量主体能力对农村社区治理能力现代化的双重困境的影响，即"干部队伍"。在治理能力现代化过程中，尤其是在农村社区，治理主体的能力素质在其中起到关键作用。一方面，在基层干部的文化水平、专业化分工等方面，较低的能力素质水平容易导致在治理过程中出现干群关系不和谐、办事效率低、群众怨气大等问题；另一方面，受压力型体制的影响基层干部往往面临较大的自上而下的行政压力，进而容易导致基层干部重行政事务轻社区治理的问题。因此，有必要对基层干部队伍的"文化水平、专业化分工、行政事务占比"展开测量与评估，从而分析其对农村社区治理能力现代化的双重困境的影响。

问题项 Z1—Z7 主要用于测量制度体系对农村社区治理能力现代化的双重困境的影响，即"治理体系"。治理体系的科学化、规范化、制度化为农村社区治理能力的现代化搭建了坚实的结构基础。首先，通过规章制度的完善、机制设计的合理规范，能够规制政府行为，为居民、社会组织等多元主体提供组织化的参与制度及机制。其次，通过自治组织的自治化水平以及简政放权政策的落实程度，进一步体现了治理体系下权力下放、赋权于民的深层内涵。最后，农村法治体系健全、潜在隐患机制保障完善两方面，突出了现代治理背景下法治秩序构建、应急响应处置的关键作用，进而判断其与农村社区治理能力现代化的双重困境之间是否存在影响关系。

（四）问卷信效度检测

课题组于 2020 年 10 月至 2021 年 3 月，历时 5 个月，在重庆、江苏、四川、河南、甘肃、黑龙江、广东等 29 个省市发放问卷 4000 余份，其中回收的有效问卷为 3915 份，在剔除 755 份无效问卷后剩余的有效问卷数量为 3160 份，有效率为 80.8%。为了提高问卷调查结果统计的准确性、科学性，课题组又对回收的有效问卷开展信度与效度的检测。

信度检测。为检验调查问卷所得结果的一致性或稳定性，以及问卷各问题项之间设计的合理性，需要对回收问卷进行信度检测。学界常用克朗巴哈 α 模型检验问卷的信度，其中的克朗巴哈 α 信度系数为量表中项目得分之间的一致性，属于内在一致性系数。现有研究认为，在基础研究中克朗巴哈 α 信度系数至少应达到 0.8 才能接受，在探索研究中克朗巴哈 α 信度系数至少应达到 0.7 才能接受，而在实务研究中，克朗巴哈 α 信度系数只需达到 0.6 即可。本书对回收后的有效问卷进行信度检验的统计分析软件是 IBM SPSS Statistics 23.0，结果如表 4-4 所示。

表 4-4　　　　　　　　　　可靠性资料统计

克朗巴哈 α 信度系数	项目个数
0.691	20

资料来源：根据 SPSS 24.0 软件统计所得。

根据表 4 - 4 可知，农村社区治理能力现代化双重困境影响因素的克朗巴哈 α 信度系数为 0. 691，通过了信度检测，即本书的问卷及数据具有一定可靠性。

效度检测。为检验调查问卷所得结果的有效性或准确性，需要检测已回收问卷的效度。由于农村社区治理能力现代化双重困境的影响因素指标体系是通过文献梳理、政策学习等方式构建而得，内容效度和准则效度是可行，因此，这里的检测主要以结构效义的检验为重点。检测方法选择的工具是因子模型，通过 SPSS 24. 0 软件分析，得出 KMO 值如表 4 - 5 所示。

表 4 - 5 KMO 值

KMO 取样适切性量数		0. 782
Bartlett's 球状检验	近似卡方	1927. 759
	自由度	191
	显著性	0. 001

资料来源：根据 SPSS 24. 0 计算所得。

由此得出，本书选定研究因素的 KMO 值达到 0. 782，较为适合进行因子分析；同时也反映出问卷所收集的数据具有较高的效度，进而通过 SPSS 24. 0 软件进行因子分析，得出如表 4 - 6 所示结果。

表 4 - 6 农村社区治理能力现代化双重困境的影响因素因子分析量表

成分	初始特征值			提取载荷平方和			旋转载荷平方和		
	总计	方差%	累积%	总计	方差%	累积 %	总计	方差%	累积 %
1	4. 749	23. 744	23. 744	4. 749	23. 744	23. 744	4. 566	22. 829	22. 829
2	2. 533	12. 667	36. 411	2. 533	12. 667	36. 411	2. 589	12. 946	35. 775
3	2. 409	12. 043	48. 454	2. 409	12. 043	48. 454	2. 386	11. 928	47. 703
4	2. 063	10. 315	58. 769	2. 063	10. 315	58. 769	2. 046	10. 229	57. 932
5	1. 633	8. 166	66. 935	1. 633	8. 166	66. 935	1. 800	9. 002	66. 935

资料来源：根据 SPSS 24. 0 计算所得。

通过因子分析，采用主成分分析法，提取出 5 个公因子，与本书的问卷设计相符，且这 5 个主成分累积解释百分比达到了 66.935%，说明该问卷作为测量工具能够有效测算受访者的主观想法，具有较高的效度。

最后，考察农村社区治理能力现代化双重困境的影响因素测量表中 20 个项目的旋转成分矩阵，通过凯撒正态化最大方差法发现，旋转后成分矩阵内的第一个成分除了在 Z4 的因子载荷系数略低为 0.594 以外，Z1、Z2、Z3、Z5、Z6、Z7 的因子载荷系数均大于 0.7；第二个成分除了在 J1 的因子载荷系数略低为 0.472 以外，J2、J3、J4 的因子载荷系数均大于 0.7；第三个成分在 G1、G2、G3 的因子载荷系数均大于 0.7；第四个成分在 W1、W2、W3 的因子载荷系数均大于 0.7；第五个成分除在 H1 的因子载荷系数略低为 0.491 以外，在 H2、H3 的因子载荷系数均大于 0.7，具体检验结果如表 4-7 所示。

表 4-7　　农村社区治理能力现代化双重困境测量表旋转成分矩阵

题项	因子载荷系数				
	成分 1	成分 2	成分 3	成分 4	成分 5
W1				0.823	
W2				0.801	
W3				0.828	
H1					0.491
H2					0.868
H3					0.863
J1		0.472			
J2		0.868			
J3		0.904			
J4		0.819			
G1			0.870		
G2			0.890		
G3			0.857		
Z1	0.894				
Z2	0.882				
Z3	0.842				

续表

题项	因子载荷系数				
	成分1	成分2	成分3	成分4	成分5
Z4	0.594				
Z5	0.709				
Z6	0.859				
Z7	0.779				

注：本书采用主成分分析法为提取方法；凯撒正态化最大方差法为旋转方法，且旋转的收敛是在 5 次迭代后形成。

资料来源：SPSS 24.0 计算所得。

如果要了解问卷所设计的各个题项对相关概念的贡献，因子负荷恰好能准确反映出来；如果题项与概念关系越大，那么因子负荷值也会越大，而且每个题项中都会有一个公共因子的负荷值相较其他公共因子低（小于0.4），但在本题项中的负荷值却会比较高（大于0.4）。[1] 通常认为因子载荷系数大于0.4 的建议值时，即可证明此题项与该因子存在对应关系，若因子载荷系数达到0.7 以上，则对应关系较为理想，降维过程总体顺利。综上，可以证明农村社区治理能力现代化双重困境的影响因素测量表具有较好的效度。

二 农村社区治理能力现代化影响因素模型拟合检验

在对调查问卷进行信效度检验后，同样重要的是对影响因素模型的拟合与检验。首先，需要基于前文的研究假设和理论模型对结构方程模型进行构建、绘制与识别；其次，根据结构方程模型要求的各拟合指标对本书构建的模型数据进行检验，并以此为依据再次对模型进行修正和拟合，以得到更为适用的结构方程模型，提高研究的信度和效度。

（一）模型构建与初始检验

结合前文的研究设计与理论模型，本书的自变量为"文化意识""资源环境""经济发展""干部队伍""治理体系"；因变量为"公共性"与

---

[1] 曾五一、黄炳艺：《调查问卷的可信度和有效度分析》，《统计与信息论坛》2005年第 6 期。

"自主性""传统性"与"现代性"。由此构建了包括5个潜变量、20个观测变量以及4个显变量的初始结构方程模型。

首先，初始模型的建构。在具体操作上，运用 SEM 分析软件 A-MOS18 绘制初始结构方程路径图。其中，椭圆形代表潜变量，矩形则是外显变量（观测变量），圆形表示残差项，单箭头便是单方向的路径关系，而双箭头则代表共变关系。得到如图4-6所示的初始结构模型。

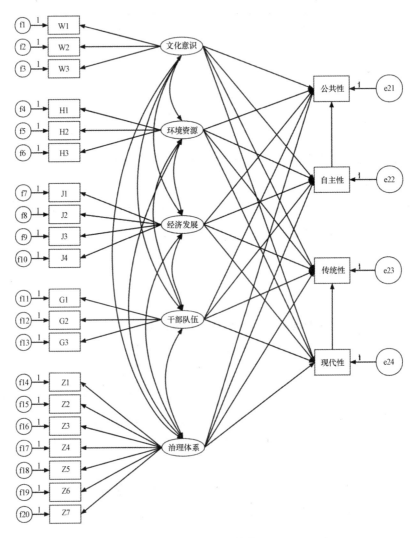

图4-6　初始结构模型

资料来源：运用 Amos 软件绘制。

其次，初始模型的检验。在模型构建之后，需要对其进行检验和拟合程度的评价。模型的评价包括路径系数、显著性检验与拟合评价。对于初始模型的拟合和检验涉及多种方法，考虑到样本量对部分拟合指标的干扰，同时拟合指数也只是反映了数据与模型之间的适配性，而并未在理论上做出考量，所以本书运用极大似然法对构建的结构方程模型进行检验，并选取部分标准进行评价和检验。对于模型拟合中可能受到样本量影响的检验指标采用卡方（χ^2）检验法，值越小表示拟合度越高；对于模型拟合中受样本量影响较小的检验指标采用近似误差均方根指数（RMSEA）法，值越小表示拟合度越高。除此之外，还有几种方法的检验值也可以参考，比如 NFI（规范拟合指数）、IFI（修正拟合指数）、CFI（比较拟合指数）、TL1（非规范适配度指标），它检验出的值的变化范围均在 0—1 之间，越接近 1 拟合度越好，通常认为大于 0.9 即表示拟合良好。[1]

表4-8　　　　　结构方程模型拟合（适配）的评估标准及其结果

指标	χ^2/df	RMSEA	NFI	TLI	CFI	IFI
判断标准	<3.00	<0.08	>0.9	>0.9	>0.9	>0.9
初始模型	1.847	0.065	0.854	0.909	0.926	0.928

资料来源：根据 Amos 软件计算结果统计所得。

从表4-8可以看出，模型除了 NFI 没有达到判断标准外，其他方法的检验结果都达到了标准，这表明本书构建的初始模型拟合较好，当然也有进步空间可以进行修正，以达到更为理想的状态。因此，同时考察初始模型的路径系数，结果如表4-9所示，其中 S.E. 是标准误，C.R. 是临界比，显著性的概率值若是小于0.001，则 P 值会以"＊＊＊"符号表示，显著性的概率值若是大于0.001，P 值就会直接呈现其数值大小。

---

[1] 温忠麟、侯杰泰、马什赫伯特：《结构方程模型检验：拟合指数与卡方准则》，《心理学报》2004 年第 2 期。

表4-9　　　　　　　　初始结构方程模型路径系数

影响路径	标准化系数	非标准化系数	S. E.	C. R.	P
文化意识→公共性	0.007	0.011	0.096	0.111	0.912
文化意识→自主性	0.018	0.02	0.059	0.334	0.738
文化意识→传统性	-0.693	-1.206	0.148	-8.176	*＊*
文化意识→现代性	0.014	-0.018	0.069	-0.26	0.795
资源环境→公共性	0.081	0.066	0.072	0.91	0.363
资源环境→自主性	0.572	0.321	0.035	9.271	*＊*
资源环境→传统性	-0.466	-0.416	0.073	-5.713	*＊*
资源环境→现代性	0.494	0.323	0.038	8.571	*＊*
经济发展→公共性	0.022	0.034	0.106	0.32	0.749
经济发展→自主性	0.319	0.343	0.062	5.54	*＊*
经济发展→传统性	0.024	0.041	0.102	0.407	0.684
经济发展→现代性	0.328	0.411	0.069	5.955	*＊*
干部队伍→公共性	0.461	0.571	0.079	7.201	*＊*
干部队伍→自主性	-0.091	-0.078	0.046	-1.694	0.09
干部队伍→传统性	-0.274	0.374	0.098	3.815	*＊*
干部队伍→现代性	0.477	0.477	0.055	8.603	*＊*
治理体系→公共性	0.536	0.638	0.09	7.073	*＊*
治理体系→自主性	0.446	0.369	0.045	8.26	*＊*
治理体系→传统性	-0.301	-0.395	0.075	-5.236	*＊*
治理体系→现代性	0.287	0.276	0.048	5.78	*＊*
自主性→公共性	-0.059	-0.085	0.144	-0.586	0.558
现代性→传统性	-0.18	-0.245	0.132	-1.865	*＊*

注：＊＊＊P<0.001。

资料来源：根据Amos软件计算结果统计所得。

由表4-9中结果可以发现，大部分因素之间都具有显著的正向影响关系，但仍然有八条路径的影响关系未达到显著水平，其P值明显大于

0.05。即包括文化意识对农村社区治理能力现代化的公共性、自主性、现代性不存在显著的正向关系；资源环境对农村社区治理能力现代化的公共性不存在显著的正向关系；经济发展对农村社区治理能力现代化的公共性不存在显著的正向关系；经济发展对农村社区治理能力现代化的传统性不存在显著的负向关系；干部队伍对农村社区治理能力现代化的自主性不存在显著的正向关系；农村社区治理能力现代化的自主性对公共性不存在显著的正向关系这八条路径。因此，再次说明了模型有进一步优化的空间，可以对该初始模型进行修正。

（二）模型修正与复检

该步骤的功能是要对初始模型的适配度进行调整，根据初始模型的适配度检验及其路径系数的分析结果来看，初始模型虽然满足部分拟合指标，但是总体拟合程度仍有进一步提升的空间，且初始模型中也还存在影响关系不显著的情况，降低了模型的解释性，所以此处尝试对初始模型进行一定的修正。

结构方程模型的修正思路有两种：模型扩展与模型限制。前者是释放或限制部分路径，后者是通过删除或限制部分路径使模型更加简洁，以此来提升模型的合理性与识别性。本书在综合考虑初始模型参数和理论分析的基础上，采用第二种思路，即删除初始模型中显著度不高的路径方式来修正模型。但是，在修正过程中需要考虑到，模型结果除了要有可靠的理论依据以外，还要能被相关专业知识解释，否则仅有合格的拟合指数和显著性检验结果的吻合度也是不行的。因此，模型修正时还需要考虑它的理论和现实意义。综上，本书主要是根据初始模型的参数显著性进行修正，将八条不显著的路径删除，对结构模型进行重新估计。得到如表4-10所示修正后的指标拟合结果。

表4-10　　　　　　　　修正后的结构方程模型拟合结果

指标	χ^2/df	RMSEA	NFI	TLI	CFI	IFI
判断标准	<3.00	<0.08	>0.9	>0.9	>0.9	>0.9
修正模型	1.801	0.063	0.901	0.929	0.928	0.929

资料来源：根据 Amos 软件计算结果统计所得。

其中，NFI值得到了明显的优化也达到了判断的标准，其他指标也相对得到了优化，因此在删除了三条不具有显著性的路径后，修正后的模型得到了合理的优化。

（三）模型评价结果

经过初始模型的构建及修正，最终修正模型的拟合指数得到提升，并且得到了拟合程度最优的结构方程模型。在此，运用AMOS中的最大似然估计法，对修正后的结构方程模型中的各变量的关系路径进行评估，得出最终模型的参数估计结果（标准化路径系数）如表4－11所示。

表4－11　　　　　　　　修正后结构方程模型路径系数

影响路径	标准化系数	非标准化系数	S. E.	C. R.	P
文化意识→传统性	− 0.690	− 1.202	0.145	− 8.279	＊＊＊
资源环境→自主性	0.566	0.32	0.035	9.141	＊＊＊
资源环境→现代性	0.496	0.326	0.038	8.699	＊＊＊
资源环境→传统性	− 0.479	− 0.432	0.066	− 6.513	＊＊＊
经济发展→自主性	0.313	0.337	0.061	5.526	＊＊＊
经济发展→现代性	0.330	0.413	0.068	6.043	＊＊＊
干部队伍→公共性	0.473	0.586	0.078	7.543	＊＊＊
干部队伍→现代性	0.494	0.494	0.055	9.023	＊＊＊
干部队伍→传统性	− 0.242	0.331	0.091	3.648	＊＊＊
治理体系→公共性	0.507	0.603	0.069	8.753	＊＊＊
治理体系→自主性	0.449	0.371	0.045	8.311	＊＊＊
治理体系→传统性	− 0.307	− 0.404	0.074	− 5.458	＊＊＊
治理体系→现代性	0.288	0.277	0.048	5.795	＊＊＊
农村社区现代性→传统性	− 0.151	− 0.206	0.106	− 1.953	＊＊＊

注：＊＊＊P＜0.001。

资料来源：根据Amos软件计算结果统计所得。

从表 4 - 11 可见，修正后模型的所有影响路径系数都在 P < 0.001 的水平上达到统计显著水平。其中，文化意识对农村社区治理能力现代化的传统性具有显著的负向影响，标准化系数影响的大小为 0.690；资源环境对农村社区治理能力现代化的自主性具有显著的正向影响，标准化系数影响的大小为 0.566；资源环境对农村社区治理能力现代化的现代性具有显著的正向影响，标准化系数影响的大小为 0.496；资源环境对农村社区治理能力现代化的传统性具有显著的负向影响，标准化系数影响的大小为 0.479；经济发展对农村社区治理能力现代化的自主性具有显著的正向影响，标准化系数影响的大小为 0.313；经济发展对农村社区治理能力现代化的现代性具有显著的正向影响，标准化系数影响的大小为 0.330；干部队伍对农村社区治理能力现代化的公共性具有显著的正向影响，标准化系数影响的大小为 0.473；干部队伍对农村社区治理能力现代化的现代性具有显著的正向影响，标准化系数影响的大小为 0.494；干部队伍对农村社区治理能力现代化的传统性具有显著的负向影响，标准化系数影响的大小为 0.242；治理体系对农村社区治理能力现代化的公共性具有显著的正向影响，标准化系数影响的大小为 0.507；治理体系对农村社区治理能力现代化的自主性具有显著的正向影响，标准化系数影响的大小为 0.449；治理体系对农村社区治理能力现代化的传统性具有显著的负向影响，标准化系数影响的大小为 0.307；治理体系对农村社区治理能力现代化的现代性具有显著的正向影响，标准化系数影响的大小为 0.288；农村社区治理能力现代化的现代性对其传统性具有显著的负向影响，标准化系数影响的大小为 0.151。

综上所述，根据初始模型及其修正结果，本书得到了农村社区治理能力现代化中"四性"的影响因素的最终结构方程模型及其路径关系，如图 4 - 7 所示。

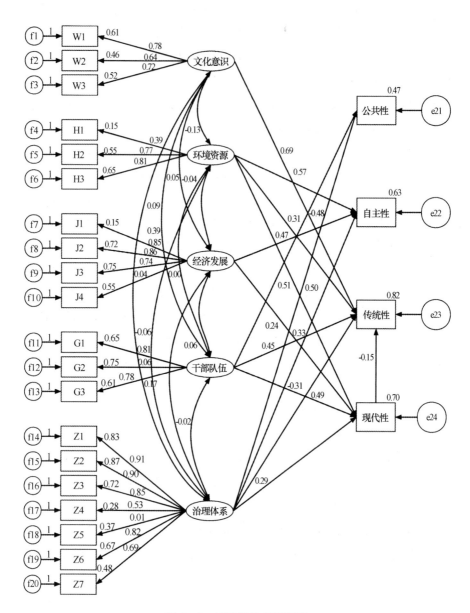

图 4 - 7 最终结构方程模型

资料来源：根据 Amos 软件绘制。

第四节　农村社区治理能力现代化影响 因素的结果分析

本书已得到农村社区治理能力现代化的公共性与自主性、传统性与现代性的影响因素的最终结构方程模型及其拟合效果与路径系数。通过 Amos 软件对该模型的运算及结果，能够清晰地反映各因素之间的影响路径、作用机理及其作用程度，并进一步对前文的研究假设进行验证和分析。进而基于各因素间的影响分析，探析农村社区治理能力现代化双重困境的影响因素。

一　研究假设检验

前文中，本书在文献阅读、理论探讨并结合实践调查的基础上，对农村社区现代化"四性"的影响因素、路径关系等进行了研究假设，并基于此构建了影响因素模型。经过结构方程模型的检验和修正，剔除未达到显著性水平可接受标准相关假设，其余研究假设均得到证实，具体检验情况汇总如表 4-12 所示。

表 4-12　　　　　　　　　　研究假设的检验结果

研究假设	预期影响关系	检验结果
H1：文化意识对农村社区治理能力现代化的公共性具有正向影响	+	不通过
H2：文化意识对农村社区治理能力现代化的自主性具有正向影响	+	不通过
H3：文化意识对农村社区治理能力现代化的传统性具有负向影响	−	通过
H4：文化意识对农村社区治理能力现代化的现代性具有正向影响	+	不通过
H5：资源环境对农村社区治理能力现代化的公共性具有正向影响	+	不通过

续表

研究假设	预期影响关系	检验结果
H6：资源环境对农村社区治理能力现代化的自主性具有正向影响	+	通过
H7：资源环境对农村社区治理能力现代化的传统性具有负向影响	−	通过
H8：资源环境对农村社区治理能力现代化的现代性具有正向影响	+	通过
H9：经济发展对农村社区治理能力现代化的公共性具有正向影响	+	不通过
H10：经济发展对农村社区治理能力现代化的自主性具有正向影响	+	通过
H11：经济发展对农村社区治理能力现代化的传统性具有负向影响	−	不通过
H12：经济发展对农村社区治理能力现代化的现代性具有正向影响	+	通过
H13：干部队伍对农村社区治理能力现代化的公共性具有正向影响	+	通过
H14：干部队伍对农村社区治理能力现代化的自主性具有正向影响	+	不通过
H15：干部队伍对农村社区治理能力现代化的传统性具有负向影响	−	通过
H16：干部队伍对农村社区治理能力现代化的现代性具有正向影响	+	通过
H17：治理体系对农村社区治理能力现代化的公共性具有正向影响	+	通过
H18：治理体系对农村社区治理能力现代化的自主性具有正向影响	+	通过
H19：治理体系对农村社区治理能力现代化的传统性具有负向影响	−	通过
H20：治理体系对农村社区治理能力现代化的现代性具有正向影响	+	通过
H21：农村社区的自主性对公共性具有正向影响	+	不通过
H22：农村社区的现代性对传统性具有负向影响	−	通过

资料来源：根据 Amos 软件计算结果统计所得。

　　拒绝原假设 H1。结构方程模型中"文化意识"与"农村社区治理能力现代化的公共性"之间并未达到 0.05 的显著性接受标准，表明文化意识无法对农村社区治理能力现代化的公共性产生显著影响，该结果与调研发现基本一致。农村社区居民的文化程度、视野开阔程度、人际关系等社会资本的紧密程度均与其公共意识、公共精神无关，参与社区治理所表现出来的能力全凭喜好随机发挥，进一步加剧了农村社区治理的复杂性与艰巨性。

　　拒绝原假设 H2。结构方程模型中"文化意识"与"农村社区治理能力现代化的自主性"之间并未达到 0.05 的显著性接受标准，表明文化意识无法对农村社区治理能力现代化的自主性产生显著影响。这是因为，一方面，随着城镇化进程的不断加快，城乡二元结构问题不断凸显，造成农村发展远远落后于城市，农村人口特别是青壮年不断涌向城市，农村人口流失严重。剩下留在农村的多半是老年人或者幼儿，而这些人的受教育程度不高、文化水平较低，对于新事物的学习和接受程度不高，文化意识低。另一方面，即使留在农村的有一部分文化水平较高的人，但由于农村特殊的经济情况，也会导致这些人终日忙于生存，而无暇顾及农村社区的各项公共事务，更谈不上积极主动参与农村的治理。因此，从这两方面来看，在本次研究中无法证明文化意识对农村社区治理能力现代化的自主性有显著的影响关系。

　　接受原假设 H3。结构方程模型中"文化意识"与"农村社区治理能力现代化的传统性"之间达到了 0.05 的显著性接受标准，表明文化意识对农村社区治理能力现代化的传统性有显著性的负向影响。究其原因，主要是农村由于经济发展落后，传统思维根深蒂固。但在新中国成立之后，随着九年义务教育的普及，越来越多的农村儿童能进入学校学习科学文化知识，经过几十年的发展，农村人口总体文化水平不断提升，对事物有一定的科学辨别能力，对于一些封建落后思想、文化糟粕积极地用先进的科学知识取代，因此，在这种农村文化水平不断提升的情况下，一些旧思想、旧习俗逐渐被抛弃。所以综合以上观点，文化意识对农村社区治理能力现代化的传统性有显著性的负向影响是合理的。

　　拒绝原假设 H4。结构方程模型中"文化意识"与"农村社区治理能力现代化的现代性"之间并未达到 0.05 的显著性接受标准，表明文化意识对农村社区治理能力现代化的现代性没有显著性影响。对农村社区居民而言，使用现代信息技术、遵守法律规则、组织化参与等往往因为小农理性，在保护个人利益基础上推动现代性，直接导致农村社区治理能力现代性的程度较低。

拒绝原假设 H5。结构方程模型中"资源环境"与"农村社区治理能力现代化的公共性"之间并未达到 0.05 的显著性接受标准，表明资源环境对农村社区治理能力现代化的公共性没有显著性影响。我国地大物博，农村社区星罗棋布，不同社区所拥有自然资源、人力资源、资金与政策资源差别较大，再加上农村空心化、老龄化现象突出，资源较为丰富的农村社区对其利用率较低（经济发达区域相对较好），居民也较少关注公共资源、公共事务、公共空间治理。因此，本书针对全国 29 个城市发放的问卷，调查结果从客观层面反映出资源环境对公共性的影响不大。

接受原假设 H6、H7、H8。结构方程模型中"资源环境"与"农村社区治理能力现代化的自主性"之间达到了 0.05 的显著性接受标准，表明资源环境对农村社区治理能力现代化的自主性有显著的正向影响。这是因为，一切事物都处于环境之中，受环境的影响。在国家乡村振兴战略的背景下，农村社区的配套基础设施不断完善，相关的一系列治理体系不断健全，农村社区居民参与农村治理的渠道更加宽泛、便捷，极大地提高了农村参与农村治理的积极性。结构方程模型中"资源环境"与"农村社区治理能力现代化的传统性"之间达到了 0.05 的显著性接受标准，表明资源环境对农村社区治理能力现代化的传统性有显著的负向影响。结构方程模型中"资源环境"与"农村社区治理能力现代化的现代性"之间达到了 0.05 的显著性接受标准，表明资源环境对农村社区治理能力现代化的现代性有显著的正向影响。

拒绝原假设 H9、H11。结构方程模型中"经济发展"与"农村社区治理能力现代化的公共性、传统性"之间未达到 0.05 的显著性接受标准，表明经济发展对农村社区治理能力现代化的公共性没有显著性的影响。课题组在成都、昆明、榆林、清源等地的农村社区调研时发现，治理主体能力的公共性基本与当地经济发达程度无关，传统性治理能力完全取决于治理主体人格特征与人格魅力，因此农村社区经济发展程度的高低并不会成为农村社区治理能力公共性、传统性的关键影响因素。

接受原假设 H10、H12。结构方程模型中"经济发展"与"农村社区治理能力现代化的现代性、自主性"之间达到了 0.05 的显著性接受标准，表明经济发展对农村社区治理能力现代化的现代性有显著性的正向影响。其原因在于，农村经济发展，农村社区居民的收入不断提高，村集体收入也不断提高，村里的富余资金不断增多。农村社区资金充裕，其在基础设施建设，特别是信息化建设的过程中就有强大的资金支持，有足够的力量完善农村社区的基础设施特别是信息化基础设施的建设。在有充裕的资金之后，农村社区可以为农民提供高质量的政务服务，不断深化农村生态环境建设，不断消解新时代背景下农村社会的主要矛盾，增强农村社区的现代化水平和宜居指数。综上可以看出，经济发展对农村社区治理能力现代化的现代性有显著性的正向影响是合理的。

接受原假设 H13。结构方程模型中的"干部队伍"与"农村社区治理能力现代化的公共性"之间达到了 0.05 的显著性接受标准，原假设成立，表明了干部队伍是影响农村社区治理能力现代化的公共性的重要变量。干部队伍对农村社区治理能力现代化的公共性发挥着正向影响作用。公共性是政府的本质属性，对公共事务的治理是政府公共性的主要表现。但是在我国的现实治理中，政府非但没有积极承担社区公共事务，还采取下沉公共责任的形式，脱离基层公共事务的治理，而农村社区干部则被迫承担了大量下放社区的行政任务。社区干部作为联系国家和个人的关键群体，是国家权力的代理人，是公民权利的代言人，是公共服务的提供者，[①] 其对公共性的正向影响是显而易见的。

拒绝原假设 H14。结构方程模型中的"干部队伍"与"农村社区治理能力现代化的自主性"之间未达到 0.05 的显著性接受标准，表明干部队伍的建设无法对农村社区治理能力现代化的自主性水平的高低产生显著影响。这是因为，社区作为我国基层管理的重心，其工作责任不清晰、职能分工不明确，一些上级职能部门对社区定位不精准，把各项工作都下沉到社区，把本属于自身工作范围的行政任务也统统推给社区，使得社区疲于完成各部门交办的行政任务，却难以抽出时间和精力来完成自

---

① 何艳玲、蔡禾：《中国城市基层自治组织的"内卷化"及其成因》，《中山大学学报》（社会科学版）2005 年第 5 期。

身工作，形成了"社区是个筐，啥都往里装"的现象。导致社区工作负担越发加重，管理职能不断强化，而自治功能、服务职能却持续弱化。究其原因在于我国社区居委会有很强的"国家建构"性，政府将公共事务和公共责任层层下沉到社区，处于科层制最底层的社区只能独自承担，而干部队伍则是行政任务的最终承担者。在这种情况下，干部队伍的工作是缺乏自主性的，这是因为基层干部受到行政事务的挤占越多，其对社区事务的关心就越少。

接受原假设 H15、H16。结构方程模型中的"干部队伍"与"农村社区治理能力现代化的传统性、现代性"之间达到了 0.05 的显著性接受标准，原假设成立，表明了干部队伍是影响农村社区治理能力现代化的现代性的重要变量。在"干部队伍"和"农村社区治理能力现代化的传统性、现代性"的关系上，遵循一种"有什么样的干部队伍就有什么样的社会治理"的解释，进一步说，有什么样的社区治理样态就会塑造出什么样的社区治理行动者。随着社区治理现代化建设的不断开展，社区干部队伍分工明确，专业化程度较高，能力水平有所提升，对农村社区治理能力现代化的现代性起到了正向影响作用。例如课题组在调研中发现，当一个农村社区的干部队伍由大部分具有本科及以上学历的群体构成时，他们对于现代化的信息技术和创新型的治理理念的接受度就更高，该农村社区治理能力现代化的现代性水平也更高。科学技术是第一生产力，在农村社区治理能力现代化进程中，现代性的理念和技术为干部队伍所接受是治理能力进步的关键要素，而这都归因于高素质的干部队伍和科学合理的工作分工。要推动基层社区干部队伍的能力提升和观念升级，把基层的工作做好，这样才能"任凭风浪起，稳坐钓鱼台"。

接受原假设 H17、H18、H19、H20。在结构方程模型中，"治理体系"与"农村社区治理能力现代化的公共性""农村社区治理能力现代化的自主性""农村社区治理能力现代化的传统性"和"农村社区治理能力现代化的现代性"之间均达到了 0.05 的显著性接受标准，三个原假设成立，表明了治理体系与农村社区治理能力现代化的公共性与自主性、传统性和现代性之间存在正向影响关系。首先，在"治理体系"和"农村社区治理能力现代化的公共性"的关系上，治理体系从结构上对农村社区治理能力现代化进行建构，通过相关规章制度的制定和公开、多元参与机制的设计以及公共服务供给机制的完善等推进农村社区治理能力现代化。这是因为公开透明、多元参与是公共性的内在蕴涵，公共性的实现需要治理体系的合理设计。燕继荣谈到理解"社会治理定义的一个重要解释维度就是治理主体的多元化"[①]，简单说来即"政府管理＋社会自理"，而作为社会治理基层表达的社区治理，要充分提升其公共性，就要完善相关制度的设计。其次，在治理体系与自主性的关系上，社区居委会的本质是自治组织，当政府简政放权落到实处、社区挣脱行政事务的束缚时，农村社区才有精力和时间来开展自治事务，提升自治程度。在村民充分了解和参与社区治理事务的情况下，农村矛盾纠纷的数量也会同步减少。自治是中国乡村治理体系之基，在我国传统的农村基层治理实践中，家户传统和双轨体制等是农村自治的重要体现，要坚持农民在乡村治理中的主体地位。当社区依照治理体系的安排回归职能本位，自治性自然也会回归社区，村民等社会协同性力量也会广泛参与农村社区治理。再次，在治理体系与传统性和现代性的关系中，农村基层社会的传统治理是一种处于维护和巩固等级秩序的"统治型社会治理"，而显现现代性的治理则是通过健全严格的法制、科学合理的组织、先进有效的技术、训练有素的管理主体来实施对社会的治理。这些都是体现在理性和科学的基础之上的。目前，农村法治体系越发健全，科学的应急保障机制不断完善等，导致传统性的萎缩，促进着现代性的发育。

拒绝原假设 H21。结构方程模型中"农村社区治理能力现代化的自主性"与"农村社区治理能力现代化的公共性"之间未达到 0.05 的显著性接受标准，表明自主性变量对公共性变量的影响不显著。这是因为，一方面来看，随着社会水平的不断提高，相较于过去而言，农村社区居民参与社区治理的积极性不断提高、自主性不断增强，但是由于农民的文化意识不强，可能会导致其在积极参与社区治理的过程中，只想着自身的利益，而其主动积极参与农村社区治理的目的也可能只是为自己争

[①]　燕继荣：《社会变迁与社会治理——社会治理的理论解释》，《北京大学学报》（哲学社会科学版）2017 年第 5 期。

取最大的利益，让自身利益最大化，而忽视了其他村民的利益和公共利益，最终造成虽然大家都积极参与社区治理，但对于整个社区来说效果不明显的情况。从另一方面来看，农村社区的居民大部分受教育程度不高，知识程度有限，特别是在相关专业知识方面更是明显不足，其对于农业生产可能有一定的经验，但对于农村治理来说，可能会显得吃力。因此，可能在村民都积极参与且都为了公共利益最大化的情况下，仍然可能因为村民自身条件限制而无法真正提出有建设性的意见和建议，最终也无法形成真正有关公共利益的决定。综上所述，在本次研究中无法证明农村社区治理能力现代化的自主性对农村社区治理能力现代化的公共性有显著的影响关系。

接受原假设 H22。结构方程模型中的"农村社区治理能力现代化的传统性"与"农村社区治理能力现代化的现代性"之间达到了 0.05 的显著性接受标准，原假设成立，表明传统性与现代性之间是会相互影响的。显而易见，传统性和现代性是一体两面的两个概念，越守旧就越难革新。在王思斌看来，"破坏传统社区的力量就是现代化，传统社会中普遍存在的共同体意识和情感性联系被经济理性和社会流动的力量所冲击，并造成颠覆性后果"①。结合上文的传统性和现代性得分可以看出，我国社会在向现代性靠拢的同时，也深深受到传统文化的影响，农村社区治理过程中传统的价值观、行为规范、风俗习惯等依然突出，传统的村规民约、乡绅治理等熟人社会治理的模式仍然在农村社区治理中发挥着巨大作用。传统性在农村社区治理能力现代化领域里尚未退场，现代性就难以登堂入室，现代性侧重的法治化、科学化、民主化、规范化等理性价值在农村社区治理过程中体现较少，所谓的现代性更多体现为信息化平台的硬件建设，而非理念的革新。在一个社会中，传统性和现代性的关系无非两种：更替和并存。在目前我国农村社区中，传统性在理念、文化等层面仍占据重要地位，现代性则通过硬件设施修建等层面逐渐渗入农村社区，二者并存于农村社区治理过程中，处于此消彼长的动态变化过程中。

---

① 王思斌：《体制改革中的城市社区建设的理论分析》，《北京大学学报》（哲学社会科学版）2000 年第 5 期。

二　农村社区治理能力现代化双重困境影响因素的实证结论与归因

（一）农村社区治理能力现代化困境影响因素的实证结论

本书按照前文的分析框架"理念—结构—行为"模型和学界的研究成果，构建出五个可能相关的自变量，实证分析结果显示，这些因素对"四性"的影响是部分成立的（见表4-13），对传统性和现代性同时发生作用的是环境资源、干部队伍和治理体系；对公共性和自主性同时发生作用的关键变量是治理体系，后面将在其形成机理分析基础上，从发展利益分配、集体经济发展、多元主体合作能力、治理体系分层融合等视角有针对性地提出双重困境的破解之策。

表 4-13　　农村社区治理能力现代化"四性"困境的影响结果

	文化意识	环境资源	经济发展	干部队伍	治理体系
传统性	√	√	-	√	√
现代性	-	√	√	√	√
公共性	-	-	-	√	√
自主性	-	√	√	-	√

资料来源：经课题组整理所得。

（二）农村社区治理能力现代化困境影响因素的形成原因分析

1. 农村社区治理能力现代化"四性"的影响因素分析

首先，对于农村社区治理能力现代化的"传统性"而言，根据上文研究假设检验结果，农村社区治理能力现代化的"理念因素"（文化意识）对"传统性"有着负向影响，这说明农村社区的文化意识还在干扰着农村社区治理能力的现代化。这是因为一方面中国社会以及中国文化有着极强的历史惯性和稳定性，即几千年流传下来的一套完备的传统思想文化观念体系至今还影响着中国社会和中国社会中的人，另一方面社会发展的时代更迭带来了农村社会极大的"断层"，在城乡二元结构体制下农村社会的发展先后天皆乏力，两个方面的因素共同造成农村社区极强的"传统性"。因此，要推动农村社区治理能力现代化，对"文化意识"的重建或者发挥传统因素的正向功能必须高度重视。

其次，对于农村社区治理能力现代化的现代性而言，根据上文研究假设检验结果，农村社区治理能力现代化的结构因素（治理体系）和行为因素（资源环境、经济发展与干部队伍）对现代性有着正向影响，这说明治理体系的更新完备、经济发展水平的提升、资源环境的改善和干部队伍的建设将助推农村社区治理能力现代化的现代性。究其原因，治理体系的完善对于治理能力的现代性而言这是起根本作用的，只有制度体系的现代化，治理能力才有遵循的框架，也才有现代化的可能；而经济发展水平的提高不只是本身就会对现代性添砖加瓦，更为重要的是它还会带来更全面更充足的资源环境，对干部队伍的建设也有隐性作用，三种因素综合作用共同推动农村社区治理能力现代化的现代性水平提升。

再次，对于农村社区治理能力现代化的公共性而言，根据上文研究假设检验结果，农村社区治理能力现代化的结构因素（治理体系）与行为因素（干部队伍）对公共性有着正向影响关系，这说明治理体系的更新完备和干部队伍的建设将提升农村社区治理能力现代化的公共性。这是因为治理体系与治理能力从来就是治理概念的两个不可或缺的有机整体，完善、清晰的治理体系便于农村社区治理主体准确把握政策意图与居民诉求，从而有针对性地提升自己治理社区的能力结构与能力状态；同样治理能力的现代化程度越高，更容易促使治理制度的完善、治理结构的健全、治理机制的成熟、治理绩效的显著提升等。另外，作为农村社区当中公共事务的管理者、公共利益的维护分配者、民意代表者的各级干部，其整体队伍素质、能力的提升对于农村社区的治理与建设而言相当关键，农村社区具备一支高素质的干部队伍势必有助于农村社区治理能力现代化的公共性的增强。

最后，对于农村社区治理能力现代化的自主性而言，根据上文研究假设检验结果，农村社区治理能力现代化的结构因素和行为因素（资源环境）对自主性有着正向影响关系，这说明治理体系的更新完备与资源环境的改善将提升农村社区治理能力现代化的自主性。这是因为治理体系从主体角度而言涵盖着更大的范围，在管理视角下作为被管理者的普通公民在治理视角下就成为了管理者，治理能力的现代化本身就是为了公共利益各种主体相互配合的过程，因而治理体系的更新完备将锻炼出有利于农村社区建设发展的各类主体，经受锻炼的各类主体会以更高的能力和更强的意愿主动多方位参与，因而"自主性"必将提高。而"资源环境"是整个农村社区治理能力现代化的软硬件条件支撑，人力、物力和财力的支持保障程度将决定两对范畴的变化程度，特别是对于"自主性"来说，以需求层次理论来看，没有更高水平的资源环境作为基础和保障，主体本身就不会有质的发展，其自主性也就难以发挥。

2. 农村社区治理能力现代化双重困境的影响归因

从研究结论来看，环境资源、干部队伍和治理体系对传统性和现代性同时发生作用。但是，三个因素对它们同时发生作用是否一定会造成治理能力现代化的困境呢？治理体系同时对公共性和自主性发生作用，是否一定会造成治理能力现代化的困境呢？

针对第一个问题"环境资源、干部队伍和治理体系对传统性与现代性的共同影响是否一定会造成治理能力现代化困境"，课题组结合第三章对传统性与现代性困境的形成机理在于"管与治"的理念冲突、"礼与法"的制度摩擦和"拙与智"的工具碰撞等，并结合本章的定量分析结果认为，这三个因素的叠加将加剧农村社区治理能力现代化的传统性与现代性困境。首先，资源环境要素包括居住形态、居民结构、集聚属性和人财物等，而这些要素决定了农村社区多元主体治理能力的强弱和他们使用传统性与现代性治理手段的可能性；决定了治理主体对治理制度的执行能力。其次，干部队伍作为农村社区治理的核心主体之一，虽然不能干预村民自治，但是在农村空心化、老龄化和精英人才大量流失背景下，村社干部对资源环境和个人既有社会资本的高度依赖性加剧了传统性与现代性的困境；乡镇干部作为国家公共政策的最基层执行者，严格贯彻落实依法治国精神，广泛运用现代化治理技术，却对极度依赖"人情—关系—面子"实施治理的传统路径产生冲击，严重时甚至会影响镇和村社干部的工作积极性。最后，从影响因素的叠加性来看，当传统性或现代性只受到单个因素影响时，该因素对治理能力现代化水平的影响或许会是较为漫长的过程，甚至可能会因其他影响因素集合的改变而沉积或消失；当传统性/现代性受多个因素影响，而且这些因素的影响程度大小不同时，治理能力现代化水平将受到最大叠加值的影响而降低或提升；当出现负向影响因素时，而且标准化系数较高时（文化意识对传统性的影响系数为 -0.69），说明传统性与现代性的冲突较小，在农村社区治理现代化过程中，传统性的元素将向现代性过渡，加速融合。从传统性和现代性的五大假设来看，各自两个不成立的假设无交叉，恰恰说明文化意识、经济发展和治理体系三大影响因素将加速传统性向现代性过渡，进而提升文化引领、依法治国和信息化应用能力，是破解农村社区治理能力现代化中传统性与现代性困境的需要关注的焦点。

针对第二个问题"治理体系对公共性与自主性的共同影响是否一定会造成治理能力现代化困境"，结合现状评估和公共性与自性困境形成机理的分析，以及课题组相关研究显示，该影响将是显著的。前面在农村社区治理能力现代化现状评估的结果中发现，因为行政事务的强制执行性和面对空心化村庄的积极行政，政府和社区都具有较强的自主性；因为居民对个人利益的关注高于公共利益，农村社区人、财、物等资源的普遍不足，社区和居民呈现较弱的公共性。从定量分析结果来看，文化、资源与经济发展程度对公共性的假设不成立，但并非没有影响，只不过在公共性培育中，政府占据了主导地位。因此，基层组织人员的素质和基层治理体系对公共性的影响最大；文化和干部队伍对自主性的假设不成立，一方面在于社区的自主性取决于乡镇（街道）的任务安排，另一方面在于居民的自主性取决于多种利益权衡，因此自主性与个体和干部队伍的文化素养关系不紧密，但是资源、经济和治理体系对社区与居民的自主性治理能力有显著影响。从典型案例研究结果来看，目前我国农村社区的治理体系存在多种形态与演化趋势，比如：传统的政治（农村基层党组织）、经济（集体经济）、社会相分离（村民自治）的体系，党的十九大之后广泛推行的自治法治德治"三治融合"的治理体系，政治、经济、社会高度融合的"三位一体"模式，再加上社会力量广泛参与农村基层社会治理，以及农村社区形态的多样化带来的村、居双轨运行的治理体系等，甚至治理体系还出现了横向一体化和纵向一体化的新现象。对于农村社区的治理主体来讲，传统政治、经济、社会分离体制下的治理体系尚且不能有效提升治理能力的现代化水平，那么在面对如此复杂的治理体系及其差异化的演化趋势时，更容易带来理念、理解与执行上的困惑，进一步加剧治理能力现代化的困境。

事实上，资源和经济的丰富程度、治理体系的现代化程度决定了多元主体治理社区的自由裁量权，只有足够的可调动的资源、资金和灵活的治理体系，治理主体才能自主地开展自治活动。从结构方程模型修正结果来看，治理体系对公共性与自主性同时实施影响，路径系数的标准值也是五大因素中最高的。在农村社区的治理体系中，混有家庭的、族群的、共有空间或事务等形成的治理组织，比如"议事会、理事会、监事会""共建委员会、共治委员会、共赢委员会"及村两委、村集体经济组织等，这些组织的关系越清晰、结构越完整，公共性与自主性所带来的困境与冲突就基本没有，反之则可能与公共性或自主性的影响因素叠加，放大集体公共性与个体自主性之间的矛盾与冲突。因此，如何通过改善现有农村社区治理体系，建立健全分层融合治理机制，进而提升农村社区服务供给能力、矛盾纠纷化解能力等，是破解农村社区治理能力公共性与自主性困境的又一重大任务。

第 五 章

农村社区治理能力现代化
双重困境的破解之策

党的二十大报告作出"以中国式现代化全面推进中华民族伟大复兴"的政治判断，明确了我国发展新的历史方位，具有开拓性意义。新变化有新要求，当前必须要"完善社会治理体系，健全共建共治共享的社会治理制度，提升社会治理效能，畅通和规范群众诉求表达、利益协调、权益保障通道，建设人人有责、人人尽责、人人享有的社会治理共同体"，"发展全过程人民民主……，积极发展基层民主……"。这些新要求为我国未来的城乡基层社会治理指明了大方向，确立了新基调，指出了着力点。农村美、农业强、农民富始终是中国式现代化的重要内容，农村社区的现代化既包括"物"的现代化和"人"的现代化，也包括治理体系和治理能力的现代化，其中治理能力的现代化又至关重要，是国家治理现代化的重要基础和基本前提。因为治理能力现代化的主体是人，只有参与治理的基层干部和群众的现代化意识提升，并在基层党组织引领下自觉运用现代化手段来治理农村，才能促进组织、产业、文化、生态的振兴，才能实现产业兴旺、生态宜居、乡风文明、生活富裕的总体目标。对此，本书遵循"党建引领—乡村振兴—现代治理"的内在逻辑，以法治为手段，以解决发展利益分配为方向，提升文化引领与依法治理能力；以科技为手段，以发展集体经济（现代农业）为基础，提升信息化应用能力；以精细治理为手段，以多元合作共治为前提，提升矛盾纠纷化解能力；以规范化治理为手段，以分层治理与融合治理为关键环节，提高农村社区治理的服务供给能力等，系统性解决农村社区治理能力现代化的双重困境（见图5-1），而不是单纯针对某一个问题或某一对困境的影响因素单一、片面地提出解决措施。

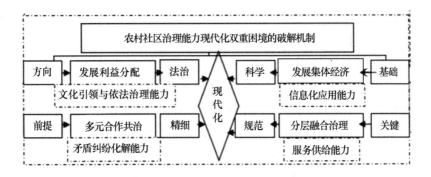

图5-1 农村社区治理能力现代化双重困境解决思路

第一节 健全利益分配机制，筑牢破解农村社区治理能力现代化双重困境的关键环节

农村社会经济快速发展进程中，农民文化素质不断提升、年均纯收入不断增加和农村空心化和老龄化，农村居民几乎不再因为田地边角纠纷、邻里言语纠纷而发生矛盾，大多因为村庄共同利益分配不均衡才会引发不和谐事件。在国家政策红利作用下，农村集体经济发展更加良好，村庄集体收益也更多元，农村居民不再关注邻里之间的小利益，而把关注的焦点放在村庄共同利益上。农地"三权"分置政策实施前因土地发生的群体性事件中，大多因为村社"为民做主"流转土地却截留了部分收益而引发；近些年因为新农村建设，农集小区的公共资源和整理的农地较多，但大多数村社干部和居民却不清楚收益去向，导致居民、村社与乡镇政府，甚至是县级政府相关部门之间的矛盾纠纷。如何合理合法处理不同层级不同人群之间的利益分配矛盾，破解双重困境带来的现代化障碍和提升社区治理能力的现代化水平是关键环节。

一 明晰村庄集体资产总量，提升矛盾纠纷调处能力

根据中央农办和农业农村部农村集体资产清产核资结果，"全国农村集体经营性资产3.1万亿元（47.4%），非经营性资产3.4万亿元（52.6%）。同时，资产高度集中在村级：村级资产4.9万亿元，占总资产的75.7%，村均816.4万元；乡镇、组级资产总额分别为0.7万亿元和0.9万亿元，分别占比11.2%和13.1%。但是，超过3/4的资产集中在14%的村，东部地区资产占总资产的64.7%，主要集中在城中村、城郊村和资源充沛的村庄"①。由此可见，对于全国大多数农村来说，集体资产的总量很少，课题组对全国2054个农民集中居住小区进行调查，结果显示，1455个小区没有集体土地，1495个小区没有集体经济组织，1501个小区没有集体收入；在对宜宾市兴文县11个乡镇153个村和17个社区的调研中发现，集体经济收入达到5万元以上的村社占了60%以上，事实上的"空壳村"和"薄弱村"占比仍然较高。但是，由于新农村建设和乡村振兴，各级财政资金大量涌入农村，一旦外出务工群体返回家乡未能感受到变化时，很容易引发干群矛盾和集群行为。因此，社区干部要具备事前的风险防范能力，多角度梳理出社区的资源清单，包括闲置的集体土地、校舍、厂房和滩涂、林业资源，以及集中居住小区修建的属于集体的商铺、架空层、地下室等，变资源为资本，增加集体收入及其反哺治理的资源。同时，要明确公共产权，为社区发展治理"保驾护航"。农村闲置的土地、厂房等在多个业主之间的流转，这些资源的附加值（或附着物）显著增加，甚至因为多轮村社干部换届，权属已经变得混乱，尽管2020年全国已经完成清资核产工作，但是有些历史遗留问题仍然没有得到解决；新农村建设带来大量农村居民集中居住点的建设，由于农集区土地的集体产权性质和国有企业垫资先建等原因，导致农集区的商业资源（比如商铺、农贸市场、群众活动中心等）为地方国资委所有，社区治理缺乏足够的资金来源，风险激增、矛盾纠纷凸显。因此，县乡村要多层级、多部门联动，联合解决公共产权归属问题，为农村社区治理提供可持续的资源、资金保障。

---

① 乔金亮：《全国农村集体家底大公开》，《经济日报》2020年7月13日第1版。

二　规范社区集体经济收益分配机制，提升农村社区依法治理能力

经过多年努力，全国农村几乎村村有集体经济组织和集体收益，但是根据课题组在全国调查的结果（图 5-2），多数村庄的资产为固定资产，收入以政府的补助收入为主，经营性收入较少。当然，在收入极少甚至为零的情况下，基本没有矛盾纠纷。但是，在各级政府的大力扶持和各类驻村干部的帮扶下，很多村庄的集体经济做得越来越大，收益也越来越多。课题组在宜宾市兴文县调研时发现，GDP 刚过百亿的省级贫困县中有多个村的集体经济收益已超过百万元，其中仙峰苗族自治乡群渔社区村的集体纯收益接近百万元，收益分配制度还在建设中，但收益大部分用于扩大再生产，少部分用于村庄基础设施建设和对贫困户的帮扶；也有像彭州市宝山村集体纯收益达 10 亿元的西部村庄，收益分配制度非常完善，其 60% 的收益用于扩大再生产，40% 用于村民分红。调查显示，大多收益较好的村庄均把收益分配与村规民约挂钩，如果有邻里纠纷、不孝敬老人、离婚、坡地焚烧秸秆、无本科学历等均不能享受集体收益分红，甚至取消水电气和医保等公共事业补助等。因此，要加强法律宣传和培训，提高村社干部和居民的法律意识，依法保障村民作为村庄成员应有的公平的集体财产分配权益；要强化村规民约的合法性审查机制，建立公平正义的分配原则，剔除歧视性条款，明确分配规则与程序；要强化村级监督委员的职责，保障其敢于对不公平的分配机制说"不"，敢于监督各项专项资金的配置与使用，杜绝乱发福利和过度分配问题；要强化农村财务审计监督，或由乡（镇、街道）纪（工）委、财政所、村级会计委托代理服务中心、村务监督委员会负责村级财务审计监督工作，确保收益分配各个环节公开公正、阳光透明，同时也要建立问题移交、定期通报和责任追究制度，切实维护集体经济组织及其成员的利益，杜绝腐败行为的发生。

三　健全居民利益表达机制，提升居民参与能力

群众利益表达机制是《宪法》等法律法规所明确的群众的基本权利之一。农民可以通过民主选举、民主决策、民主监督等方式合法表达自己的意见建议；从制度安排来看，村委会也承担了农民利益表达的职能。

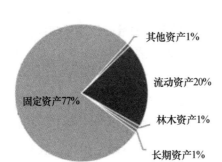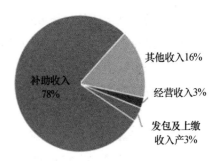

图 5 - 2 农村社区集体资产颁布与收入来源

但是由于村委会对乡镇政府的高度依赖，以及对任务完成效率的倚重，其利益表达的代表功能逐渐弱化；村两委干部囿于知识结构等因素，再加上农村空心化，更加习惯于"为民做主"，用传统方式治理村庄；农民因"民不与官斗"思想的制约，即使权益受到侵害，仅仅发几句牢骚完事，实在忍无可忍的话，可能付诸暴力。因此，对于新时代的农村社区治理来讲，村两委干部的治理能力提升成为首要任务。现代化的治理能力有助于其利用现代信息技术，在村民之间、村民与村级组织和基层政府之间搭建起网络沟通平台，农民工即使多年不回家乡，仍然可以广泛参与村庄治理，可以感觉到家乡的生态宜居、治理有效；可以通过现代信息平台清晰掌握村庄公共事务清单和集体资金收益与分配情况，强化对村庄的归属感和对村级组织的认同感。同时，还要大力完善村民自治制度和"三治融合"的村级治理体系，一方面要加强村民代表、"三会"成员的熟悉度，避免因为长期外出务工而相互之间陌生，不能很好地代表大多数村民的利益，也不能及时有效地监督村级活动与行为的合法性；另一方面，要发挥德治教化和法治刚性的作用，结合多种社会力量或社团通过正规途径合法表达村民诉求，提升村庄治理中的文化引领和服务供给能力。

四 建立乡村文化引领机制，凝聚村庄发展共识

长期以来，"农村真穷，农民真苦，农业真危险"成为人们对"三农"的刻板印象，农民更是被错误地当成"不讲理""自私自利"的代表，因此农村在很长一段时间内成为人们避之不及的地区。尽管如此，乡土社会却是相对独立于城市的"理想家园"，人们重情义、重家庭、重人伦、重乡土归属，传统治理手段虽然简单粗暴却非常及时有效。后来，由于村委会职能的异化，民间权威一度成为农民的精神力量，依赖各种新乡贤解决村庄不公正之事。然而，社会经济的快速发展，农民的市民化进程加快，乡村文化逐渐消解、公共性流失，再加上党员的先锋模范作用有限，农村社区治理迫切需要通过文化引领、集体经济的利益联结来凝聚村庄发展共识，增加乡村社会的稳定性。首先，要充分发挥农村基层党组织领导核心和战斗堡垒作用，促进社区居民多渠道合法表达利益诉求，在全力担当服务群众的历史使命中强化村级党组织的影响力和号召力，尤其是农村党支书的"领头雁"和党员的"头雁"作用，强化对农村社区发展的价值引领作用。其次，要将传统文化中的仁义礼智信、谦让包容等优秀内核与现代法治和社会主义先进文化相结合，通过现代治理规则与村规民约等柔性的传统约束互相补充，形成现代化的乡村治理场景。最后，要加快建设村级综合性文化服务中心，发挥文化广场、农家书屋、"文化下乡"等服务在村民公共精神培育中的功效；要加大反映新时代背景下新农村变化的文化产品创作力度，包括移风易俗、道德模范等内容在内的文化产品，让社区居民在喜闻乐见的作品展示场景中自觉提升并内化于心，进而增加文化引领主体、拓宽文化引领范围。

第二节　大力发展集体经济，夯实破解农村社区治理能力现代化双重困境的物质基础

在党的十八大以前，学界普遍对于农村集体经济存在四种认识：不符合市场发展趋势已经过时；不需要集体经济来支援新农村建设；对农村经济的影响较小；缺乏有效的支撑点等。那么，农村集体经济是否真的过时、无用、不需要了呢？早在2010年12月召开的全国组织部长会议上，习近平同志就强调发展壮大农村集体经济有助于增强基层党组织的号召力与凝聚力，能够提高农村基层党组织服务群众的能力，因此它是基层党组织的一项重大的、紧迫的任务；2013年全国"两会"期间，习近平总书记参加江苏代表团审议再次强调集体经济作为我国农村"统分"

结合双层经营制度中的"统"的部分，在怎么适应市场经济、规模经济方面始终没有得到很好的解决。此后，深化农村集体产权制度改革、开展农村集体资产清产核资、消除农村集体经济的"空壳村""薄弱村"等行动积极有效地开展起来，不仅推动整村精准脱贫，实现村民共同富裕，还推进乡村善治和我国社会治理现代化水平。集体经济发展壮大的另一重要功能还在于它能密切全员的利益联结纽带，进而调动居民参与社区治理的积极性，强化集体收益对农村社区治理的反哺力度，提升了基层干部将现代企业管理技术应用于社区治理中的能力，主动寻找破解双重困境的办法。

一 组织同构，集体经济全员化对乡村治理主体补位[①]

从心理学视角来看，在不同领域间建立一种"同构"，可以感受到"生命""运动"与"平衡"等；从新制度主义视角来看，组织同构可以促进不同组织之间的正式结构和各个组织内部的规章制度越来越相似。在特定时代背景下，不同性质的组织有趋同倾向，这既可能是组织迫于生存压力的理性选择结果，也可能是为了寻求合法性的被动选择，而组织趋同理论能够有效解释集体经济全员化作为制度化关联的组织同构的内在机理。

（一）价值层面：理性选择机制与合法化机制的共同作用

在新制度主义组织理论中，理性选择机制与合法化机制是影响组织同构的两个重要因素。因为每个组织面临的外部环境不同，必须要建立起效益最大化的组织结构来保障组织目标的实现，这正是理性选择所强调的差异性问题。2020年底至2021年初，农村社区两委换届后基本实现了一套班子三块牌子，社区书记兼任村委会主任和集体经济组织负责人。这种"三位一体"的组织结构既是通过经验借鉴、运行成本比较、管理绩效衡量等探索过程理性选择的结果，也是国家政策持续引导的结果。集体经济组织的合法性问题是其如何促进产业兴旺、人民安居乐业的实践问题，因而其实施价值的主要功能在于运行模式的合法化，并得到村

---

① 本部分内容节选自衡霞《组织同构与治理嵌入：农村集体经济何以促进乡村治理高效能——以四川省彭州市13镇街为例》，《社会科学研究》2021年第2期。

民的广泛认同和接受。集体经济组织生产的主要"产品"抽象化以后被农村这个大系统所利用和"消费"，与乡村治理形成类似的共同信念和知识体系，成为"合乎情理的逻辑"而被社会所承认。因此，集体经济组织的价值被接纳后，也具备了合法化要素，并通过镇、村的理性选择而强化同构深度，弥补农村治理主体长期缺位带来的治理失效。

（二）组织结构层面：功能冲突中的职责同构

韦伯认为，科层制组织具备层级节制的权力体系、非人格化管理、职业化倾向、合理的权责边界等特点。虽然，集体经济组织是农村最为基层的一个微观经济组织，村党委是党组织的"神经末梢"，村民委员会是群众性自治组织，但他们均具备了科层制组织的一些基本特征，比如明确的上下级关系、制定正式规则、固定薪酬制度、基于管理高效的人员作用制度等。三种类型组织的核心职责、派生功能等各不相同，比如村党委的核心职责是政治引领；村委会的核心职责是居民自治，包括经济、社会的发展与治理权；集体经济组织的核心职责是发展经济、提高居民收入，派生功能是反哺乡村治理。在农村社区组织演进过程中，村党委与村民委员会和集体经济组织的边界时而模糊，时而清晰，在履行各自职责时，往往发生各种矛盾和冲突。在乡村振兴战略背景下，农村社区组织同构过程中也出现了竞争性与制度性趋同特点，但通过制度设计也较好地规避了以往出现的职责冲突问题。从组织趋同的纵向演变来看，农村社区组织制度性趋同的三种路径并没有依次演进，而是同时出现；从横向实践来看，农村社区组织的制度性趋同与竞争性趋同相互交织，进而促使三大组织的多种职责与核心功能在融合中同构又各有侧重。组织同构后，原来基层党委引领乏力的村社，通过发展集体经济而将其带头人培养为党员、书记，基层自治弱化的村社也因为集体经济的发展壮大而培育了新型的社区治理精英。总之，三大组织相互弥补主体缺位，为乡村高质量发展和高效能治理的乡村振兴目标实现奠定了社会基础。

（三）历史与现实层面：特定行政生态环境下的选择

新制度主义组织理论认为，随着时间的变迁，社会组织的结构将日益趋同。集体经济与村两委的组织结构趋同是我国特定行政生态环境下的现实选择。1954 年《宪法》把集体经济明确为国家层面的所有制形态，农村土地产权变成集体拥有，以土地集体所有、集体共同劳动以及工分

制为标志的集体经济形态成为社会主义公有制的基本特征，并形成了
"政社合一"的管理模式。显然，该模式是中央层面体制强制嵌入的结
果，通过政府自上而下的强制性同构以形塑新兴国家的政治与行政体系，
以弥补国家基层治理制度供给的不足。随着我国政治与行政体系的日趋
完善，社会治理体系自成一体，农村各类组织迈向了专业化的规范同构
路径，村民委员会和集体经济组织建立了与村党委类似的组织结构，规
范管理流程，尤其是人员管理的制度规范。但是在集体经济发展的新时
代，虽然省际差异日趋明显，但"政经社"三位一体的基层组织结构，
确保了农村社区高质量发展与高效能治理所需的人力、物力、财力保障，
妥善解决了发展过程中的各类社会矛盾与问题，使得农村发展与治理相
互依存、相互促进。

二 治理嵌入：集体经济组织嵌入乡村治理的基本路径[①]

嵌入式治理是社会学领域中的常用概念，也是近年来基层治理的常
态，包括党组织、社会组织的主体嵌入，文化、关系等内容嵌入，以及
管理技术等路径嵌入等。随着市场经济体制的建立，执政党对农村各类
组织的管控能力和奖惩能力逐渐减弱，后者对前者的组织依赖程度也逐
渐弱化，导致农村地区的简约治理和悬浮治理日渐成为常态，严重影响
了乡村治理的现代化进程和乡村振兴步伐。按照顶层设计，村级党组织
将发挥统筹乡村社会的整合功能，然而农村党员大量外出务工，滞留党
员素质不高导致基层党组织软弱涣散，在基层治理中发挥的作用不充分，
这就为各类组织的嵌入提供了外部环境。"共建共治共享"从党的十九大
的"治理格局"向党的十九届四中全会的"社会治理制度"转变，三个
"人人"的社会治理共同体的也在党的十九届四中全会上提出，这又为学
界研究地方政府在实践中如何将集体经济组织嵌入乡村社会治理提供了
研究方向。

（一）制度嵌入

自主治理理论认为，当环境变量改变并重新组合时将影响治理主体

---

① 本部分内容节选自衡霞《组织同构与治理嵌入：农村集体经济何以促进乡村治理高效
能——以四川省彭州市 13 镇街为例》，《社会科学研究》2021 年第 2 期。

的策略选择，进而形成新的治理规则供给。我国农村集体经济组织在新中国成立后较长时期内与其他基层组织合而为一，虽然在改革开放以后，这种组织结构被打破，却仍然悬浮于农村社区。党的十八大以来，先后发布了《中共中央、国务院关于加快发展现代农业进一步增强农村发展活力的若干意见》和《乡村振兴战略规划（2018—2022 年）》等 11 份支持农村集体经济发展、提升乡村治理成效的政策文件；连续 8 年发布的中央一号文件也再次强调了村党组织书记通过法定程序担任村委会主任，通过民主协商方式加强对村级集体经济组织的领导，从而带领群众共同富裕并动员群众参与乡村治理，维护农村和谐稳定。显然，党和国家试图通过民主协商和法定程序等治理规则的嵌入和引导，将集体经济组织的经济属性和政治属性向社会属性延伸，充分发挥乡村内生秩序的社会规范作用。各地基层政府根据众多中央文件和各级政府要求，对农村合作社、农村集体经济组织等降低了工商准入门槛，并给予了大量经费支持，把具有较强行动能力和经济价值生产能力的农村精英纳入基层党组织和乡村治理体系中，作为逻辑起点的农村集体经济环境变量与作为最终选择结果的组织同构，与村民自治偏好契合，及时有效地回应了各个治理主体的需求，保证了中央制度嵌入乡村治理的规则有效和可持续性；通过党组织将"原子化"的村庄重新组织起来，密切群众与各类组织的情感距离和空间距离，避免乡村社会治理精英的非理性外流，使得村两委与集体经济组织在目标耦合中实现治理价值同轨，利用嵌入的制度规范正确引领农村内生社会秩序。

（二）资源嵌入

近年来，各级政府在农村社区的治理资源投入力度越来越大，为各村社匹配了相应的社区发展治理保障资金，用于社区治理；鼓励有条件的村社培育本土社会组织或引进外地社会组织为本地村民提供公共服务、生活服务。更为重要的是，许多地区开启了乡镇治理现代化、市域社会治理现代化的试点工作，探索基层党建引领下，以村民自治为基础、农民专合组织和集体经济组织为纽带的乡村治理体系的建立健全，推行基层干部"基本报酬＋考核绩效＋集体经济创收奖励"的报酬制度和上升通道，促进了集体经济资源的广泛嵌入。一是文化资源嵌入。许多社区尝试将农村固有的仁、义、礼、智、信等传统道德与集体经济组织中的契约文化结合，形成组织同构后的新型村规民约，并内化为村民间平等、民主参与社区公共事务管理，以及相互协作、互利共荣的思想与理念，减少矛盾纠纷。二是关系资源嵌入。村党委对村民来讲，是党政体系，是农村社区发展治理的领路人；村民自治委员会是村民的自治组织，维护村民权益；集体经济组织是集体利益的代言人，在长期"政经"一体化影响下，村民对其发展持观望态度。正是三类组织代表不同的利益群体，在"政经社"三合一体制下，其治理行为有着更为复杂的关系嵌入。集体经济发展势头良好的社区，年均反哺社区治理的资金占到集体收益的30%以上，村民与村两委和集体经济组织建立起信任机制，有效激发了村民参与公共事务的意愿，促使契约关系、行政关系与乡村关系迅速融合。三是治理资源嵌入。对于全国大多数农村社区，尤其是较为偏远的农村地区来说，外生资源较为缺乏，集体经济以内生型为主。在村两委与集体经济组织同构后，文化、关系资源的不断嵌入，加速了内生治理主体的培育进程，保证了内生治理需求并未受到外部治理方案的主导而弱化。

（三）技术嵌入

如果说制度嵌入为集体经济与村两委的组织同构提供了必要前提，资源嵌入为组织同构提供了基本保障，那么技术嵌入则是保障同构后的组织良性运行的客观条件。"十九届四中全会提出新时代的社会治理体系必须强化科技支撑，因为科学技术正在形塑着社会的时空结构，以一种权力主宰者的角色向经验现实靠近，潜移默化地深度进入城乡空间场景，不断改变着社会秩序结构与运行架构。"[1] 在传统的农村社区中，村党委在治理中既采取管控和法治举措，又要及时回应村民诉求，村民委员会重点在自我管理，这两种治理路径均强调维护和平衡村民的多项权利诉求；集体经济组织却更加注重村民的经济权利，较少将其技术性管理路径融入农村社区事务治理中来。在推动集体经济全员化发展过程中，多数社区充分结合村党委在社区治理中的方向性作用、集体经济组织与社区治理同频共振、村民委员会的事后监督机制，将网格化管理系统与集

---

[1]　张亚鹏：《技术的社会嵌入与国家治理转型》，《中国延安干部学院学报》2020 年第 3 期。

体经济组织的管理系统进行整合，形成一体化平台，打破了农村社区碎片化治理的传统格局，为全员化的集体经济组织成员提供了便捷的社区事务参与渠道。特别是集体经济发展较好的村社还把村民的技能与素养提升、乡村治理参与度等通过信息技术平台予以公示，其结果与年底集体经济分红挂钩。由此可见，技术嵌入路径扩大了集体经济组织与村两委组织同构后的政社互动和增加了村民参与乡村治理的机会，从理念层面促进农村社区树立整体性治理思维，通过科学化、精准化来改变农村社区的简约治理现状。

三　经济反哺：全面提升农村社区治理能力现代化水平

自从全面推行村党组织书记通过法定程序担任村委会主任的相关规定出台以来，许多农村开启了"三位一体"的组织同构进程，通过全员化的集体经济形式及时补位治理主体缺失现象，这也是农村社区理性选择机制与合法机制共同作用的结果。在市场经济体制建立过程中，执政党对农村各类组织的管控能力和奖惩能力逐渐减弱，后者对前者的组织依赖程度也逐渐弱化，导致农村地区的简约治理和悬浮治理日渐成为常态；同时，农村优秀党员大量外出务工，滞留党员素质不高也导致基层党组织软弱涣散，在基层治理中发挥的作用不充分，这就为各类组织的嵌入提供了外部环境。[①] 集体经济组织在发展壮大过程中，居民全程参与经营事项、利益分配、风险共担等决策监督事宜，在议事过程中加强了彼此的联系，重新塑造社区的归属感与认同感，输入新型治理资源，塑造新型治理权威；各级政府积极回应村民需求，把原子化的村庄重新组织起来，营造"在地化"场景，促使其积极利用信息技术参与社区事务，通过利益共同体建设，找回居民的自主性与公共性意识和精神，在现代化手段中融入传统性治理手段，共同提升农村社区治理能力现代化水平。

---

① 衡霞：《组织同构与治理嵌入：农村集体经济何以促进乡村治理高效能——以四川省彭州市 13 镇街为例》，《社会科学研究》2021 年第 2 期。

第三节　明确角色定位，压实破解农村社区治理能力现代化双重困境的主体责任

一　以党心聚人心，加强党对农村社区发展治理的全方位领导

村级组织已经全部完成换届工作，从课题组的统计数据来看，几乎所有农村社区都实现了村书记同时兼任村委会主任和集体经济组织负责人的预期目标，70%的村书记和两委成员均有较高文化水平和较强的致富带动能力。尽管如此，农村社区党建仍然需要继续强化引领功能，增强基层党组织的中枢领导力、统筹决策力和监管力。一是治理体系建设。通过标准化、智慧型的党建治理体系，纠正党组织"统筹为何"的模糊认识，坚实守好"主阵地"、种好"责任田"的底气，牢牢掌握农村社区意识形态的主导权与话语权。二是阵地建设。要通过农村社区治理体系横向一体化与纵向一体实践来调适新时代的农村社区治理理念、机制和方法，以党群服务中心的亲民改造等为契机，把其打造成为社区居民"易进入""可参与""能共享"的邻里中心和温馨家园，拉近居民之间、居民与社区两委之间的距离和感情。三是党员干部队伍能力提升。换届后的农村社区两委干部和后备干部虽然学历有所提升，但工作经验、视野眼界、宗旨意识和党性意识还有待通过教育培训进行提升，把"经济能人"切实转化为"政治能人"和农村社区"治理能人"。

二　厘清各主体责任清单和边界，促进治理主体归位

农村社区是居民的生活共同体，也是多元主体参与基层治理的一个重要场域，厘清各主体参与农集区治理的责任清单和边界，畅通居民参与渠道，推动多元主体协同共治的机制格局逐渐成形，才能激发农村社区共治和居民自治活力。一是理顺"乡镇（街道）—村（社区）"的关系。虽然各级政策均强调治理重心下移、放权赋能等，但一定要根据农村社区的实际，否则农村社区接不住，反而会出现乱子；也可以通过三张清单的形式固化各主体责任与边界，通过定期的清单事项评估督促各主体职能归位，只有权责统一才能有助于农村社区担负起治理的责任。二是大力引进社会力量参与农村社区治理。农村社区虽然以农民为主体，

但是他们的就业领域发生一定改变，有效利用农村的各类自组织，发现和培育其广泛、规范地参与小区治理的能力。三是畅通农集区居民参与小区治理的渠道。传统面对面治理已经不适用于今天的农村社区，现代信息技术的广泛运用将有助于提升原子化的农村居民参与家乡社区公共事务的积极性，在活动中表达诉求与治理意愿，提升其主人翁意识。

三　构建信息共享平台，拓展居民参与通道

从双重困境的形成机理来看，传统性与现代性的理念冲突、制度摩擦、工具碰撞，在很大程度上与多元治理主体对现代化技术和工具的"视而不见"有关；从城乡社区治理经验来看，基层政府缺乏对地广人稀和空心化村庄的精细化治理心态，强自主性与强公共性并未提升农村社区治理能力现代化水平，反而成为困境。因此，农村社区不仅要有完善的信息化设施设备，更需要建立开放共享的信息数据库、多网融合的一体化平台、"物联、数联与智联"的数字平台，通过数字赋能来增强社区各类组织的治理效能，进而破解农村社区治理悬浮、放权赋能弱、政策调适与创新的针对性和有效性不足等问题。当然，完备的信息共享平台还有助于破解社区资源筹集和配置主体行政化与单一化弊端，建立起资金、资源筹集的可持续保障机制和人才队伍规范化的培育机制；有助于在量化的责权利清单中建立起多元主体的联动响应机制，提升社区韧性，有效防范利益诉求分化和治理能力不足所带来的各类社会风险，并建立起针对突发事件的风险管理与防范机制，从而破解农村社区治理能力现代化的双重困境。

四　构建多方主体联动响应机制，提升治理效能

调查显示，目前大多数农村社区已经建立起网格化管理机制，该机制将有助于在厘清各主体责任的前提下，建立起相应的吹哨报到机制、联席议事机制、志愿服务机制等，从居民需求端出发构建起多主体的联动响应机制，进而提升社区治理能力。一是建立分类响应机制。农村社区治理问题的特殊性与复杂性决定其响应机制的特殊性，即要根据居民诉求的紧急程度，由村两委、网格员、信息员等进行分类关注、收集与响应，进而避免现有部分社区所有问题全部集中到社区干部身上，从而保证不同诉求有不同的回应主体，避免响应不足或过度响应。二是建立

竞争协作机制。既要运用激励资金导向鼓励各社区探索多源流机制解决发展治理问题，又要鼓励其充分利用内外资源构建协作机制，前瞻性地依靠内外力量解决治理问题。三是需求反馈机制。需求反馈不代表响应处置结束，而是在响应的动态过程中不断监测小区居民的需求应当如何满足，响应处置后是否得到了满足，如果未得到满足又应当如何满足的动态过程。通常情况下，随着经济社会环境的变化和居民诉求的变化，联动响应机制也要不断调整，各层级主体和小区响应主体也需要不断地根据实际情况修正响应内容，进而提升社区治理效能。

第四节　构建分层融合治理体系，形成农村社区治理能力现代化规范

乡村治理体系不仅是国家政权体系在基层的延伸，也是理解我国乡村社会治理变迁的内在基础。新时期的乡村治理体系具有突出的任务属性和公共属性，"三治"体系作为创新性的乡村治理体系，能有效解决治理主体的"失语"与"失范"、治理规则的"失衡"与"失序"以及治理结果的"失效"与"失落"等困境。只有健全的治理体系，才能保障制度执行的规范化、程序化、法治化，从而实现治理能力的现代化。由于治理体系涉及的内容太多太细，不像治理能力那样有明确的法律规定，因此，课题组为了测算出农村社区治理体系对治理能力现代化的影响，以四川省彭州市为基础，对彭州市的几个村庄、四川省四个区县、东中西三大区域和全国乡村治理现代化水平进行了评估，通过与课题组已经测量出的治理能力现代化现状进行对比，从中发现治理体系对治理能力现代化和全国乡村治理现代化的影响程度。由于本书的研究重心在于农村社区治理能力现代化，治理体系的影响机理没有深度展开，但是，如果简单地把治理体系和治理能力现代化加总后等于治理现代化的话，图5-3的研究结果显示治理体系极大地影响了治理能力和整个乡村治理现代化的进程。因此，要构建起分层的融合治理体系，形成治理现代化的标准规范，进而提升农村社区治理能力的现代化水平。农村社区公共服务的精细化、规范化，更能体现农村社区治理能力的现代化规范，这里以社区服务能力提升为切入口来探讨农村社区治理能力现代化的路径。

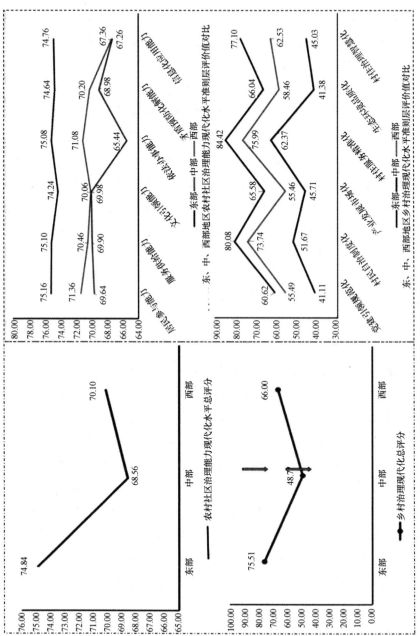

图5-3 农村社区治理现代化和治理能力现代化比较

一 建立标准化治理体系，实现高质量服务供给

根据《中华人民共和国标准化法》，"标准化"在各级治理中均具有"软法"作用，其目的在于解决治理中的 who、what、how 等问题。《中国现代化报告（2020）》认为，世界现代化的标准包括指标、评价、过程、结果等维度；有学者认为国家治理现代化的标准包括法治化、民主化、制度化、高效化等，社会治理现代化的标准包括规范化、法治化、组织化、科学化等。显然，不论是实践层面还是学术层面，均把标准和标准化上升到治理现代化的高度。"没有规矩不成方圆"，标准化同样也是农村社区治理能力现代化的重要规划，是提升现代化水平的重要手段。事实上，在基层治理中从来就不缺乏标准，各种各样的指南、规范等层出不穷，但是针对能力的标准一般都涵盖在"人才队伍"建设维度中，基本没有单独针对治理能力现代化的标准体系。

根据《中共中央、国务院关于加强和完善城乡社区治理的意见》，社区治理能力包括六个方面，至于如何完善，意见中的举措基本上都比较原则化和刚性。因此，各级地方政府在针对农村社区治理时，也笼统地把六大能力的完善举措纳入整个治理范畴，更没有相应的规范和指南出台。农村社区治理体系的复杂化和不确定性的演化方向，对于习惯于传统治理的农村社区治理主体来讲，更容易陷入治理困境中，再好的能力结构和能力状态也无法有效发挥。2021 年底中央农村经济工作会议中仍然强调要不断改善农村基础设施和基本公共服务条件，而标准化治理体系是有效嵌入农村社区治理结构后能够为治理主体突破能力现代化双重困境提供了一个行动空间，并与社区服务形成相互依存、相互协作、动态均衡的共生效应，重构民生与民主双向互动、活力与秩序双线融合、动能与效能双维驱动、发展与治理双效促进的共生关系。课题组认为能力现代化的标准体系应当从上述意见的六大能力为维度，从图 5 - 1 提到的法治化、科学化、精细化、规范化和组织化等视角切入并将六大能力的具体任务标准化，形成"标准指引—标准监控—标准评价—监控反馈—标准修订"的闭环运作模式，三级指标要定量定性结合且以客观数据为主，针对"不好评""主观化"等问题，设置三级指标解释，进而量化评价标准，使现代化理念深入人心，现代化实现与否，由标准说了算。

这样，既解决了单纯从"队伍建设"维度来建设农村社区治理能力现代化的弊端，又可以通过试点方式来形成可复制可推广的治理能力现代化建设经验。

二 以党建引领分层治理，促进服务供需精准对接

"先分"针对的是农村社区公共服务需求日益多元化的现实，是一种被动选择，强调的是党建引领下的分层治理——之所以要分层治理是因为，当前农村社区中，治理单元、治理主体、治理对象、治理机制以及治理载体等方面都日益呈现出细化、细微的特征，这种特征势必要求治理走上精细化道路，而精细化治理的前提当然是对相关要素的分门别类以求"因人施策"。因此，以这些特征为依据构建出农村社区分层、分类治理的框架，是推进治理现代化、提升公共服务供给能力的核心要素；而之所以要在党建引领之下，是因为坚持党对一切工作的领导，已经是我国长期革命和建设取得的根本经验。与此同时，农村社区治理所涉及的利益多元，其背后隐含的"对冲性"风险必须提前设防，党的"统筹全局、协揽各方"功能与所需恰好对接。

具体而言，如何通过党建引领分层治理来促进公共服务供需的精准对接呢？其内在的逻辑是，在农村社区实施精准化的公共服务过程中，激发居民参与并能有效促进政社互动的纽带，毫无疑问是农村基层党组织，它可以整合不同利益主体诉求、统筹多种资源以实现农村社区治理的整体目标。这需要两个方面的努力：一是整合党组织力量，以农村社区党组织为纵向链条的关键节点，构建"县—乡—社区"三级党组织联动的政党治理体系；以农村社区党组织为横向链条上的关键节点，构建跨村、镇、县域的区域大党建，通过多元行动网络为农村社区提供精准化、精细化的公共服务。二是梳理各方利益，包括但不限于社区党委、居民党支部、楼院党小组等基层党组织作为社区居民的需求渠道和途径，清楚了解和掌握居民之间、社区之间、内部多元主体之间各自的利益诉求究竟是什么，以此匹配适合的供给方式，最终促进农村社区公共服务供需间的精准对接。

三 健全"三治"融合治理体系，实现服务供给精准

无论是基层治理还是乡村振兴的政策文件中均强调要强化自治的基础性、法治的根本性、德治的先导性作用，尤其是三者的高度融合。针对农村社区治理能力现代化提升过程中出现的传统性与现代性、多元主体的公共性与自主性冲突，重提"三治"融合的重要性仍然不过时。首先，自治是民主的制度安排，是多元合作共治的前提。正是因为农村社区居民日益陌生化和"原子化"，导致居民社区公共性与自主性的双弱化，使得政府超越现代法治理念，勇于"为民做主"，却未能激发居民的公共精神，加剧了双重困境的内在冲突。因此，基层政府如何有效退出居民自治领域，以量化、细化和清单化多元主体的责权利边界成为居民自治"回归"的前提；社区两委作为联结乡镇（街道）政府和居民的桥梁，首要任务在于打通交流的"肠梗阻"，培育居民公共精神。当然，居民也要与时代同成长，将责任、使命牢记于心，运用科学、民主、法治精神提升各自的公共性与自主性，善于采用现代化手段参与农村社区治理。其次，法治的决定权在于法律共识和法治精神，通过形式与程序正义来保障人的自由与平等。农村社区因为"管与治"的理念冲突、"礼与法"的制度摩擦、"拙与智"的工具碰撞，使得法治成本居高不下，治理悬浮。因而，发挥经过合法性审查的村规民约的"软法"作用，通过道德模范评选、社会主义核心价值观宣传，多渠道提升村民法治素养，提升农村社区的依法治理能力。最后，德治在于树立正面道德力量，促进个体自觉遵守社会规范。农村社区传统社会结构瓦解、现代行为规范未完全确立、工具性差序格局基本形成，导致政府双强与居民双弱。因此，发挥历史名人和社区治理中的精英文化，形成多种自组织，辅以法律规范，以较低成本实现社区最大化和谐。虽然，完善的"三治"融合体系可以有效提升治理能力的现代化水平，但是要破解双重困境，还必须要在基层党组织的统一领导下，把居民的共同利益作为维系真正共同体的核心纽带来开展融合性活动，① 否则"三治"仍然自成体系，无法有效解决双重困境问题。

---

① 曹洪军：《马克思"真正共同体"思想及其当代价值》，《理论探索》2020 年第 3 期。

四　构建多层融合式治理体系，实现服务供给水平高效

在"先分"的基础上进行"再融"，针对的是多元诉求必须有效整合的客观要求，是一种主动作为，强调的则是对分层治理再融合，形成以协商为基础的沟通机制和以合作为纽带的协同机制，"统分结合"最终构建起分层治理的融合式治理体系，实现公共服务供给水平的高质高效。

也就是说，向农村社区提供高质量的、有效的公共服务就要加强分层治理融合体系的建设，发挥基层党组织在纵向与横向合作的纽带功能，特别是要扩大政府购买服务、增加志愿服务等方式，允许多元主体参与到农村社区公共服务供给过程中，从而提高农村社区公共服务水平。课题组负责人针对农村社区公共服务供给现状，在对全国 2054 个农民集中居住小区的调查中发现，80% 的农集区近两年都没有政府购买服务的情况。实践证明，农村社区公共服务由单一主体供给是低效的，存在"失能"问题，因此正确认识各类主体在农村社区公共服务供给中的角色与能力，促进其合作生产，将推动农村社区多元供给体系的建立健全。另外，推动市场主体参与供给和鼓励居民自助与互助供给也是非常有必要的。

总之，分层融合治理体系的建立，就是要剖析清楚影响农村社区治理的多元主体的各自所需，在此基础上进一步整合需求，将基层政府、企业、基层党组织、自治组织、院落委员会、社会组织及社区居民多主体联动协同起来，打造出共建共治共享的农村社区公共服务新格局。①

五　织成全过程保障网络，推动服务供给持续发展

长期以来，城乡二元结构体制所带来的巨大公共服务差异已让农村居民"权利受损"，后续通过城乡公共服务均等化，这一差距在逐步缩小。迈入新时代，作为服务型政党和服务型政府建设的首要之义，就是面向广大人民群众提供满足其需求的高水平的公共服务，换言之公共服务的均等化水平、供给水平已经成为国家治理、社会治理和基层治理的

---

① 徐增阳、张磊：《公共服务精准化：城市社区治理机制创新》，《华中师范大学学报》（人文社会科学版）2019 年第 4 期。

重要组成部分。如前所言，要促进公共服务供需的精准对接就需要以党建引领分层治理，要促进公共服务供给的高质高效就需要构筑起分层治理的融合式体系，而最终这两方面都离不开全过程保障网络的建设，最终才能确保精准化的、高水平的公共服务实现可持续发展。全过程保障网络的构建可分为三个方面。

（一）生产型保障：强化主体自我供给公共服务的主动性

农村社区治理的多元主体既是农村公共服务的消费者，也应是农村公共服务供给的生产者，在那些对政府依赖程度不高的公共服务中（社会治安、环境保护、村规民约、社会生态等），可以通过现有的村民自治途径实现自我供给。实现这一目标，首先需要培育出居民间的内生公共性联系纽带（如集体经济、集体荣誉、民风民俗等），其次动员主体参与各类治理组织当中以实现公共服务的自给自足，最后通过开展各种各样的集体互助活动实现不同程度地居民间"交换"供给。

（二）决策型保障：运用协商民主确定公共服务的要素构成

除必须由政府统一配置的公共服务外，对于一些与农村居民日常生活密切相关的公共服务，村民理应扮演好决策者的参与作用。即在实践中，通过民意调查、村民听证会、村民议事会等多元治理途径，居民自我决策出农村社区公共服务的具体指向，并以上述结果为依据推动决策落实，最终提升公共服务供给决策的代表性、科学性、可接受性。

（三）监督型保障：增强公共服务的供给效能

受历史条件及现实客观因素的限制，以往对农村社区公共服务供给投入所获得的效益往往是事倍功半的，耗费了大量财力与时间成本却不能让人满意，其中重要的原因是所供给的内容并非所需且受者反馈无门，最终积累了大量沉没成本。因此，"通过农村公共服务供给清单制度和定期测评机制的建立等，开展多种类型公共服务供给质量的监督反馈，进而提升公共服务供给的质量与内容"①。

---

① 王彦：《农村公共服务供给中的村民参与：供给过程与服务类型的二元分析》，《求实》2017 年第 1 期。

参考文献

一 专著

《马克思恩格斯文集》第 2 卷，人民出版社 2009 年版。

《马克思恩格斯选集》第 4 卷，人民出版社 1995 年版。

《毛泽东文集》第 8 卷，人民出版社 1999 年版。

［德］波德莱尔：《现代生活的画家》，郭宏安译，人民文学出版社 1987 年版。

［德］斐迪南·滕尼斯：《共同体与社会》，林荣远译，商务印书馆 1999 年版。

［德］格奥尔格·齐美尔：《大都会与精神生活》，顾仁明等译，学林出版社 2000 年版。

［德］格奥尔格·齐美尔：《货币哲学（第一卷）》，于沛沛等译，中国社会科学出版社 2007 年版。

［德］哈贝马斯：《公共领域的结构转型》，曹卫东等译，学林出版社 1999 年版。

［德］汉娜·阿伦特：《人的境况》，王寅丽译，上海人民出版社 2017 年版。

［美］埃里克·诺德林格：《民主国家的自主性》，孙荣飞等译，江苏人民出版社 2010 年版。

［美］安东尼·吉登斯：《现代性的后果》，田禾译，南京译林出版社 2011 年版。

［美］凯西·卡麦兹：《建构扎根理论：质性研究实践指南》，边国英译，重庆大学出版社 2009 年版。

［美］罗伯特·帕克：《城市社会学》，宋俊岭等译，华夏出版社 1987 年版。

［美］罗尔斯：《政治自由主义》，万俊人译，南京译林出版社 2000 年版。

［美］塞－亨廷顿：《变动社会的政治秩序》，上海译文出版社 1989 年版。

［美］西里尔·E. 布莱克：《日本和俄国的现代化：一份进行比较的研究报告》，周师铭等译，商务印书馆 1983 年版。

［日］富永健一：《日本的现代化与社会变迁》，李国庆等译，商务印书馆 2004 年版。

［瑞典］英瓦尔·卡尔松：《天涯成比邻——全球治理委员会的报告》，中国对外翻译出版公司 1995 年版。

［苏联］伊·谢·科恩：《自我论》，佟景韩译，生活·读书·新知三联书店 1986 年版。

杜栋、庞庆华：《现代综合评价方法与案例精选》，清华大学出版社 2005 年版。

费孝通：《乡土中国》，生活·读书·新知三联书店 2013 年版。

洪楠：《SPSS for Windows 统计分析教程》，电子工业出版社 2009 年版。

李沛良：《论中国式社会学研究的关联概念与命题》，北京大学出版 1993 年版。

时立文：《SPSS19. 0 统计分析——从入门到精通》，清华大学出版社 2012 年版。

汪晖：《文化与公共性》，生活·读书·新知三联书店 1998 年版。

吴明隆：《结构方程模型：AMOS 的操作与应用》，重庆大学出版社 2010 年版。

俞可平：《治理与善治》，社会科学文献出版社 2000 年版。

中华人民共和国农业部计划司：《中国农村经济统计大全（1949—1986)》，中国农业出版社 1989 年版。

二　期刊

Brinkman E. , Seekamp E. , Davenport M. A. , et al. "Community Capacity for watershed Conservation: A Quantitative Assessment of Indicators and Core Dimensions", *Environ Manage*, Vol. 50, No. 4, Oct. 2012.

Chaskin, R. "*Building Community Capacity*", *Urban Affairs Review*, Vol. 36, No. 3, 2001.

Eade, D. "Capacity Building: Who Builds Whose Capacity?", *Development in Practice*, Vol. 17, No. 4 – 5, 2007.

Hesse – Biber S., Dupuis P., "Kinder T. S. Hyper Research: A Computer Program for the Analysis of Qualitative Data with an Emphasis on Hypothesis Testing and Multimedia Analysis", *Qualitative Sociology*, Vol. 14, No. 4, 1991.

Moreno, Noguchi, & Harder, "Understanding the Process of Community Capacity – Building: A Case Study of Two Programs in Yunnan Province, China", *World Development*, 2017.

Simmons A., "Reynolds R. C., Swinburn B. Defining community capacity building: Is it possible?", *Preventive Medicine*, Vol. 52, No. 3 – 4, 2011.

Woods M., Paulus T., Atkins D. P., et al, "Advancing Qualitative Research Using Qualitative Data Analysis Software (QDAS) Reviewing Potential Versus Practice in Published Studies Using ATLAS. ti and NVivo 1994 – 2013" *Social Science Computer Review*, 2016, Vol. 34 (5).

曹洪军:《马克思"真正共同体"思想及其当代价值》,《理论探索》2020 年第 3 期。

曹胜:《国家自主性理论的知识逻辑与研究视域——以回归国家理论为中心的分析》,《浙江社会科学》2012 年第 8 期。

曾五一、黄炳艺:《调查问卷的可信度和有效度分析》,《统计与信息论坛》2005 年第 6 期。

常明杰:《由碎片到整体:农村社区化治理的现实困境与路径构建》,《农村经济》2016 年第 8 期。

陈东辉:《基层党建引领社会治理创新的探索与路径》,《理论与改革》2019 年第 3 期。

陈杰:《中国治理现代化要跨越"现代性"陷阱》,《国家治理》2019 年第 3 期。

陈明：《国家能力、居住形态与治理现代化——基于新冠肺炎事件的反思》，《学术探索》2020 年第 4 期。

陈荣卓、唐鸣：《农村基层治理能力与农村民主管理》，《华中师范大学学报》（人文社会科学版）2014 年第 2 期。

陈伟东、马涛：《过程化要素：居民主体性生成的新视野》，《江汉论坛》2017 年第 11 期。

陈伟东、许宝君：《社区治理责任与治理能力错位及其化解——基于对湖北 12 个社区的调查》，《华中农业大学学报》（社会科学版）2016 年第 1 期。

陈向明：《扎根理论的思路和方法》，《教育研究与实验》1999 年第 4 期。

崔月琴、张扬：《"村改居"进程中农村社区"公共性"的重建及其意义》，《福建论坛》（人文社会科学版）2017 年第 4 期。

丁波：《乡村振兴背景下农村空间变迁及乡村治理变革》，《云南民族大学学报》（哲学社会科学版）2019 年第 6 期。

丁峰、李勇华：《论文化礼堂与农村社区治理功能》，《长白学刊》2018 年第 4 期。

杜姣：《重塑治理责任：理解乡村技术治理的一个新视角——基于 12345 政府服务热线乡村实践的考察与反思》，《探索》2021 年第 1 期。

范益民、艾兵有：《传统伦理道德传承与现代性的遭遇——以西双版纳勐海县打洛镇曼芽村布朗族为例》，《云南民族大学学报》2016 年第 3 期。

方雷、鲍芳修：《地方治理能力的政治生态构建》，《山东大学学报》（哲学社会科学版）2017 年第 1 期。

方晓红、牛耀红《网络公共空间与乡土公共性再生产》，《编辑之友》2017 年第 3 期。

丰子义：《马克思现代性思想的当代解读》，《中国社会科学》2005 年第 4 期。

高秉雄、胡云：《国家治理能力变量体系研究——基于国家能力变量研究的思考》，《社会主义研究》2017 年第 2 期。

谷玉良：《转型社区公共性变迁及其治理研究》，《宁夏社会科学》2018 年第 4 期。

郭栋：《乡村治理能力现代化面临的困境及解决途径研究》，《山西高等学校社会科学学报》2019 年第 7 期。

何苗：《国家治理现代化的时代背景与现实维度》，《人民论坛》2016 年第 8 期。

何艳玲、蔡禾：《中国城市基层自治组织的"内卷化"及其成因》，《中山大学学报》（社会科学版）2005 年第 5 期。

何增科：《理解国家治理及其现代化》，《马克思主义与现实》2014 年第 1 期。

贺晓玲：《全面深化改革背景下社会治理能力的现代化提升与构建》，《中学政治教学参考：下旬》2018 年第 4 期。

衡霞：《农村社区治理能力现代化的公共选择逻辑——基于 15 个省份 150 份政策文本的分析》，《探索》2021 年第 4 期。

衡霞：《农村社区治理能力现代化的双重困境研究》，《理论探索》2021 年第 12 期。

衡霞：《组织同构与治理嵌入：农村集体经济何以促进乡村治理高效能》，《社会科学研究》2021 年第 3 期。

胡炎平、姜庆志、谭海波：《治理现代化视野下的农村多元精英合作治理——以江门市农村联谊会为考察对象》，《中国行政管理》2017 年第 8 期。

黄晓斌、梁辰：《质性分析工具在情报学中的应用》，《图书情报知识》2014 年第 5 期。

蒋英州：《社会治理重心下沉、乡村振兴与乡镇党政干部的流动》，《江西师范大学学报》（哲学社会科学版）2020 年第 5 期。

李汉卿：《协同治理理论探析》，《理论月刊》2014 年第 1 期。

李敬煊、陈瑞婷：《国家治理视域下中国城乡基层治理现代化的困境与路径探析》，《兰州学刊》2020 年第 7 期。

李琳、郭占锋：《精准扶贫中农村社区治理能力提升研究》，《西北农林科技大学学报》（社会科学版）2018 年第 3 期。

李玲玲、李长健：《农村社区治理能力现代化进路之思考——基于社区发展权理论的视角》，《华中农业大学学报》（社会科学版）2016 年第 2 期。

李年俊：《边远贫困地区村级集体经济对基层治理的影响——以云南省怒
　　江州为例》，《云南行政学院学报》2018 年第 4 期。

李强：《从社会学角度看现代化的中国道路》，《社会学研究》2017 年第
　　6 期。

李强：《提升城乡社区治理现代化水平》，《唯实》2017 年第 9 期。

李润国、姜庆志、李国锋：《治理现代化视野下的农村社区治理创新研
　　究》，《宏观经济研究》2015 年第 6 期。

李胜、高静：《突发事件协同治理能力的影响因素及政策意蕴——基于扎
　　根理论的多案例研究》，《上海行政学院学报》2020 年第 21 卷第 6 期。

李文彬、陈晓运：《政府治理能力现代化的评估框架》，《中国行政管理》
　　2015 年第 12 期。

李雪萍、陈艾：《社区组织化：增强社区参与达致社区发展》，《贵州社会
　　科学》2013 年第 6 期。

李雪松：《论地方政府治理现代化建设的政策工具选择》，《四川行政学院
　　学报》2017 年第 4 期。

李增元：《试论我国农村社区治理的历史演进与现代转向》，《理论与改
　　革》，2016 年第 4 期。

李祖佩、梁琦：《资源形态、精英类型与农村基层治理现代化》，《南京农
　　业大学学报》（社会科学版）2020 年第 2 期。

刘杰、袁际燊：《后扶贫时代农村社区公共性困境及其重构》，《江汉大学
　　学报》2021 年第 6 期。

侣传振：《集居与散居：村民自治有效实现的居住条件》，《东南学术》
　　2016 年第 2 期。

马克林：《论我国社会治理中的公共性困境及其超越》，《甘肃社会科学》
　　2020 年第 1 期。

马文多：《基层政府服务社区能力提升策略》，《重庆社会科学》2018 年
　　第 1 期。

茆长宝、熊化忠：《乡村振兴战略下农村人口两化问题与风险前瞻》，《西
　　南民族大学学报》（人文社科版）2019 年第 8 期。

乜琪：《从生存到权利——建国以来农民福利状态变迁》，《农村经济》
　　2012 年第 4 期。

莫艳清:《"去公共性"治理:实践样态、生成逻辑及其应对》,《浙江树人大学学报》2019 年第 7 期。

倪咸林、汪家焰:《"新乡贤治村":乡村社区治理创新的路径选择与优化策略》,《南京社会科学》2021 年第 5 期。

牛玉兵:《农村基层治理公共性难题的法治化解》,《法学》2017 年第 10 期。

潘虹、唐莉:《质性数据分析工具在中国社会科学研究的应用——以 Nvivo 为例》,《数据分析与知识发现》2020 年第 1 期。

邱伟国、袁威、关文晋:《农村居民民生保障获得感:影响因素、水平测度及其优化》,《财经科学》2019 年第 5 期。

任惠宇:《传统农村治理的基本维度透析》,《人民论坛》2019 年第 24 期。

任中平:《村民自治遭遇的现实困境及化解路径》,《河南社会科学》2017 年第 9 期。

桑明旭:《马克思的公共性范式变革及其当代启示》,《理论探索》2019 年第 5 期。

尚虎平:《建设高素质专业化干部队伍难点在哪》,《人民论坛》2020 年第 30 期。

申丽娟、陈跃:《社区治理现代化的结构性障碍及其内源式破解》,《四川师范大学学报》(社会科学版)2016 年第 3 期。

施雪华、禄琼:《我国社区文化治理的新探索——以保定美地社区为例》,《理论探索》2017 年第 3 期。

孙绍勇、陈锡喜:《法治文化的动态生成及其在国家治理现代化中的作用》,《河南社会科学》2017 年第 6 期。

唐皇凤、陶建武:《大数据时代的中国国家治理能力建设》,《探索与争鸣》2014 年第 10 期。

唐皇凤:《"中国式"维稳:困境与超越》,《武汉大学学报》(哲学社会科学版)2012 年第 5 期。

唐天伟、曹清华、郑争文:《地方政府治理现代化的内涵、特征及其测度指标体系》,《中国行政管理》2014 年第 10 期。

田毅鹏、胡水:《单位共同体变迁与基层社会治理体系的重建》,《社会建设》2005 年第 2 期。

田毅鹏：《农村社区治理能力现代化的新取向》，《政治学研究》2018 年第 1 期。

田毅鹏：《社会治理现代化进程中的"传统"与"现代"》，《社会发展研究》2019 年第 11 期。

汪杰贵：《村庄治理现代化现实困境和突破路径——基于农民自组织公共参与改进视角》，《云南行政学院学报》2018 年第 2 期。

汪世荣：《提升基层社会治理能力的"枫桥经验"实证研究》，《法律适用》2018 年第 17 期。

汪仕凯：《后发展国家的治理能力：一个初步的理论框架》，《复旦学报》（社会科学版期）2014 年第 3 期。

汪伊举：《现代化与现代性——历史、理论、关系》，《学海》2006 年第 5 期。

王斌：《农村人居环境建设满意度及影响因素分析》，《经济管理文摘》2020 年第 12 期。

王丛虎、祁凡骅：《探索治理现代化的评估维度》，《中国人民大学学报》2015 年第 3 期。

王清：《基层干部负荷沉重的治理机制》，《人民论坛》2019 年第 34 期。

王绍光：《国家治理与基础性国家能力》，《华中科技大学学报（社会科学版)》2014 年第 3 期。

王水平、熊涛：《论我国公共意识的现代重构》，《福建论坛》2009 年第 3 期。

王思斌：《体制改革中的城市社区建设的理论分析》，《北京大学学报》（哲学社会科学版）2000 年第 5 期。

王彦：《农村公共服务供给中的村民参与：供给过程与服务类型的二元分析》，《求实》2017 年第 1 期。

王莹、孟宪平：《论"互联网＋社会治理"背景下国家治理能力现代化的建设》，《电子政务》2017 年第 9 期。

王震：《农民工城市社会融入的测度及影响因素——兼与城镇流动人口的比较》，《劳动经济研究》2015 年第 3 期。

魏治勋：《"善治"视野中的国家治理能力及其现代化》，《法学论坛》

2014 年第 2 期。

温忠麟、侯杰泰、马什赫伯特：《结构方程模型检验：拟合指数与卡方准则》，《心理学报》2004 年第 2 期。

吴理财：《乡村文化"公共性消解"加剧》，《人民论坛》2012 年第 4 期。

冼诗尧：《社会治理满意度对农村居民幸福感的影响研究——基于 CGSS2015 数据实证分析》，《农村经济与科技》2020 年第 11 期。

谢佳、陈科霖：《政府公共性视角下的公益与逐利双重性》，《党政研究》2019 年第 6 期。

谢康：《改革开放以来我国农村剩余劳动力转移的变迁》，《特区经济》2005 年第 6 期

徐琴、叶娟丽：《嵌入式治理：国家政权建设与村落自主性关系模式的再审视》，《湖北民族大学学报》（哲学社会科学版）2020 年第 6 期。

徐勇、吕楠：《热话题与冷思考——关于国家治理体系和治理能力现代化的对话》，《当代世界与社会主义》2014 年第 1 期。

徐增阳、张磊：《公共服务精准化：城市社区治理机制创新》，《华中师范大学学报》（人文社会科学版）2019 年第 4 期。

燕继荣：《社会变迁与社会治理——社会治理的理论解释》，《北京大学学报》（哲学社会科学版）2017 年第 5 期。

杨光斌：《关于国家治理能力的一般理论——探索世界政治年第比较政治期研究的新范式》，《教学与研究》2017 年第 1 期。

杨光斌：《衡量国家治理能力的基本指标》，《前线》2019 年第 12 期。

杨光斌：《作为建制性学科的中国政治学——兼论如何让治理理论起到治理的作用》，《政治学研究》2018 年第 1 期。

杨雪冬：《论国家治理现代化的全球背景与中国路径》，《国家行政学院学报》2014 年第 4 期。

印子：《乡村基本治理单元及其治理能力建构》，《华南农业大学学报》（社会科学版期）2018 年第 3 期。

俞可平：《治理和善治引论》，《马克思主义与现实》1999 年第 5 期。

原珂：《推进社区治理能力现代化的系统思路》，《理论探索》2021 年第 3 期。

张彬：《乡村治理与发展的协调路径》，《云南大学学报》（社会科学版）

2020 年第 1 期。

张胜前：《转型期乡村文化"公共性"消解与再造》，《商业时代》2012
　　年第 7 期。

张晓、王让新：《习近平总书记对马克思公共性思想的继承与创新》，《毛
　　泽东思想研究》2019 年第 5 期。

张晓琴：《乡村文化生态的历史变迁及现代治理转型》，《河海大学学报》
　　2016 年第 12 期。

张亚鹏：《技术的社会嵌入与国家治理转型》，《中国延安干部学院学报》
　　2020 年第 3 期。

张艳国、刘小钧：《城市社区治理能力现代化研究——以江西南昌为例》，
　　《江西社会科学》2017 年第 1 期。

张艳国、尤琳：《农村基层治理能力现代化的构成要件及其实现路径》，
　　《当代世界社会主义问题》2014 年第 6 期。

张煜：《建国以来党的农民民生建设历程及历史经验》，《社会主义研究》
　　2014 年第 1 期。

张振波、金太军：《论国家治理能力的社会建构》，《社会科学研究》2017
　　年第 11 期。

赵晓峰：《找回村庄——乡村江湖：两湖平原"混混"研究》，《学术界》
　　2012 年第 6 期。

郑安兴：《社区治理现代化的意涵阐释》，《华南师范大学学报》（社会科
　　学版）2018 年第 3 期。

三　学位论文

刘达禹：《国家控制与社会自主》，博士学位论文，吉林大学，2011 年。

邢秀兰：《1978 年以来中国农村扫盲教育研究》，硕士学位论文，中共中
　　央党校，2004 年。

许宝君：《自主性与公共性的弱化：社区公共事务治理的双重困境》，博
　　士毕业论文，华中师范大学，2016 年。

杨舟：《居民参与社区治理能力提升的社会工作介入研究》，硕士学位论
　　文，西北农林科技大学，2019 年。

张良：《乡村社会的个体化与公共性建构》，博士学位论文，华中师范大

学，2014 年。

周健：《中国社会自主性的成长与执政党的变革》，博士学位论文，南京
　　大学，2014 年。

四　报纸及网络文献

《打造浙江"信访超市"全链条解纷成功率达 94.9%》，《法治日报》
　　2021 年 3 月 15 日。

《国务院关于深入推进新型城镇化建设的若干意见》，《中华人民共和国国
　　务院公报》2016 年第 6 期。

乔金亮：《全国农村集体家底大公开》，《经济日报》2020 年 7 月 13 日第
　　1 版。

张晨：《北京延庆畅通乡村法律服务"最后一公里"》，《法治日报》2020
　　年 11 月 11 日。

中华人民共和国新闻办公室：《中国的农村扶贫开发白皮书》，《人民日
　　报》2001 年 10 月 15 日。

《看改革开放前后教育的变化》，https：//baijiahao. baidu. com/s？id =
　　1710510536837960735&wfr = spider&for = pc：2017 － 09 － 10。

戴柏华：《2019 年中央财政"三农"支出安排 8183.4 亿》，2020 年 1 月 4
　　日，https：//www. docin. com/p － 2292411062. html。

《财政"三农"支出 15 年增近 9 倍，社科院〈报告〉指一重大不足待改进》，
　　第一财经，https：//baijiahao. baidu. com/s？id = 1640006881151652600&
　　wfr = spider&for = pc：2019 － 07 － 25。

《农民工总量同比增速连续第五年回落购房比例有所上升》，汉丰网，
　　2016 － 04 － 28，https：//www. sohu. com/a/72249854_252634。

胡鞍钢：《完善发展特色社会主义推进国家制度现代化》，http：//theory.
　　rmlt. cn/2013/1113/180940. shtml。

《"两步走"战略安排开启新征程》，人民网，http：//opinion. peo-
　　ple. com. cn/n1/2018/0227/c1003 － 29835757. html。

《中共中央国务院关于加强基层治理体系和治理能力现代化建设的意见》，
　　人民网，http：//www. gov. cn/zhengce/2021 － 07/11/content_5624201. htm。

《中国三农发展现状、未来发展趋势、农业发展前景趋势浅谈》，世界民

生大观园, https：//baijiahao. baidu. com/s？ id = 16657300101119615953
&wfr = spider&for = pc：2020 – 05 – 04。

《全面理解社会主义新农村建设"二十字方针"》，2006 年 2 月 15 日，中
国政府网，http：//www. gov. cn/zwhd/2006 –02/14/content_190850. htm。

《农业农村部：全国 80% 以上的行政村农村生活垃圾已经得到了有效处
理》，央广网，2019 年 7 月 11 日，https：//baijiahao. baidu. com/s？ id =
1648004767581432126&wfr = spider&for = pc。

后　记

　　全面建设社会主义现代化国家，最艰巨最繁重的任务仍然在农村。党的十八大以来，以习近平同志为核心的党中央从党和国家事业发展全局出发，坚持把解决好"三农"问题作为全党工作的重中之重，团结带领全国各族人民打赢脱贫攻坚战，历史性地解决了绝对贫困问题，实现了小康这个中华民族的千年梦想，启动实施乡村振兴战略，推动我国农业农村发展取得历史性成就、发生历史性变革。全国各地的农民群众过上了幸福美好的新生活。但是脱贫攻坚成果的巩固、现代乡村产业体系的构建、基本具备现代化生活的条件改善、高效能的乡村治理、县域城乡融合、农村精神文明与物质文明的协调发展等仍然存在一定的短板与薄弱环节，与农民群众较高的幸福感、获得感还存在一定的距离。因此，在快速推进的工业化、城镇化进程中，如何以高效能治理推动宜居宜业的和美乡村建设至关重要，特别是农村空心化和政策红利下农村社会组织林立却未能有效组织并将其转化为治理效能的背景下，农村社区的治理能力现代化显得尤为重要。

　　笔者长期关注"三农"问题，但近十年来将研究重心缩小到农村基层社会治理以后，常常自行前往或带领研究生驻扎农村开展田野调查，在与村民同吃同住同劳动的过程中，对农村基层社会的治理问题有了更加深入的认识。特别是乡村社会经过"政党下乡""政策下乡"和"宣传下乡"的现代化改造后，虽然现代化元素与设施设备不断"侵蚀"乡村的"历史感"和"当地感"，却未能从根本上动摇农民对"道德正当性"的信念，对"礼俗秩序"的遵从。不过，随着农村社会"机械团结"土壤的分化与消失，社区认同的结构性与先赋性因素逐步瓦解，"弱关系"和"有限责任"在强化村民自主性意识的同时又消解着村民的公共性意识，时间和空间上的双重断裂仍然不可避免地使农村社区治理能力现代化进程陷入传统性与现代性、公共性与自主性的困境。因此，这也成为 2018 年申请"农村社区治理能力现代化的双重困境与破解机制"项目的内在动力之一。

本书由笔者的国家社科基金结题报告编撰而成，笔者统筹全书并撰写多个章节；向洪讯博士也参与多个章节的撰写与修订，字数超过 10 万字，另外还有陈鑫瑶、陈其颖、魏梦雪、唐榕、朱慧玲、张军等同学参与调研和统计工作。三年多的时间里，对农村社区治理能力现代化的研究内容主要围绕是什么、怎么样、怎么办等问题展开。首先，通过文献复习的方法，对国家治理现代化理念提出以来，各省级政府出台的相关政策文件和历年政府工作报告进行抽样，运用扎根理论开展深度研究，从时间、空间和政策工具等维度对为什么要推进农村社区治理能力现代化有了全面的背景了解；其次，分别对中央部委至村社的各级领导干部、该领域的专家学者和四川省内外 15 个县域社会组织、近百位自组织成员和数百位"三类人"（留守的、外出的、下乡的）进行了深度访谈，也发动全国各地的志愿者面向全国 29 个省份协助发放 4000 余份问卷，其中有效问卷 3160 份。虽然驻村、驻镇和部门驻扎工作成本高、信息量宽泛、任务艰苦，却也能更加客观全面地收集政府的政策供给与行为选择、村干部与村民的理性行为和集体行动困境，以及其他利益相关方的治理能力，也更加理解"治大国若烹小鲜"的智慧和"全面建设社会主义现代化最艰巨最繁重的任务在农村"各种断言。在三年多的研究中，随着对大量一手资料的掌握和对各种观点的了解，并参照课题评审意见对研究报告进行了多次改写、反复修订，形成本书。综上所述，本书对农村社区治理问题的研究不同于以往所做过的科研项目，尤其是关于"治理能力是否存在双重困境"的内涵界定之难，是历次项目研究中最为艰辛的一次，这里特别要感谢各级领导（尤其是中共成都市委社治委相关领导、中共彭州市委社治委叶尚海主任和中共兴文县委组织部相关领导）、学术同行、乡镇与村社干部、村社社会组织和自组织成员、广大调研村庄的村民给予的大力帮助，令我受益匪浅。

"吾生也有涯，而知也无涯"，中国农村社区治理现代化任重而道远，本书仅完成了治理能力现代化这一版块，未来还将继续拓展农村社区治理体系现代化、农村社区发展和治理的双螺旋耦合等问题的研究，希望能够为农村基层社会治理现代化贡献绵薄之力。

衡霞

2022 年 12 月